나는 짧게 일하고 길게 번다

3년 만에 경제적 자유를 이룬
젊은 자산가의 27가지 돈 버는 시스템

나는
짧게 일하고
길─게 번다

레이철 리처즈 지음 | 최지희 옮김

ORNADO
토네이도

잠자는 동안에도 돈이 들어오는 방법을 찾아내지 못한다면
당신은 죽을 때까지 일을 해야만 할 것이다.

- 워런 버핏 Warren Buffett

3년 만에 인생이
완전히 달라졌다

우리는 모두 한 번쯤 캘리포니아 해변이 보이는 집에서 경치를 즐기며 느긋하게 칵테일을 마시는 엄청난 부자가 되는 상상을 해봤을 것이다. 부드럽게 부서지는 파도 소리를 들으며 발가락 사이로 파고드는 따뜻한 모래의 감촉을 느끼며 붉은 상그리아 와인을 마시는 모습을 말이다.

세상의 요구대로 살지 않아도 되는 삶을 상상해보라. 돈 걱정은 하지 않아도 된다. 회사에 있지 않아도 된다. 원한다면 내일이라도 당장 비행기를 타고 코스타리카로 떠날 수 있다. 그림을 그리거나 글을 쓸 수 있고, 자원봉사를 하거나 여행을 다니는 등 당신에게 충족감을 주는 일을 하며 시간을 보낼 수 있다. 일하지 않으면서 말이다.

당신은 이러한 삶을 살 수 있다. 내가 다른 사람들은 아직 모르는 경제적 자유와 조기 은퇴로 갈 수 있는 길을 발견했으니 당신은 운이 좋은 셈이다. 물론, 조기 은퇴와 그 방법에 관한 책은 넘쳐난다. 최근 젊은 사람들 사이에서 파이어족이 인기다. 파이어FIRE는 'Financial Independence, Retire Early'의 앞글자를 딴 약자로 '경제적 자립을 토대로 자발적 조기 은퇴를 이룬 사람들'을 일컫는 용어다. 파이어 운동은 나를 포함해 많은 사람을 매혹시켰다. 파이어족이 되기 위한 방법으로 검소한 삶, 지리적 차익♦, 연간 지출 25분의 1로 줄이기, 부동산 투자, 부업 등 다양한 길이 있다. 하지만 오늘날 전 세계적인 경제난을 고려했을 때 경제적 자유에 성공한 파이어족이 되는 길은 요원해 보이기만 하다.

사람들은 파이어족이 되려면 딩크족(자녀가 없는 맞벌이 부부)에 억대 연봉을 받아야 하고 은퇴하기 전까지 알뜰살뜰 절약해야 한다고 생각한다. 분명히 말하지만 누구라도, 어디에 살더라도, 소득 수준이 어떨지라도 파이어족이 될 수 있다. 이 책에서 나는 특별한 파이어 전략을 강조한다. 그것은 누구나 따라 할 수 있는 전략이다. 이제 당신은 새로운 꿈을 꿀 수 있다.

19세기 미국 작가이자 사상가인 헨리 데이비드 소로는 다음과 같이 말했다.

"많은 사람이 조용히 절망하며 살아간다."[1]

만약 헨리 데이비드 소로가 살아 있다면 170여 년이 지난 지금도 자신의 말이 통한다는 사실에 안타까워할 것이다. 요즘 세대의 정서를 보면 조용한 절망이라는 말이 딱 맞다.

우리는 경제적으로 자립하고 원하는 것은 무엇이든 할 수 있는 자유를

♦ geoarbitrage, 같은 수준의 소득을 유지하면서 생활비가 저렴한 곳으로 이사하는 것을 의미한다.

원하지만, 이를 실현할 방도가 보이지 않는다. 대신에 은퇴를 위해 앞으로 40년이라는 긴 시간을 일하는 데 합의했다. 월급을 받는 대신 휴가나 주말을 제한하는 것에 동의했다. 선택의 여지가 없지 않은가? 학자금 대출, 매월 날아드는 청구서, 양육 비용, 자녀의 대학 등록금 준비 등이 우리 앞에 있다. 또한 강아지가 테니스공을 반쯤 삼키면 곧바로 수의사에게 달려갈 수도 있어야 한다.

심지어 65세에 은퇴하는 것조차 비현실적으로 보인다. 숫자가 달라지고 있다. 재정 전문가들이 밀레니얼 세대가 65세에 은퇴하기 위해 필요하다고 말하는 금액은 200만 달러다. 그들은 아무렇지 않게 200만 달러를 이야기한다. 미안하지만 당신 주변에 백만장자가 몇 명이나 있는가? 이 목표는 달성할 가능성이 아주 낮을 뿐만 아니라 요즘 같은 시대에는 비현실적이다.

CNBC 보도에 따르면, 미국인 3명 중 1명이 은퇴를 위해 저축한 금액이 5,000달러 미만이라고 한다.[2] 또한 은퇴를 앞둔 베이비붐 세대의 평균 저축액은 2만 4,280달러다.[3] 이 세대는 퇴직하고 6개월이 지나면 다시 일자리를 찾아야 할 형편이다. 당신에 대해 잘 모르지만, 200만 달러를 모으려고 40년 동안 매달 지출 계획을 세우고 푼돈을 아끼며 사는 모습이 좋아 보이지 않는다.

그렇다면 이제 우리는 어떻게 해야 할까? 파이어족이 되는 방법은 여러 가지다. 나는 '수동적 소득Passive income'이라는 혁명적 개념을 소개하고자 한다. 수동적 소득이란 거의 일하지 않고 돈을 번다는 개념이다.

이것이 불가능하게 들리는가? 이렇게 생각해보라. 수익률이 연간 2퍼센트인 고수익 저축상품에 1만 달러를 넣는다. 그럼 한 해 동안 이자 소득으로 200달러를 번다. 그 수입을 벌기 위해 무슨 일을 했는가? 없다. 이것이 바로 수동적 소득이다.[4] 즉, 불로 소득 Unearned income 을 의미한다.

당신에게 근로 소득을 대체할 수동적 소득이 있다면 어떨까? 1만 달러에 0을 3개 추가해보자. 동일한 저축상품에 1,000만 달러를 투자하면 수동적 소득으로 매년 20만 달러를 벌게 된다. 손가락 하나 까닥하지 않고 이자 소득으로 매년 20만 달러를 번다면, 어쩌면 당신은 지금 하고 있는 일을 그만둬도 되지 않을까 생각할 수 있다. 그러나 20달러의 이자 소득을 얻기 위해서는 먼저 1,000만 달러가 있어야 한다. 누구라도 가만히 앉아서 1,000만 달러를 벌 방법은 없을 것이다. 나 역시 그렇다. 그러나 수동적 소득을 만드는 방법은 수백 가지가 있으며, 대부분 자본 투자를 할 필요가 없다.

내가 어떤 사람이기에 당신에게 이 비밀을 알려준다는 것일까? 나는 27세에 은퇴했으며 매달 1만 달러 이상의 수동적 소득으로 생활한다. 남편 앤드류와 나는 지금 전 세계를 여행하며, 새로운 기술을 배우고, 원하는 것을 누리며 살아가고 있다.

앤드류와 내가 만났을 때, 우리는 둘 다 어떠한 수동적 소득도 없었으며 파이어족을 꿈꿀 만큼 충분히 벌지도 못했다. 당시 나는 내가 경멸하던 매니저 밑에서 일하며 하는 일에 비해 턱없이 부족한 월급을 받는 어두운 나날을 보내고 있었다.

24세의 나는 여러 가지 일을 했다. 빚이 없었고 대학생 때는 주방용품을 파는 아르바이트를 하며 지냈다. 대학에서 금융경제학을 전공했고 졸업

후 재무상담사로 일하면서 체계적으로 돈 관리를 했다. 당시 나는 나와 생각이 같은 남자를 만났다. 앤드류는 나처럼 검소했으며 생각이 열려 있었고 야심이 컸다. 나 역시 끔찍했던 이전 회사에서 벗어나 멋진 회사의 끝내주는 팀에서 경력을 쌓기 시작했고 승진을 비롯한 성공가도를 기대하게 되었다.

내 첫 번째 수동적 소득은 부동산에서 시작되었다. 내가 읽고 배운 바로는, 부동산을 소유해 임대료를 받는 것이 장기적 부를 쌓아가는 가장 좋은 방법처럼 보였다. 내 목표는 임대 부동산을 소유하는 것이었고, 곧 앤드류도 합류했다. 그 당시 나는 수동적 소득의 개념조차 몰랐다. 부동산 투자는 내가 하고 싶었던 일이지만, 내가 곧이어 네 가지 다른 범주의 수동적 소득을 발견하게 될 줄은 몰랐다.

2년 동안 일이 정신없이 진행되었다. 2017년 앤드류와 나는 첫 번째 듀플렉스◆를 구입했고 매달 500달러의 현금이 유입되었다. 또한 수동적 로열티를 창출하는 주문형 티셔츠 인쇄사업을 시작했다. 내 첫 번째 책《머니 허니Money Honey》를 출간했고, 여기서 수동적 로열티가 나왔다. 그 해와 다음 해에 여러 채의 임대 부동산을 추가로 매입했고 2018년 말에 부동산 소득이 월 1만 달러 이상이 되었다. 이것들은 여러 수동적 소득 흐름의 몇 가지 예에 불과하며, 우리는 이를 최대한 확장하기 위해 모든 노력을 기울였다. 2년 동안 우리는 그 어느 때보다 열심히 일했다.

나는 직장을 그만둘 것이라고는 한 번도 생각해본 적이 없다. 이 세 가

◆　Duplex, 한 채의 가옥이 두 개의 주거 공간으로 나뉘어져 있는 주거형태이다.

지 일이 일어나기 전까지 말이다. 먼저 앤드류와 나는 서부로 이사하는 것에 관해 이야기하기 시작했는데, 우리 직장이 켄터키주 루이스빌에 있었기 때문에 쉬운 문제는 아니었다. 두 번째로는 사랑하는 사람들과 많은 시간을 보내는 것이 얼마나 중요한지 깨달았지만 그렇게 살 여력이 없었다. 세 번째로 좋아하는 매니저가 내게 이런 질문을 했다.

"정말로 어떻게 살고 싶니?"

나는 뭐라고 명확하게 대답할 말이 없어 우물쭈물했다. 한 번도 내가 생각해본 적 없는 질문이었다. 나는 언젠가 회사의 최고재무책임자CFO까지 승진할 것이라고 늘 상상해왔다.

그런데 수동적 소득 흐름으로 인해 선택의 기회가 생겼다. 내 수동적 소득은 이미 근로 소득을 넘어섰다. 나는 더 이상 일할 필요가 없었다. 전 세계를 여행하고 원할 때 글을 쓰며 나만의 노하우와 아이디어로 다른 사람들도 우리처럼 경제적 자유를 누리도록 도와줄 수 있었다. 퇴직이라는 최종 결정을 내리기까지 많은 고민이 있었지만, 마침내 나는 내가 원했던 그 제안을 받아들였다.

2019년, 첫 부동산을 매입하고 불과 2년 반 만에 나는 고용주에게 "잘 있어요"라고 말하며 사직서를 제출했다. 일에 열정이 넘쳤던 앤드류는 원격으로 계속 일하는 것을 선택했다. 그는 어쩔 수 없이 일하는 게 아니라 하고 싶어 일을 하기에 더 재미있다고 한다.

퇴사 후 나는 꿈꾸던 삶을 현실 속에서 살아가고 있다. 하고 싶은 일이라면 무엇이든, 언제나 자유롭게 할 수 있다. 나는 로키산맥에서 이 글을 쓰고 있다. 앤드류는 내 옆에서 부동산 리스트를 살펴보며 오디블Audible로

〈레디 플레이어 원Ready Player One〉을 듣고 있다. 우리는 하이킹을 막 끝내고 신선한 사과와 딸기를 우걱우걱 씹어 먹고 있다. 발길 따라 가고 싶은 대로 갈 자유가 있기에 우리는 오늘 밤, 내일 혹은 다섯 달 후에 뭘 할지 모른다. 돈 거정은 할 필요가 없다. 매달 수동적 소득으로 들어오는 1만 달러로 생활비 7,000달러를 충분히 충당할 수 있다. 우리는 유연하게 삶을 즐길 뿐 억누르며 살지 않는다. 우리는 자유롭다. 매일 느끼는 자유와 기쁨을 말로 다 표현할 길이 없다.

아무것도 없었던 우리가 3년 만에 수동적 소득으로 매달 1만 달러를 벌어들일 수 있었다면, 당신도 할 수 있다. 일찍 은퇴하려고 하지 않더라도 매달 1,000달러, 2,000달러 혹은 5,000달러의 추가 소득이 생긴다면 당신의 삶이 달라질 것이다. 당신이 상상해본 적 없는 취미 생활을 하든 여행을 하든, 미래를 위해 저축을 하든 관계없이 더 많은 돈은 당신에게 더 많은 기회를 줄 것이다. 수동적 소득은 직장을 그만두라는 말과 동의어가 아니다. 수동적 소득이 주는 혜택은 크게 세 가지다.

- 경제적 자립
- 삶의 유연성
- 원하는 것을 하는 자유

나는 모든 성인이 부수적이고 자립적인 소득을 통해 경제적인 면뿐만 아니라 정서적, 정신적으로도 유익을 얻을 수 있다고 확신한다. 어쩌면 가정주부인 당신은 가족을 위해 수동적 소득 흐름을 창출할 아이디어가 떠올라 마음이 들뜰 수 있다. 돈 관리를 잘해왔지만 아직도 학자금 대출이 수만 달러나 남아 있다면, 대출상환에 박차를 가할 수 있다. 또한 당신은 보수는 적지만 당신이 좋아하는 현재의 일을 계속하면서 추가 소득을 얻을 방법을 찾을 수 있다.

이유가 무엇이든 간에, 수동적 소득은 당신의 해결책이 될 것이다. 일요일마다 주말이 끝나는 것에 두려움을 느끼거나 아침마다 출근하기 위해 일어나는 것이 끔찍하게 싫다면, 이 책은 당신을 위한 것이다. 이 책은 졸업과 동시에 시작되는 9시 출근 6시 퇴근의 삶이 끔찍한 대학생, 매일같이 고용주를 위해 뼈 빠지게 일하기보다 원하는 일을 하며 시간을 보내고 싶은 부부, 지난 15년 동안 열심히 돈을 저축했지만 앞으로 20년 동안 은퇴는 생각도 할 수 없는 사람들을 위한 책이다.

당신도 여기에 해당된다면, 이 책을 통해 삶을 대하는 방식 자체를 바꿀 뿐만 아니라, 마침내 다른 사람이 아니라 자신을 위한 일을 시작할 수 있다. 일단 이 책에서 배운 것을 차근차근 실천해보면, 자신만의 경제적 자유의 길에 설 수 있을 것이다.

이 책은 우리가 40년 동안 주 40시간 일하는 것이 자연스럽고 당연하다는 생각에 모두 속아왔다는 걸 보여준다. 시대는 변화하고 있고, 특히 오늘날 젊은 세대는 그 어느 때보다 많은 것을 요구하고 있다. 당신은 남은 평생 기업의 톱니바퀴가 되지 않을 방법과 대안을 배울 수 있다.

분명히 말하자면, 수동적 소득은 쉬운 길이 아니다. 공원의 산책로가 아니다. 소득을 창출하기 위해 당연히 땀을 흘려야 하고 때로는 투자금도 필요하다. 당신이 나의 지난 3년이 쉬웠다고 생각한다면, 글쎄, 그건 아니다.[5]

인생에 쉬운 일은 아무것도 없지만, 3년 동안 힘들게 일하고 은퇴하는 것과 30년을 터벅터벅 걷다 은퇴하는 것 중에 하나를 선택해야 한다면, 어느 것을 선택하겠는가? 후자가 매력적으로 들린다면 이 책을 내려놓고 당신의 공간으로 돌아가는 게 낫다. 그렇지만 남은 인생을 제약에서 벗어나 자유롭게 살기 위해 무엇이든 할 준비가 되어 있다면 책을 계속 읽어보라. 내가 노하우를 알려주겠다. 그것을 실행하는 것은 당신에게 달려 있다. 당신은 할 수 있다.

나는 이 책에서 수동적 소득을 다섯 개 범주로 나누고, 각각에 해당하는 구체적인 아이디어를 제시했다. 1부에서는 은퇴의 전통적 의미가 무엇인지, 시대에 따라 어떻게 달라졌는지 소개한다. 또한 수동적 소득의 정의와 작동 원리를 설명했다. 다음으로 수동적 소득의 다섯 개 주요 범주와 이를 구축하는 구체적인 전략에 대해 나누는데 2부에서 로열티 소득, 3부에서 자본 소득, 4부에서 코인 기계, 5부에서 광고와 전자상거래, 6부에서 임대 소득을 살펴보았다. 마지막으로 7부에서는 목표를 정하고 전략을 세우며 수동적 소득 여행을 떠나는 것으로 모든 이야기를 마무리한다.

이 전략으로 성공을 거둔 수많은 사람의 행렬에 당신도 동참하길 바란다.

| 차례 |

—— Part 6

부의 자동화를 완성하다

—— Part 7

드디어 경제적 자유가 시작된다

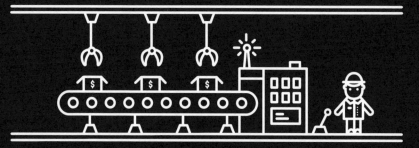

Part 1

짧게 일하고
길게 버는 삶

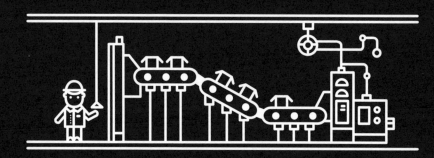

Chapter 1

우리가 착각하는 7가지

이 책은 전통적인 은퇴 방식이 더 이상 통하지 않는다는 생각을 전제로 한다. 그렇다면 우선 전통적인 은퇴가 무엇을 의미하는지 알아보도록 하자. 20세기에는 은퇴를 어떻게 정의했을까? 은퇴란 무엇일까? 사람들은 어떻게 은퇴를 준비했을까?

전통적으로 사람들은 내가 '비상금 이론Nest Egg Theory'이라고 부르는 방식을 따라왔다. 비상금은 미래를 위해 모아둔 돈이다. 재밌게도 영어로 비상금은 'Nest Egg'인데, 이 용어는 암탉의 둥지에 가짜 달걀을 넣어 알을 낳게 하는 관습에서 유래했다. 비상금 이론은 공식적으로 다음과 같다. 은퇴 전까지 돈을 정말 많이 모은 다음 그 돈으로 여생을 살아간다는 것이다.

과거에는 비상금 이론이 아주 효과적이었는데, 이 장을 쓴 목적도 그 이유를 알려주기 위해서다. 이 점을 잘 이해하지 못한다면, 요즘 같은 시대에 은퇴 준비가 얼마나 어려운 일인지 깨닫고 좌절하기 쉽다. 한편 나는 당신이 독해지길 바라지 않는다.

한때 각광받던 은퇴 전략이 어떻게 변화했는지 알게 되면, 수동적 소득이라는 개념이 얼마나 훌륭하고 효과적인지 정확히 이해할 수 있다.

달라진 7가지 사실

비상금 이론에 있어 가장 골치 아픈 문제부터 해결해보도록 하자. 왜 우리 모두는 비상금을 많이 모아 65세에 은퇴하는 것이 합리적인 일이라고 믿게 되었을까? 이렇게 하는 게 실제로 효과적이었을까?

정답은 바로 수십 년 전에는 효과적이었다는 사실이다. 한때는 비상금 이론에 맞춰 은퇴를 준비하는 것이 어렵지 않게 가능했다. 1950년대를 한 번 생각해보라. 하지만 1950년대 이후 일곱 가지 주요 요인들이 완전히 바뀌었다.

- 가계지출
- 이웃효과
- 기대수명
- 사회보장제도
- 연금제도
- 대학 학비
- 주당 근로시간

1950년대 이후 시대가 얼마나 변했는지 알아보면서 이 요인들을 하나하나 살펴보겠다.

가계지출

요즘 미국인들은 이전보다 더 큰 집을 보유한다. 1950년 단독주택의 평균 면적은 91제곱미터였는데,[6] 지금은 245제곱미터다.[7] 뿐만 아니라 1950년 평균 가구원 수는 3.8명이었지만, 2017년에는 2.5명이다.[8] 1950년에는 가구원 1인당 24제곱미터를 점유했지만, 지금은 98제곱미터를 사용한다.

집들이 점점 커지면서 집을 유지하는 데에 몇십 년 전에 비해 더 많은 돈이 지출된다. 비슷한 원리가 자동차와 컴퓨터, 휴대폰에도 적용된다. 1950년에는 한 가족이 한 대의 차를 함께 사용했지만, 오늘날에는 한 가구에서 성인 한 명이 평균 한 대의 차를 보유하고 있다. 또 오늘날 가정마다 적어도 한 대의 컴퓨터가 필요하고 성인뿐만 아니라 아이들도 모두 휴대폰이 필요하다.

요즘은 육아비에 들어가는 돈이 상당해 많은 가정이 어려움을 겪고 있다. 1950년대는 양부모 가정에서 대부분의 여성들이 집에서 아이들을 직접 돌보았기 때문에 육아비 지출과 관련된 자료를 찾아보기 힘들 정도였다. 1956년에는 6세 미만의 자녀를 둔 여성 중 16퍼센트만이 밖에서 일을 했다.[9] 최근에는 미취학 자녀를 둔 여성들의 노동 참여율이 64퍼센트에 이른다.[10] 게다가 요즘에는 아이를 좋은 어린이집에 보내려면 임신을 준비하는 동안 대기명단에 이름을 올려야 한다. 부모들은 천정부지로 치솟는 육아비를 감당하기 힘들다. 결국 육아비를 마련하기 위해 부모 모두 일을 하거나 한 명이 일을 포기하고 애를 직접 키우거나, 아니면 양쪽을 잘 조율해야 한다.

젊은 세대들은 삶의 질이 더 높아지기를 원하는 만큼 더 많은 비용을 필요로 한다. 이 말은 은퇴를 준비하기 위해 돈을 절약할 수 있는 여력이 더 줄어든다는 뜻이다.

이웃효과

오늘날 어린이, 10대, 그리고 성인들은 온라인상에서 완벽한 라이프스타일을 보여주는 사진들이 넘쳐나는 시대를 살고 있다. SNS에는 포르쉐를 몰고 고층 아파트에 사는 사람들이 있다. 젠장, 나는 온라인을 통해 그들이 지내는 모습을 주기적으로 확인한다.

남들에게 뒤지지 않는 삶이란 포르쉐를 타는 이웃을 부러워하며 자신도 비싼 차를 타고 싶어하는 것을 의미한다. 과거에는 그 대상이 지리적으로, 그러니까 말 그대로 눈에 보이는 범위에 제한되어 있었다. 그런데 소셜미디어는 세상을 바꾸어놓았다. 수많은 사람들이 가졌으니 나 역시 가지는 게 마땅하다고 느끼게 되었다. 인터넷이 존재하지 않던 1950년에는 라이프스타일에 대한 이런 식의 압박은 없었다.

예쁜 게 그 무엇보다 중요한 시대가 되었다. 주방은 더 이상 기능적 공간에 그치지 않는다. 보기 좋게 디자인되고 장식되어야 한다. 집이 '예쁘지 않다'는 이유로 창피해하는 사람들이 많다. 모든 것이 인스타그램에 올릴 만해야 한다.

심리적으로 소비하지 않고는 정말 견디기 어려운 시대다. '나만큼 벌지도 못하는 고등학교 동창 사만다가 샀다면, 나도 살 수 있지'라고 생각하며 다음 지출을 정당화할 뿐이다.

기대수명

1950년 은퇴자의 기대수명은 79세였다.[11] 오늘날 기대수명은 83세이다.[12] 그 말인즉, 은퇴 후 4년간의 생활비를 추가로 더 마련해야 한다는 뜻이다. 우리는 더 오래 살 뿐만 아니라, 더 일찍 은퇴할 것이다. 1940년 정년퇴직 연령은 70세였지만, 2000년에는 62세가 되었다.[13] 이것이 무엇을 의미하는 것일까? 은퇴 후 기간이 매우 늘어났다는 것이다. 1950년 남성 노동자의 경우 은퇴 후 보내는 기간이 8년이었다면, 지금은 무려 19년이나 된다. 요컨대 지금 우리는 은퇴 전에 그 어느 때보다 더 많은 돈을 준비해야 한다.

사회보장제도

나의 대학 졸업논문 주제는 사회보장이었다. 그러니 열정이 조금 과하더라도 양해 바란다. 미국 정부는 은퇴자나 실업자, 장애인에게 사회보장 혜택을 제공한다. 만약 당신이 밀레니얼 세대나 Z세대라면 당신이 은퇴할 무렵에는 사회보장제도가 더 이상 존재하지 않을 것이라는 소문을 들었을 것이다. 도대체 무슨 일이 일어난 것일까?

간단하게 사회보장의 역사를 알아보자. 1935년 미국의 플랭클린 루스벨트 전 대통령이 사회보장제도를 도입했다. 대공황으로 정부가 국민을 지원할 필요성이 크게 대두되었고 많은 가정에 정부의 원조가 절대적으로 필요했다. 문제는 미국 정부가 이 새로운 프로그램에 쓸 재정을 마련할 방법이 없었다는 것이다. 은퇴자와 장애인 모두에게 현금을 지급하려면 엄청난 돈이 필요했다. 그래서 나온 정부의 해결책은 젊은 세대가 기성세대의 연금 재정을 지원하는 제도를 구축하는 것이었다. 루스벨트는 현재 일하는 미국인들에게 사회보장세를 부과했다. 그렇게 거두어진 세금은 지금 은퇴한 미국인들에게 지급되었다.[14]

그렇다면 당신의 급여에서 공제한 6.2퍼센트의 사회보장세는? 당신을 위해 어딘가에 챙겨둔 것이 아니다. 바로 지금 은퇴한 미국인들에게 돈을 지급하는 데 사용되고 있다.[15]

사회보장제도를 시행하고 처음 몇십 년 동안에는 일하는 미국인이 은퇴한 미국인보다 훨씬 많았다. 사회보장 혜택을 누리는 은퇴자 한 명을 위해 다수의 근로자가 사회보장세를 납부했다. 연금이 처음 지급되었던 1940년, 근로자 159.4명이 수혜자 1명을 부양했다.[16] 이런 식으로 세금을 책정했다는 것은 은퇴한 미국인들에게 지급하고도 남을 만큼 충분한 재원이 마련되었음을 의미했다.

그런데 상황이 달라졌다. 베이비붐 세대, 그러니까 대략 1946년부터 1964년 사이에 태어난 사람들은 금세 당시 미국에서 인구 비중이 가장 높은 세대가 되었다. 그들이 노동연령이 되어 사회보장에 기여하기 시작하자 신탁자금이 눈덩이처럼 불어났다. 그런데 정부는 베이비붐 세대 역시 결국에는 은퇴할 것이라는 사실을 제대로 설명하지 못했다. 예상대로 그들이 은퇴하기 시작하자 후폭풍이 심각했다. 은퇴한 미국인 대비 일하는 미국인의 수가 훨씬 적었기 때문이다. 2013년 고작 2.8명이 1명의 수혜자를 부양해야 했다.[17]

가구당 자녀 수의 감소는 사회보장에 또 다른 경종을 울렸다. 오늘날 출산율 저하는 노동력 감소를 뜻한다. 이렇게 줄어든 노동인구가 늘어난 은퇴 인구를 부양하느라 힘든 시간을 보내고 있다.

인구통계상의 변화는 사회보장제도에 엄청난 경제적 압박을 가했다. 은퇴연금을 받는 사람이 갑자기 늘어나 기금 흑자분이 하루가 다르게 줄어들고 있다. 물론 정부는 은퇴 시기를 다소 늦추고 세금을 늘렸으며 시간이 지남에 따라 혜택을 줄이기도 했다. 그러나 선제적 조치가 아니었으며 충분한 효과를 기대할 수 없었다.

최근 이사회는 2019 연례보고서를 요약한 〈대중에게 전하는 메시지〉를 발간했다. 내용은 84년 동안 프로그램을 진행해오면서 약 21조 9,000억 달러를 거두고 19조 달러를 지급해, 2018년 말 기준 2조 9,000억 달러의 자산을 2개의 신탁기금에 보유 중이라는 것이다. 축하할 일인가? 그다지. 그 뒤에 나오는 내용을 보면, 2035년이 되면 신탁자금이 완전히 고갈될 것이라고 한다. 추가적으로 사회보장 총비용이 1982년 이후 처음으로 2020년에 총수입(이자 포함)을 초과할 것으로 예상된다.[18]

한때 사람들의 추앙을 한 몸에 받았던 듬직한 사회보장 프로그램이 이제는 엉망진창이 되었다. 고령화 세대가 많아지자 프로그램에 엄청난 부담을 주었고, 기금은 급속도로 고갈되고 있다. 베이비부머 세대가 (부지중에) 부담을 주었을 뿐만 아니라 기대수명 증가와 정년퇴직 연령이 앞당겨지는 것 역시 영향을 주었다.

이 모든 것은 밀레니얼 세대가 사회보장세를 통해 베이비부머 부모세대들의 은퇴 비용을 지급하는 것으로 귀결된다. 그렇다면 밀레니얼 세대들의 은퇴 이후 상황은 어떠할까? 현재로서는 운이 지지리도 없다.[19] 지금 40세 미만이라면 은퇴했을 때 받을 사회보상 혜택을 견혀 기대하지 말고 최악의 상황을 대비하는 것이 현명할 수 있다.

연금제도

연금은 금세 과거의 유산이 되어가고 있다. 연금은 고용주나 정부가 제공하는 일종의 확정급여형 제도다. 이 제도는 구체적으로 다음과 같다. 회사에서 오랫동안 충직하게 일한 대가로 회사는 당신이 은퇴한 시점부터 죽을 때까지 매달 얼마의 돈을 지급한다. 그리고 연금은 당신이 받게 될 사회보장 혜택과 별도로 지급된다. 훌륭하다.

앞서 사회보장 내용을 다루면서 그 이유를 언급했듯이 연금은 고갈되어가고 있고 이제 얼마 남지 않았다. 연금제도는 고용주가 계속 유지하기에 비용이 너무 많이 든다. 그래서 수십 년 전부터 미국 기업들은 새로운 형태의 퇴직연금 제도를 확립시키기 위해 의회에 로비를 하기 시작했다. 여기서 401(k)◆가 탄생했다. 401(k)는 고용주들이 가장 선호하는 연금제도로 금세 자리 잡았다.

기존의 연금과 다른 점이라면 401(k)는 직원들도 어느 정도 기여를 해야 한다는 것이다. 그런데 많은 직원들은 그 혜택을 충분히 누릴 만한 역량을 갖추지 못한 상태이다. 따라서 401(k)는 퇴직에 따른 부담을 고용주 대신에 직원에게 고스란히 넘겼다. 확정급여형 제도와 연금이라는 안정망의 시대는 지났다.

대학 학비

다음 글과 연관이 있는 사람이라면 손을 들어보자.

"학자금 대출, 대학 졸업장을 따게 해줘서 고마워.

내가 갚을 수 있을 거라는 생각은 안 들어."

1950년부터 지금까지 대학 학비 인상에 대한 보도는 끊이지 않는다. 2018년 〈포브스〉는 '대학 학비가 천정부지로 치솟고 있다. 학자금 대출이 미국의 비주택 대출에서 가장 큰 비중을 차지하는 것도 당연하다. 그렇다. 학자금 대출이 신용카드나 자동차 대출보다 더 많다'고 보도했다.[20]

여기서 잠깐 비교를 해보자. 1988~1989년도에 4년제 공립대학의

◆　미국의 퇴직연금을 뜻하는 용어로 미국의 내국세입법 401조 k항에 직장가입 연금이 규정되어 있기에 이와 같이 불린다. 401(k) 퇴직연금은 매달 일정량의 퇴직금을 회사가 적립하되, 그 관리 책임은 종업원에게 있는 방식의 연금이다. 즉, 퇴직금의 지급을 회사가 보장하지 않는다는 뜻이다.

1년 등록금과 학비는 3,360달러였다(2018년 달러 기준). 4년이면 모두 1만 3,000달러다. 2018~2019 학사연도에는 같은 기간에 4만 달러나 되었다.[21] 불과 30년 만에 3배가 넘었다. 사립대학의 학비는 알고 싶지 않을 정도다.

멋진 켄터키 청년이었던 우리 아버지는 그 당시 1년에 3,200달러인 사립대 학비를 감당하기 위해 매년 여름이면 담배창고에서 일하셨고 학기 중에는 과외를 했다. 그 정도는 뭐 할만하다. 우리 아버지처럼 많은 베이비 부머 세대는 빚 없이 대학을 졸업했다.

아버지는 이렇게 말했다.

"졸업 후에 들어간 직장에서 1년 동안 일하면 대학 4년 내내 낸 돈보다 더 많은 1만 4,500달러를 벌 수 있었다. 물론 이 비율은 지금 완전히 달라졌다. 초봉이 대학 학비 전액보다 더 많은 일자리를 구할 수 있는 졸업생이 과연 몇 명이나 될까? 투자 대비 수익이 달라졌다."

그런데 나는 우리 아버지랑 같은 대학 출신이다. 35년 후 내 대학 학비는 1년에 4만 2,000달러였다. 내가 학위를 따는 데 드는 돈이 아버지보다 무려 15만 달러가 더 많았다.

지금은 빚 없이 졸업하는 게 사실상 불가능한 시대이다. 지금 대학생들은 등록금을 감당할 만큼 돈을 주는 여름 아르바이트를 구할 수 없다. 오해하지 마시라. 물론 그런 학생들이 있기도 하지만 그건 매우 특별한 경우다. 대부분 누군가 학비를 내주거나 장학금을 받지 않는 한 학자금 대출 없이 졸업하는 것은 현실적으로 불가능한 일이다.

학비는 터무니없이 많이 올랐지만 모두가 대학에 가는 시대다. 그러나 이제는 대학 졸업장이 엄청난 스펙이 되지 못한다. 빚을 안고 졸업했을 때

겪는 경제적 영향을 생각해보면, 대학 졸업장이 오히려 소득을 지속적으로 창출하고자 하는 우리의 목표에 걸림돌이 되었다. 부채는 실제로 매달 마이너스 현금흐름을 발생시킨다. 일단 대출금 상환이 시작되면 소득에 구멍이 생기고 이러한 흐름이 수십 년 동안 지속될 수 있다. 이 책을 쓴 이유는 매달 700달러의 빚을 갚기 위해서가 아니라 700달러의 수동적 소득을 창출하는 데 있다.

주당 근로시간

1800년대에는 대부분의 노동자가 공장에서 일했고, 일주일에 7일, 매일 10~11시간 근무하는 것이 일반적이었다. 그런데 한 특별한 남자가 혈기왕성한 20대에 모든 것을 바꾸어 놓았다. 그는 바로 포드 창립자 헨리 포드Henry Ford이다. 포드는 1926년에 주당 40시간 근무제를 도입했다. 그는 지나치게 긴 노동시간이 생산성에 부정적인 영향을 끼친다고 생각했다.[22] 노동자들은 주당 40시간 근무에 환호했고, 다른 기업들도 이 제도를 도입하라는 압박을 받았다.

그런데 1950년 이후 전혀 변하지 않은 것이 하나 있다. 그것은 바로 주당 40시간 근무제다. 2014년 갤럽 여론 조사에 따르면, 사실 주당 평균 근무시간은 47시간에 가까웠다. 기본적으로 5일 근무가 아니라 6일 근무인 셈이다.[23]

내가 주당 40시간 근무에 대해 어떻게 생각하는지 친구들에게 묻자, 한 명이 이렇게 말했다.

"주당 40시간 근무면 정말 좋지. 나는 매주 50시간 넘게 일할 때가 많거든."

이 주제에 딱 맞는 사례다. 주당 40시간 근무를 위해 우리 사회가 어떠한 헌신을 했는지 의문을 제기할 때다. 뉴욕에 거주하며 경제 관련 글을 기고하는 테레사 아고비노Theresa Agovino는 다음과 같이 말했다.

"산업화 시대부터 시작된 미국인의 표준 주당 근무시간은 지식기반경제에 적합하지 않다."[24]

이 개념이 처음으로 널리 도입되었던 한 세기 전과 비교했을 때 지금의 미국은 달라도 많이 다르다. 주당 40시간 근무제에 대한 주변의 반응을 인터넷을 통해 알아보았다.

"차라리 결과를 가지고 평가했으면 좋겠다."_에이미

"시대에 뒤떨어진 생각이다. 이전 직장에서는 30시간이면 모든 일을 끝낼 수 있었다. 솔직히 나는 10시간을 전혀 쓸데없는 일을 하며 허비하다."_티나

"직업이 뭐냐에 따라 달라진다고 생각한다."_인그리드

"비생산적인 것 같다. 다른 방식으로 책임을 지면 되지 않을까. 매주 40시간 사무실에 앉아 있으라고 강요하지 않으면 좋겠다."_토리

"성과 위주로 바꾸어야 한다. 어떤 사람은 다른 사람보다 업무 속도가 빠르다. 2시간 먼저 일을 끝내고 할 일이 없는데도 왜 집에 가서 쉴 수 없는 거지?"_첼시

"주당 40시간 근무는 매일 같은 일을 하고, 더 많은 시간을 투입하면 더 많은 일을 할 수 있던 시대에 개발된 구시대적인 개념이라고 확

신한다."_엘리자베스

"주당 40시간 근무는 중요하지 않다. 당신이 맡은 일을 다 해내고, 더군다나 기대 이상으로 해내는 한 몇 시간 일하는지를 누가 신경 쓰겠는가?"_캐리

내 개인적인 경험 역시 이 피드백과 일치한다. 여러 직장을 다녀봤는데, 매번 몇 주 동안은 분주하고 정신없이 보내다가 그 뒤로 몇 주 동안은 조용하고 지루한 시간을 보내곤 했다. 아침 7시 30분에 출근해서 점심도 안 먹고 일했는데도 매일 4시 45분에 퇴근하는 모습이 안 좋아 보인다는 매니저의 말에 좌절하기도 했다. 그 매니저는 내가 인식을 바꿔야 한다고 강조해 말했다. 이런 말 자체가 내가 하루에 쓸 수 있는 에너지 그 이상의 시간을 일에 투자하는 것을 상사들이 높이 평가한다는 증거다. 그들의 눈에는 더 오래 일할수록 더 좋은 직원인 것이다.

내가 아는 사람들 대부분이 이런 식의 업무 방식을 좋아하지 않는다. 그런데 안타깝게도 40시간 미만 일하면 게으르고 부족하다는 인식은 여전하다.

2018년 딜로이트 조사에 따르면 유연성이 밀레니얼 세대와 Z세대의 핵심 가치라고 한다. 업무 유연성에 불만족을 느낀 사람들은 점점 더 긱 경제◆에 매료되고 있다.[25]

노동자들은 변화를 요구하고 있지만 기업은 이에 반응을 보이지 않고

◆　gig economy, 한 직장에서 정규직으로 일하기보다 프리랜서로 여러 직장을 상대에서 일하는 새로운 고용 형태의 경제를 말한다.

있다. 다음은 CBIZ HR 서비스 클레어 비솟Claire Bissot 상무이사의 말이다.[26]

"당신이 30시간 만에 할 일을 다 끝낸다면 그 뒤에 일어날 일은 누군가 더 많은 일을 당신에게 주는 것이다."

2016년 밀레니얼 세대가 노동가능인구에서 가장 많은 비중을 차지했다. Z세대와 더불어 그들은 변화를 요구하고 있다. 주당 40시간 근무에 대한 반발이 전보다 더 커지고 있는 것이다.

지금까지 시간의 흐름에 따라 달라진 가장 중요한 7가지 요인에 대해 이야기해보았다. 하지만 그 밖에 더 많은 것들이 있다. 요점은 우리 경제지형이 바뀌었고 그 변화로 인해 은퇴 준비가 더 어려워질 것이라는 사실이다.

1950년대 젊은 부부는 확실히 유리했다. 그들은 90제곱미터의 집을 소유했고 가족이 차 한 대를 함께 썼다. 물론 이웃효과가 어느 정도 있기는 했지만, 소셜미디어를 통해 낯선 사람들의 끝내주는 주방과 호화로운 휴가 사진들에 지속적으로 노출되지 않았다. 아내가 집에서 아이들을 키우는 동안 남편은 정규직으로 일했고, 66세가 되면 정년퇴직을 할 것으로 예상했다. 학자금 대출이 전혀 필요하지 않았을 뿐만 아니라, 자녀들 역시 스스로 학비를 낼 수 있을 것으로 기대했다. 남편과 아내는 은퇴 후 남편의 연금을 받았고, 추가적으로 사회보장제도의 도움을 기대할 수 있었다. 더불어 그들은 만일을 대비해 평생 저축해온 비상금도 있었다.

오늘날 그들과 유사한 가정은 어떠한가. 젊은 부부는 180제곱미터의 집과 차 두 대를 소유한다. 둘 다 정규직으로 일하고 앞으로 몇 년 동안 대학학자금을 상환해야 한다. 그 외에도 담보대출이 있으며, 앞으로 자녀들을 대학에 보낼 경제적 여력이 있을지 불확실하다. 은퇴 후 30년간 생활할 비용을 충분히 저축하지 못했고 사회보장 혜택을 기대하기 어려워졌는데 그들의 고용주는 연금도 주지 않는다. 그들은 성실히 살아왔음에도 여전히 평균 미만의 삶을 살아간다고 느낀다.

이런 시나리오가 일정 부분 허구성을 띠고 모든 부부나 전체 가구를 대표하지 못한다는 사실을 인정한다. 많은 변수를 고려하지 않은 지나치게 단순한 견해인 것도 사실이다. 그렇지만 이를 통해 옛날과 지금이 얼마나 많이 달라졌는지 충분히 느낄 수 있다. 과거에는 은퇴 준비가 비교적 간단했다. 그런데 지금은 어떠한가? 1950년에 가능했던 것이 이제는 효과가 없다. 어느 때부터인지 변화하는 추세를 설명하기 어려워졌다. 우리에게는 완전히 시대에 뒤떨어진 은퇴 철학만 남아 있다. 한때는 현실적인 대안이었지만 이제는 실패만이 우리를 기다릴 뿐이다.

다음 장에서는 비상금 이론을 집중적으로 파헤쳐 보겠다. 이 이론이 얼마나 위험하고 어려운지 정확히 알 수 있을 것이다. 한때 우리는 비상금 이론 신화에 빠졌었지만, 이제는 수동적 소득을 통해 경제적 독립을 위한 길로 나아갈 수 있다.

Chapter 2

평생 열심히 일하면
행복해질까?

직위나 직업 또는 왕성한 직장생활로부터의 탈퇴. _메리엄-웹스터

직장을 떠나 일을 그만둔 사실이나 행동. _딕셔너리닷컴

영원히 일터를 떠나기로 선택한 삶의 기간. _인베스토피아

이는 은퇴에 대한 정의들로 그 내용은 서로 유사하다. 당신은 은퇴가 무엇이라고 생각하는가? 당신이라면 은퇴를 어떻게 정의하겠는가? 경제적 자유와 관련이 있는가? 단순히 직장을 그만두거나 다시는 일하지 않는 행위만을 뜻하는가?

내 친구에게 은퇴의 정의에 대해 물었다. 그러자 그녀는 '더 이상 일할 필요가 없는 것'이라고 답했다. 이 정의가 내포하는 바가 무엇일까? 보통 사람들은 돈이 필요해서 일을 한다. 따라서 은퇴가 더 이상 일할 필요가

없는 것을 의미한다면, 이는 경제적 자립을 내포한다.

은퇴 = 자유

= 선택

= 경제적 자립

당신이 경제적으로 자립했다면 원하는 건 뭐든지 할 수 있다. 어쩌면 계속 일하고 싶을지도 모른다. 대단하다. 요점은 원해서 일하는 것이지, 해야 하기 때문에 일하는 것이 아니라는 점이다. 더 이상 돈 때문에 일하지 않는다. 정확히 말해서 이 책에서 '조기 은퇴'와 '경제적 자립'은 의미가 상통하기 때문에 맞바꿔 사용할 수 있다.

200만 달러 모으기

은퇴의 정의와 '어떻게 은퇴할 것인가'는 별개의 문제다. 지난 세기에 우리는 모두 비상금 이론에 맞춰 은퇴하고 먹고살기 위해 막대한 돈을 저축해왔다. 그렇다면 밀레니얼 세대는 과연 얼마의 돈이 필요할까?

구글에 검색해보니, 밀레니얼 세대가 은퇴를 준비하기 위해서는 200만 달러면 충분하다고 한다. 예를 들어 2016년 〈USA 투데이〉에서 로버트 파웰Robert Powell은 안락한 은퇴를 준비하는 데에 밀레니얼 윗세대는 180만 달러가 필요하고, 밀레니얼 아랫세대는 250만 달러 이상이 필요하다고 언급했다.[27] 2019년 초반 FBFSFarm Bureau Financial Services는 베이비부머 세대가 은퇴하는데 130만 달러가 필요했다면 밀레니얼 세대는 180만 달러가 필요하다고 발표했다.[28] 이처럼 은퇴 금액이 늘어나는 이유가 무엇일까? 물가는 상승한 반면, 사회보장 혜택은 줄어들었기 때문이다. 존 램튼John Rampton과 같은 다른 전문가들은 700만 달러라는 더 높은 금액을 제시한 다.[29] 나는 밀레니얼 세대가 65세에 은퇴하기 위해서는 그보다 다소 낮은 수준인 200만 달러가 필요하다고 생각한다. 그런데 실제로 그 금액을 저축할 수 있는 사람이 몇 명이나 될까?

베이비부머 세대는 200만 달러까지는 아니더라도 실제 생활을 영위하는 데 각자가 저축한 돈보다 더 많은 돈이 필요하다. 2016년 연구 결과에 따르면, 56~61세 연령층이 은퇴를 준비하며 저축한 금액은 16만 3,577달러에 불과했다.[30] 2015년 조사에 따르면, 50대 근로자의 총 가계저축은 11만 7,000달러였고, 대부분 65세 이후에도 계속 일을 하거나 아예 은퇴를 하지 않을 계획이었다.[31] 사실 회계감사원에 따르면, 55세 이상 가구 중 약 29퍼센트가 은퇴를 대비한 저축이나 연금이 전혀 없다고 한다.[32]

뭐라고? 무언가 잘못된 게 아닌가? 어쩌면 우리가 200만 달러 저축이 가능하다고 밀레니얼 세대를 기만하는 것인가? 심지어 베이비부머 세대 조차도 그 금액의 10분의 1도 저축하지 못했는데 말이다. 이 통계는 충격적인 현실을 그리고 있다. 바로 극소수의 사람만이 목표 금액에 도달할 수 있다는 것이다.

200만 달러를 저축하려면 어떻게 해야 할까? 25세부터 복리 8퍼센트로 매달 약 621달러를 40년 동안 저축해야 한다. 당신의 상황이 어떠한지는 모르겠지만, 밀레니얼 세대 대부분은 그럴 여유가 없다. 보통 연봉이 4만 달러이고 매달 400달러의 학자금 대출을 갚아야 한다면 말이다. 200만 달러를 저축하는 것은 쉽지 않고, 또 만만하게 볼 일이 아니다. 불행히도 우리 대부분은 그 목표치에 도달하지 못할 것이다.

왜 이런 은퇴 방법들이 우리 부모나 선생님, 친구, 그리고 심지어 수지 오먼Suze Orman이나 데이브 램지Dave Ramsey 같은 재정 전문가에 의해 우리에게 주입되었는지 알 수가 없다. 오해하지 마시라. 나는 데이브 램지의 진짜 팬이다. 나는 그저 이 전문가들이 자신들은 상품을 팔고 회사를 운영해서 부자가 되었으면서, 다른 사람들에게는 '빚 청산하기', '소득의 15퍼센트 저축하기' 같은 말로 부자되는 법을 가르쳐주는지 아이러니할 뿐이다.

그럼에도 당신은 미래를 낙관할 수 있다. 어쩌면 학자금 대출, 카드빚이나 자동차 할부대금이 없을 수도 있다. 내가 대학을 졸업했을 때 상황이 그러했기 때문에 미래를 낙관할 수 있었다. 그런데 여러분 중 몇 명은 그렇지 않을 것이다. 당신이 200만 달러라는 목표를 달성하기 위해 어떻게 해야 할지 머리를 굴려 계산하는 게 보인다.

절약의 한계

당신은 돈을 많이 저축해야 한다. 그렇게 하기 위해서는 정확히 두 가지 방법이 있다.

1. 지출을 줄인다.

2. 소득을 늘린다.

돈을 더 많이 저축하고 싶을 때 사람들은 본능적으로 소득을 늘리기보다 지출을 줄이는 데에 더 집중한다. 그런데 지출에만 집중했을 때 두 가지 문제가 나타난다. 먼저 한계가 분명하다. 지출을 어느 정도 줄일 수는 있다. 그러나 일반적으로 담보대출이나 공과금처럼 깎을 수 없는 항목이 존재한다.

두 번째로 지속 가능하지 않다. 삶의 질에 안녕을 고할 수 있겠는가? 술 먹으러 가도 안 되고, 새 옷을 사도 안 되며, 여행을 가서도 안 된다. 누구도 그런 삶을 '매력적이야'라고 말하지 않는다. 그렇게 빡빡하게 예산을 짜면 그 예산은 오래 지속되지 못할 것이다. 좋아하는 것들을 포기하고 삶의 질을 영구히 낮추는 방식은 힘들다. 지출 내역을 확인하지 말라고 하는 말이 아니다.

다들 이런 금융 조언을 많이 들어봤을 것이다.

친구: 난 지출을 막을 수가 없어.

당신: 지출 내역을 확인해서 쓸데없이 세는 돈이 있는지 알아봐. 그 다음에 예산을 짜고 계획대로 지출하는 거지.

친구: 투자는 어떻게 해?

당신: 주식과 채권을 섞어야지. 근데 주식도 한 종류만 사면 안 되고 다양한 주식이나 뮤추얼 펀드, 인덱스 펀드를 골고루 선택해 분산 투자를 해야 해.

그렇다. 돈 관리는 기본적으로 중요하다. 나는 이전 책에서 돈 관리하는 법에 대해 다뤘고 지금까지도 그 방식을 고수하고 있다. 이 방법들은 일상에서 돈을 잘 관리하는 데 요긴하다. 하지만 매일 가던 스타벅스를 끊고 뮤추얼 펀드에 돈을 투자하는 식으로 200만 달러를 모을 수 있는 사람은 거의 없다. 있더라도 훨씬 오랜 시간이 필요할 것이다.

통제 불가능한 주식시장

매달 621달러씩 40년을 저축한다 해도 주식시장이 8퍼센트의 수익률을 보장해주지 않는다. 당신은 주식시장을 통제할 수 없다. 저 혼자 올라갔다 저 혼자 떨어지니 주식시장이 어떻게 움직일지 절대로 예측할 수 없다. 또한 시기가 좋지 않거나 불경기가 닥친다면 당신의 비상금은 휴지조각이 되어버릴 수도 있다. 비극적이게도 2008년과 2009년 은퇴를 앞둔 수많은 미국인에게 닥친 운명이 그러했다. 그 손실을 메우려면 수년 아니 수십 년이 걸릴 것이다.

당신이 그런 일을 겪었다면 어떻겠는가? 당신은 잘 살아왔다. 빚을 갚았고 검소하게 살았으며 여행 계획을 세우거나 나가서 저녁을 먹자고 할 때마다 매번 '시간이 없다'고 말해왔다. 그렇게 알뜰하게 모아 저축한 끝에 드디어 200만 달러를 가지고 은퇴할 준비를 마쳤다. 그런데 갑자기 경제가 좋지 않아 주식시장이 하락장이라면 재수 옴 붙은 것이다. 당신은 투자한 돈의 절반을 날려버린 것이다. 은퇴 계획은 취소다. 무기한으로.

주식시장만 재산을 날릴 수 있는 것은 아니다. 예상치 못한 일이나 통제 불가능한 일들로 인해 저축한 돈이 사라질 수 있다. 이혼, 장기적 소득 상실, 소송이나 질병 등이 발생할 수 있기 때문이다. 이 네 개 중 하나만 발생해도 바로 비상금과 작별인사를 해야 한다. 요컨대 아무리 잘 살아왔다 하더라도 인생 저축은 절대로 보장되지 않는다.

우리가 포기하고 있는 것들

나는 20대 초반에 60대가 되기 전까지 200만 달러를 모으겠다는 계획을 세웠다. 얼마 뒤 앞서 간단히 언급한 여러 잠재적 리스크를 곰곰이 생각해보기 시작했다. 또 이후 40년의 인생을 꼼꼼히, 그리고 열심히 고민해보았다. 그리고 내가 그 일에서 벗어나고 싶어 한다는 것을 깨달았다.

실제로 있을지 없을지 모를 은퇴 후 시간을 위해 평생을 바쳐 일해야 한다는 생각으로부터 벗어나고 싶은 사람은 나뿐만이 아니었다. 인터넷을 통해 사람들에게 은퇴한다는 것이 감정적으로 어떤 걸 의미하는지 물었다. 사람들의 생각을 함께 들어보자.

"하고 있는 일을 그만두고도 생활이 가능할 때."_켈리

"9시부터 6시까지 자유롭게 살 수 있을 만큼 충분히 저축함."_베스

"더 이상 생존을 위한 시간이 아닌 삶."_할리

"달콤한 자유."_캐시

"조만간 오지 않을 어떤 것."_엘리자베스

이런 반응들에는 한 가지 공통점이 있는데, 그것은 바로 틀에 갇혀서 삶

을 제대로 즐기지 못한다는 감정이 내포되어 있다는 것이다. 생각해보라. 우리 대부분은 월급을 받는 대신 일을 한다. 우리는 누군가의 꿈을 실현시키기 위해 자신의 삶을 포기했다. CEO나 주주들이 부유해지고 행복해지는 데 모든 노력을 기울인 결과 우리에게 주어진 것은 무엇인가? 우리는 주당 40시간, 아니 50시간 가까이 일한다. 5일 동안 일해서 주말 이틀을 쉰다. 이렇게 투자해서 우리가 얻게 되는 것은 무엇일까? 5일을 투입해 이틀을 얻는 것. 괜찮은가? 휴가는 며칠이나 되는가? 2주, 사장이 맘을 넉넉히 쓰면 3주? 당신이 근로계약을 체결할 때 3주간의 휴가를 즐기기 위해 당신 인생 49주를 거래한 셈이다. 매년 말이다. 그래도 당신은 그렇게 계약하고 행복했을 것이다. 머리를 긁적이고 있는가?

누군가에게 49달러를 주고 그 대가로 3달러만 받을 셈인가? 아니다. 그런데 왜 당신의 시간을 그런 식으로 사용하는가? 당신이 거래한 것은 바로 당신의 인생이다. 왜 평생을 일하고 65세가 되어서야 놀 수 있다고 생각하는 걸까? 남들이 다 그렇게 해서? '원래 그렇다'고 하니까? 나는 그렇게 생각하지 않는다.

비관적 전망

아직도 확신이 서지 않는다면 걱정하지 마라. 계속해서 들어보라. 잠깐 죽음에 대해 이야기해보자.

사실 당신이 65세까지 살 수 있을 것이라는 보장은 어디에도 없다. 우리는 세계 최고의 의료진과 병원이 갖춰진 곳에서 살아가고 있다. 당신은 스릴을 즐기는 아드레날린 중독자나 암벽을 오르는 프리 솔로가 아닐 가능성이 크다. 그렇다고 당신의 수명이 무조건 보장되는 것은 아니다. 진부하게 '인생이 짧다'는 말을 하기보다 나는 그 위험을 감수할 만한 가치가 있냐고 묻고 싶다. 당신이 그 자유를 누리지 못할 가능성이 있음에도 지금의 자유를 포기하고 평생 노예처럼 일할 만한 가치가 있을까? 또한 당신이 정년퇴직할 나이가 되었을 때 건강할지 아닐지 알 수 없다. 뇌졸중, 심장마비, 암은 나이가 들수록 흔해진다. 아무리 건강하다고 할지라도 누구도 건강을 장담할 수는 없다.

지금 이 순간이 당신 인생에서 가장 젊은 날일 것이다(신체적으로도 가장 건강할 것이다). 나는 70세 노인이 되어 에베레스트 베이스캠프에 있는 나를 상상할 수 없다. 솔직히 그러고 싶지도 않다. 60대가 될 때까지 기다렸다가 모험을 떠나거나 최상의 체력이 요구되는 일을 한다는 것은 말이 안 된다. 모두 잘 들어보시라. 이 계획에는 엄청난 문제가 있다. 이제 비상금 이론의 문제점을 다시 정리해보자.

- 200만 달러를 모으기란 힘든 일이다.
- 주식시장을 통제할 수 없다.
- 이혼, 죽음, 장기적 소득 상실, 소송이나 질병으로 인한 위급상황을 겪을 수 있다.
- 40년 근무가 매력적이지 않다.
- 은퇴 전에 사망할 수 있다.
- 병이 들어 은퇴 후 인생을 충분히 누리지 못할 수 있다.

당신이 실제로 안전하다고 느끼기 위해서 비상금 전략은 이런저런 이유로 따져봐야 할 것들이 너무나 많다. 다시 말해, 전략대로 되려면 모든 것이 틀어지지 않고 딱딱 맞춰 잘 진행되어야 한다. 그러니 제발 이 이론을 더 이상 들먹이지 않으면 안 될까. 비상금 이론은 좋은 계획이 아니다. 우리는 지금까지 '월급의 15퍼센트만 저축하면 된다'는 말에 세뇌 당해왔다. 관점을 바꿔야 한다. 내가 그 길로 인도해주겠다.

달라진 젊은 세대

오늘날 젊은 세대는 은퇴 준비가 그렇게 쉬운 일이 아님을 깨닫기 시작했다. 뿐만 아니라 그들은 200만 달러를 모으는 말도 안 되는 시도를 하느라 평생을 바칠 생각이 없다. 그 깨달음은 다음과 같이 세 그룹의 반응으로 분명하게 나타난다.

이것이 내 현실이다, 받아들이자

젊은 사람들은 비상금 이론과 이후 40년 동안의 비참한 미래를 어쩔 수 없는 현실로 받아들였다. 다른 방법이 없으니 묵묵히 따르는 것이 낫다고 생각하거나 마지못해 따르는 척하는 것이다. 심지어 은퇴 준비가 충분히 될 때까지 검소하게 살 수 있다는 희망을 가지기도 한다. 게다가 사람들은 미니멀리즘, 작은 집 운동Tiny House movement 등 검소함에 초점을 맞춘 최근 흐름을 따르거나 일련의 행동들을 취하기도 한다. 이러한 개념들을 받아들여 검소하게 사는 것으로 충분할 수도, 그리고 충분하지 않을 수도 있다. 어느 쪽이든 이 그룹은 이를 자신이 나아갈 유일한 길로 생각한다.

차라리 지금이라도 쓰며 살자

이 그룹은 자신이 처한 비참한 상황을 있는 그대로 보고 절망한다. 이들은 9시부터 6시까지 의미 없이 일하면서 알뜰히 저축하려는 시도조차 왜 해야 하는지 모른다. 그렇기 때문에 삶의 기쁨을 조금이라도 느껴보겠다는 심정으로 절약은 포기한다. 이러한 태도는 재정적인 무책임감 혹은 세상이나 현실에 대한 씁쓸함으로 이어진다. 그래서 그들은 이런 생각을 한다.

"이러나저러나 망할 건데, 차라리 지금 돈이나 팍팍 쓰는 게 낫지."

더 나은 방법이 없을까?

이 그룹은 대안을 모색해왔다. 현실을 받아들이길 거부하고 더 나은 방법을 찾기로 결심했다. 그들은 자기 상황에 따라 파이어족이 되고자 한다. 그들은 '더 나은 방법을 찾을 것'이라고 다짐하며 성공을 기대한다.

나의 처음 반응은 첫 번째 그룹과 같았다. 그렇지만 곧 생각이 달라졌다. 언제나 재정 관리에 힘쓰며 살았지만, 파이어족이 되기 위해 내 삶의 규모를 대폭 줄이겠다는 생각은 나와 맞지 않았다. 게다가 대학을 졸업했을 당시 나는 3만 6,000달러를 벌고 있었고 놀랍게도 소득의 50퍼센트를 저축했다. 하지만 매년 1만 8,000달러를 저축한다 해도 조기 은퇴는커녕 전통적인 은퇴 생활도 보장받지 못할 것이다. 이게 말이 되는가?

파이어족이 되는 방법은 자녀가 없고 최대한 검소하게 살아가는 사람들에게 아주 효과적이다. 이들은 5~10년 동안 최대한 자신이 번 금액을 저축한 다음 30대나 40대에 은퇴할 수 있다. 그러나 솔직히 말해서, 일반 사람들의 경우 그러한 수준으로 저축하기란 현실적으로 불가능하다. 싱글맘이나 싱글대디가 매년 5만 달러로 두 아이를 키운다면 얼마나 저축할 수 있을까? 게다가 젊은 날에 삶의 질을 포기하며 살만큼 가치 있는 일일까?

이제 나는 세 번째 그룹의 단계에 도달했다. 나는 경제적 자유를 위한 더 나은 길을 찾았고 그 방법이 효과적이라는 사실을 증명했으며, 이제 다른 사람들에게 그 길을 알려주는 일을 내 사명으로 삼았다. 모든 사람이 같은 길로 갈 필요는 없다. 다른 대안을, 제3의 길을 선택해도 된다.

당신은 지금이 어떤 상황인지 이해했을 것이다. 시대가 어떻게 달라졌고, 200만 달러의 비상금을 저축하는 것이 왜 비현실적인지 말이다. 사람들이 이 사실에 대해 일반적으로 어떻게 반응하는지 아마도 알 것이다. 대안적 해결책을 찾기 위한 다음 단계는 우리에게 가장 가치 있는 자원이 무엇인지 이해한 다음 수동적 소득이 얼마나 훌륭한지 아는 것이다.

Chapter 3

시간과 돈의
연결고리를 끊는 법

일반적으로 우리는 시간과 돈을 맞교환한다. 시간을 들이지 않고서는 돈을 벌 수 없다. 그런데 시간과 무관하게 소득을 창출해낸다면 어떤 일이 일어날까? 이번 장에서는 수동적 소득 개념으로 이어지는 사고과정에 대해 설명하고자 한다. 여기서 우리는 시간과 돈, 그리고 이 두 자원 중에서 어느 것이 더 귀중한지 논의하겠다. 그다음 알뜰하게 사는 법과 아웃소싱 작업을 살펴봄으로써 우리가 가진 자원의 우선순위를 정하겠다. 마지막으로 이 모든 개념을 하나로 연결해 수동적 소득과 연관시킬 것이다. 수동적 소득이 얼마나 중요한지, 또한 그로 인해 어떻게 우리에게 가장 귀중한 자원을 얻을 수 있는지 배울 수 있다.

시간과 돈, 이 두 자원 중에서 어느 것이 당신에게 더 귀중한가? 돈이 많은 사람과 시간이 많은 사람, 이 둘 중에서 어느 쪽을 선택하겠는가? 이 책을 덮고 몇 분 동안 속으로 답해보라.

캘리포니아대학의 프로젝트팀은 4,000명이 넘는 미국인에게 이 질문을 던졌고 대부분의 사람들이 시간보다 돈에 더 큰 가치를 둔다는 답변을 받았다.[33] 또한 연구 결과 다른 변수들이 모두 동일한 상황에서 시간을 선택한 사람들이 돈을 선택한 사람들보다 더 행복하고 삶에 더 만족한다는 통계가 나왔다.[34]

내 주변 사람들은 어떻게 생각할지 궁금해서 주로 젊은 전문직 여성으로 구성된 그룹을 대상으로 비공식적인 설문조사를 해보았다. 나는 이렇게 질문했다.

'시간과 돈, 이 자원 중에서 어느 것이 당신에게 더 귀중한가? 또 그 이유는 무엇인가?'

그 결과 90.2퍼센트가 시간을 선택했고, 9.8퍼센트가 돈을 선택했다. 모든 사람이 시간과 돈을 놓고 그중 하나를 우선적으로 선택할 수 있는 것은 아니다. 구조적 빈곤으로 인해 많은 사람은 먹고살기 위해 가능한 한 많은 시간을 투자해 일을 하고 돈을 번다.

응답자 중 한 명인 질리언의 말에 주목할 만하다.

"행복한 중간지대가 있다. 일단 당신 자신과 가족을 부양할 만한 소득에 도달한다면, 그 이후부터는 시간이 더 중요하다."

먹고사느라 애쓰는 게 눈에 보이는 또 다른 응답자 사만다는 이렇게 답했다.

"나는 돈을 선택하겠다. 지금 현재로서는 돈이 더 중요하기 때문이다. 물론 다른 선택을 하고 싶다는 생각도 들긴 하지만 말이다."

어떤 사람들은 시간과 돈 중에 선택을 한다. 자신에게 선택의 여지가 없다고 생각하는 사람들이 훨씬 더 많지만, 실제로 그것은 의지의 문제다. 시간이 없다고 혹은 돈이 없다고 생각하는 우리 대부분은 시간과 돈을 더 잘 관리할 필요가 있다. 시간이나 돈을 벌기 위해 다른 무언가를 희생시키는 선택을 할 수 있다. 그것이 희생이라고 인식해야 하지만, 결심이 확고하다면 충분히 그 일을 해낼 수 있다.

우리 각자에게 가장 귀중한 자원은 바로 시간이나. 돈은 언제든 더 많이 벌 수 있지만, 시간을 더 만들어낼 수는 없다. 우리 모두는 한정된 자원인 시간을 가지고 이 세상에 태어났다. 우리 모두는 종국을 맞이한다. 우리 중 어느 누구도 똑딱거리며 도는 시계를 멈출 수 없다. 모든 사람의 시간은 그에 따른 대가를 치르게 된다. 흘러가는 소중한 시간들은 다시는 돌아오지 않는다.

반면에 돈은 얘기가 다르다. 돈을 더 많이 벌 기회는 언제나 있다. 당신이 쓰는 돈은 모두 대체 가능하며 그 돈을 돌려받을 수 있다. 시간이 충분하다면 더 많은 돈을 벌 수 있다. 그러나 돈이 아무리 많더라도 시간을 더 많이 가질 수는 없다. 시간은 모두에게 공평하다. 워런 버핏이라고 당신이나 나보다 시간이 더 많지 않다.

시간이 당신에게 가장 귀중한 자원이라는 생각은 중요한 개념이며, 나는 당신이 매일 그 사실을 되새길 것을 권한다. 그 사실을 이해한다면, 수동적 소득이 얼마나 훌륭한지 깨닫게 될 것이다.

진짜 절약하는 삶이란

자린고비처럼 절약하는 삶이라고 하면 작은 집 운동이나 미니멀리즘이 떠오를 수 있다. 둘 다 경제적으로 자립하기 위해 절약하며 사는 사람들의 예다. 절약하는 삶은 자원 소비에 있어 경제적이라는 뜻이다. 방금 자원이라고 했지, 돈이라고 하지 않았다. 우리는 돈을 절약하는 데만 초점을 맞출 것이 아니라 시간을 절약하는 데도 마음을 써야 한다.

시간이 돈보다 더 귀중하다는 사실이 명확해졌음에도 왜 우리는 그 가치에 따라 행동하지 않을까? 절약이 좋은 것이지만 시간과 돈을 맞교환할 정도는 아니다. 그런데 주유할 때 갤런당 10센트를 아끼려고 20분 거리나 더 멀리 떨어진 주유소를 찾아가는 사람들이 왜 그렇게 많을까? 왜 사람들은 1달러 50센트짜리 할인쿠폰을 찾는 데 30분이나 소비할까? 이런 선택을 할 때 당신은 언제나 무언가를 소비하고 있다. 시간이든 돈이든 쓰고 있는 것이다.

지금 더 저렴한 휘발유를 구입하거나 할인쿠폰을 사용하지 말라고 말하는 게 아니다. 가치 없는 일에 시간을 쓰지 말라는 얘기다.

그렇다면 시간을 쓸 만한 가치 있는 일이 무엇일까? 시간당 10달러를 벌 수 있는 일? 시간당 20달러, 30달러, 70달러? 당신의 시간이 얼마나 가치가 있는지 계산해보자. 실제 시간당 임금을 구하기 위해 모든 자원에서 얻어진 총소득과 여기에 소비된 전체 시간을 따져볼 필요가 있다. 먼저 매주 투자한 총시간을 계산해보자. 일했던 시간 전체를 생각해보라. 여기에는 정규직 근로시간, 부업, 파트타임 근무시간 등이 모두 포함된다. 매주 일하고 돈을 버는 데 소비한 시간을 모두 합산한다. 그 시간을 적는다. 그

다음 주업이나 부업에서 얻어진 모든 소득을 합산하여 주당 총소득을 구한다. 그 금액을 적는다. 총소득을 소비한 총시간으로 나누어 시간당 수입을 계산한다. 그 금액이 바로 당신의 시간이 지니는 가치를 말해준다.

시간당 30달러의 가치를 지녔음에도 10달러를 아끼기 위해 마트 세 군데를 돌아다니며 가장 저렴한 곳을 찾느라 1시간을 허비하는 사람들이 있다. 이건 말이 안 되는 것이다. 시간당 가치가 30달러인데 10달러 아끼자고 1시간을 허비해서는 안 된다. 그러나 사람들은 늘 이렇게 행동한다. 심지어 돈보다 시간이 더 귀중하다고 확신하는 사람들조차도 상반된 선택을 하며 살아간다. 나 역시 어느새 그렇게 살고 있는 자신을 발견하곤 한다. 말하기는 쉬워도 실제 행동에 옮기기는 어렵다.

사람들은 자신의 시간 가치가 얼마인지 계산해보지 않았기 때문에 종종 이런 선택을 하게 된다. 돈을 아낄지 시간을 아낄지 결정하기 위해 똑같이 '돈'으로 환산해볼 필요가 있다. 양쪽을 돈이라는 똑같은 조건으로 평가해보면 그 결과를 분명히 알 수 있다.

청첩장 보내는 일을 한다고 가정해보자. 필요한 물품은 다 가지고 있고, 이제 봉투에 집어넣고 주소를 적어 우표를 붙인 다음 보내면 된다. 이 일을 다 하는 데 4시간이 걸릴 것으로 예상된다. 그런데 조카가 50달러만 주면 이 일을 대신 해주겠다고 한다. 그럼 어떻게 해야 할까?

우선 당신의 1시간의 가치가 얼마인지 계산해보라. 정규직으로 매주 40시간 일하는 직장에서 일주일에 700달러를 벌고, 약 3시간씩 개 산책 아르바이트로 매주 100달러를 번다고 가정해보자. 매주 총 43시간 동안 800달러를 번다. 그렇다면 시간당 18.6달러인 셈이다. 다음으로 그 일을 완수하는 데 소요될 시간을 계산해보라. 총 4시간이 소요된다면, 4×18.6달러 = 74.4달러를 지출해야 한다. 그다음 비용이 더 낮은 선택을 해야 한다. 당신은 74.4달러에 상당한 시간을 소비하거나 조카에게 50달러를 지불하는 선택을 할 수 있다. 조카를 고용하는 편이 '비용'이 덜 들 것이다.

인생의 모든 일을 아웃소싱하고 당신은 엉덩이를 소파에 붙이고 앉아 벽만 쳐다보고 있는 건 말이 되지 않는다. 그렇게 산다면 지갑이 텅 빌 것이다. 앞의 사례처럼 얻어진 4시간을 가지고 넷플릭스를 시청한다면 그것은 돈을 절약한 것이 아니다. 기회비용이라는 측면에서 생각해야 한다. 시간이나 돈에 여력이 없다면 스스로 청첩장을 보내는 것이 자원을 가장 효율적으로 사용하는 방법일 것이다. 요점은 시간이나 돈을 쓸 때 배운 대로 결정을 내려야 한다는 것이다. 역시 아는 게 힘이다.

시간을 절약하는 것이 당신에게 중요하다면, 다음에 시간과 돈을 놓고 고민하게 될 때 이 방법으로 결정을 내리면 된다.

아웃소싱

앞서 얘기한 청첩장 발송은 아웃소싱의 사례로 볼 수 있다. 2017년 앤드류와 내가 주당 70시간씩 열심히 일하며 살 때, 나는 시간적 여유를 정말로 원했다. 그리고 마침내 깨달음을 얻었다. 가능한 한 많은 일을 아웃소싱하는 것이다.

생각 1: 가정부와 정원사를 고용한다.

생각 2: 돈을 더 잘 관리해야 하지 않을까? 이거 너무 사치스러운 거 아냐? 내가 할 수 있는데도 굳이 힘들게 번 돈을 남에게 줄 필요가 있을까?

생각 3: 주당 65달러를 주면 누군가 집 전체를 청소해주고, 그럼 나는 주말 4시간을 확보할 수 있어. 나에게 4시간이면 200달러 이상이지. 더 고민할 필요가 없네. 왜 전에는 그런 생각을 못 했지?

이렇게 생각한 뒤 우리는 모든 것을 아웃소싱하려고 했다. 우리 스스로 반복해서 이런 질문을 던졌다.

"어떻게 해야 돈과 시간을 맞바꿀 수 있을까?"

그러나 그것만으로 충분하지 않았다. 우리는 양쪽 모두에서 최상의 결과를 얻고 싶었다. 돈도 많이 벌고 시간도 넉넉하기를 바랐다.

경제적 자유의 핵심

'시간과 돈, 이 두 자원 중에서 어느 것이 당신에게 더 귀중한가?'라는 질문으로 이번 장을 시작했다. 그런데 둘 중 하나를 고를 필요가 없다면? 둘 다 더 많이 가질 수 있다면?

당신은 소득을 자동적으로 창출할 수 있는 흐름을 구축해야 한다. 이 말인즉슨, 일하지 않고 돈을 벌 수 있다는 뜻이다. 그러면 당신은 자신이 옳다고 생각하는 대로 시간을 자유롭게 활용할 수 있다. 더 이상 시간을 돈으로 맞교환하지 않아도 될 때 얻어지는 두 가지 이점이 있다. 첫째, 주당

40~50시간을 일할 필요가 없다. 둘째, 사무실이나 칸막이가 된 좁은 공간에 앉아 있을 필요가 없다. 시간의 자유와 공간의 자유를 동시에 누릴 수 있다.

그런데 이는 수동적 소득이 창출되거나 일을 거의 하지 않아도 소득이 유지될 때의 전제조건이다. 수동적 소득은 자유로 이끄는 핵심 열쇠다. 시간의 자유를 주거나, 반드시 있어야 했던 공간에서 자유로워지거나, 우리 인생이 고용주에게 경제적으로 의존하는 것에서 자유로워진다. 수동적 소득은 시간과 돈 사이의 연결고리를 끊는다. 수동적 소득이 지출을 초과하면 은퇴해도 된다.

세 가지 질문

잠시 은퇴 이후의 모습을 머릿속에 그려보자. 당신은 더 이상 오랫동안 일하지 않아도 되고, 몇 주째 피곤한 나날을 보내지 않아도 된다. 이러한 삶에 대해 생각해본 적이 있는가? 일중독에서 벗어나 매일 16시간의 자유시간을 누린다는 것은 정말 극적인 변화다. 그런데 어떤 은퇴자의 경우 그런 삶을 원하지 않을 수도 있다. 그들은 그 시간을 지루해 하거나 자신을 쓸모없는 사람처럼 여길 수도 있다. 아무도 하루 종일 잠옷 차림으로 앉아 손가락만 까딱거리며 살려고 은퇴하지는 않을 것이다(솔직히 한 2주 정도는 좋을 수 있다. 완전히 나무늘보처럼 늘어져서 지내는 게 말이다).

어떻게든 시간을 때워야 할 것이다. 이 사실을 알게 된 지금, 그런 삶을 피하기 위해 결단을 내리고 계획을 세울 수 있다. 당신은 보람을 느끼는 일을 하면서 시간을 보내게 될 것이다. 사람마다 보람을 느끼는 일이 다르기 때문에 무엇이 옳고 무엇이 그르다고 말할 수 없다. 당신은 무엇이 당신에게 보람을 주는지 이미 알고 있을지도 모른다. 나의 경우 돈 관리와 수동적 소득에 대해 사람들을 교육하는 일에 큰 보람을 느낀다. 또 글쓰기, 사업 추진, 여행 등을 할 때도 그렇다. 당신은 자원봉사, 교육에서 보람을 느낄 수 있고, 기후변화에 대해 이야기하거나 플라스틱 빨대 사용을 금지하는 일을 하며 보람을 느낄 수도 있다. 상상력을 제한해서는 안 된다.

보람을 주는 일이 무엇인지 모르겠다면 다음 질문에 답해보라.

- 돈이 없다면 무엇을 하며 시간을 보내겠는가?
- 앞으로 살날이 일 년밖에 남지 않았다면 무엇을 하겠는가?
- 2,000만 달러짜리 복권에 당첨되면 가장 먼저 무엇을 하고 그다음에 무엇을 하겠는가?

Chapter 4

잠자는 동안에도 돈을 벌어라

본격적인 내용에 들어가기에 앞서 먼저 어휘 수업부터 해보자. 이 책의 목적에 따라 소득을 크게 능동적 소득과 수동적 소득, 이 두 가지로 구분하겠다.

능동적 소득이란 우선 노동을 통해 얻어지는 소득이다. 능동적 소득은 우리 대다수에게 유일한 혹은 주요 소득원이다. 우리는 노동과 서비스를 돈과 맞교환한다. 또 자영업자나 사장이 되어 능동적 소득을 창출할 수 있다. 능동적 소득은 세율이 가장 높으며 사회보장이나 의료보험 같은 세금도 부과된다.

한편 국세청은 임대 소득과 소득자가 실질적으로 참여하지 않는 경제활동을 수동적 소득으로 간주한다. 이 정의에 따르면, 수동적 소득은 노동을 거의 하지 않고 들어오는 소득이다. 수동적 소득은 세금이 가장 적게 부과되는 소득 유형이다.

또한 나는 이 책에서 투자 소득Portfolio Income을 수동적 소득의 일종으로 분류했지만, 국세청은 둘을 구분하여 과세한다. 그럼에도 불구하고 투자 소득은 다른 능동적 소득보다 부과되는 세율이 낮다.

수동적 소득의 종류

수많은 브레인스토밍과 도표화 과정을 통해 나는 사냥스럽게도 수동적 소득을 다섯 가지 범주로 정의할 수 있게 되었다. 그것은 다음과 같다.

- 로열티 소득
- 투자 소득
- 코인 기계
- 광고와 전자상거래
- 임대 소득

소득을 창출하는 방법을 배우기에 앞서, 수동적 소득의 각각의 범주와 간략한 설명 및 사례를 들어보고자 한다.

첫 번째는 로열티 소득이다. 로열티의 첫 번째 유형은 예술작품이나 문학작품 사용에 대한 비용을 지불하는 것으로 저작권, 상표, 특허 등이 있다. 로열티의 사례로 스티븐 킹Stephen King이 자신의 소설로 수익을 창출하는 것을 들 수 있다. 사람들이 그의 책을 구매할 때마다 그는 자신의 저작권에 대한 로열티를 받는다.

다음은 상표권인데, 이는 상표명이나 로고를 보호하기 위한 것이다. 좋아하는 축구팀을 생각해보자. 그 축구팀의 로고, 마스코트나 팀 이름이 적힌 물품을 가지고 있는가? 사람들이 모자나 티셔츠 혹은 유니폼을 사면 축구팀 상표권의 소유주는 로열티를 받는다.

마지막으로 새로운 발명이나 디자인을 보호하는 특허가 있다. 1902년 메리 앤더슨Mary Anderson이라는 여성이 (운전도 하지 않으면서) 자동차 와이퍼 특허를 등록했다. 그러자 그녀의 발명품은 아무도 모방하지 못하도록 보호되었고, 그 결과 독점 생산판매가 가능했다.[35]

두 번째 투자 소득은 노동을 거의 하지 않고 버는 돈이기 때문에 나는 수동적 소득의 정의에 부합하다고 본다. 이자, 배당금, 채권 등이 이러한 투자 소득에 해당된다.

코인 기계의 경우, 당신이 어떤 종류의 코인 기계를 가지고 있으면 그 기계를 사용하는 사람은 그에 대한 비용을 당신에게 지불한다. 자동판매기, 현금자동인출기ATM, 아케이드 오락기, 코인 빨래방이 대표적인 예다.

이어서 광고와 전자상거래를 생각해보자. 광고나 제휴 마케팅, 수동적 물품 판매인 위탁판매 등으로 소득을 창출할 수 있다.

임대 소득은 직접 소득이나 간접 소득으로 나뉜다. 부동산 투자신탁을 통해 간접 소득을 얻을 수 있는데, 이는 투자 소득 항목으로 분류된다. 아니면 부동산이나 방, 창고 등을 직접 소유하고 임대해줄 수 있다.

수동적 소득의 두 단계

분명 누군가는 이렇게 생각할 것이다.

"뭐가 수동적이지? 창작물을 만들어 시장에 내놓고 로열티를 받기까지 시간이 걸리잖아. 임차인을 관리하고 다음 임차인을 구하기까지도 시간이 걸리고."

나는 수동적 소득에 대해 당신을 호도할 생각이 전혀 없다. 그러니 앞서 누군가 한 말이 맞을 것이다. 모든 수동적 소득은 새로운 소득 흐름을 만들기 위해 처음에 시간이나 자본을 투자해야 한다. 그러니 일하지 않고 마술처럼 현금을 만들어낸다고 말하는 것은 솔직하지 못하다. 그러나 일단 소득 흐름이 만들어지면 그 소득을 유지하기 위해 투입해야 할 일은 최소화된다.

수동적 소득에는 두 단계가 있다. 1단계는 소득 흐름을 구축하는 데 드는 시간이나 노동, 돈으로 구성된다. 오해하지 마라. 이것은 노동이다. 1단계는 마법의 단계가 아니다. 예를 들어 강좌를 개설하기로 결심했다고 해보자. 그럼 1단계는 그 수업 교재를 작성, 편집, 기록, 마케팅하며 강좌를 개설하는 데 드는 모든 시간을 의미한다.

모든 과정이 수동적이 될 때 2단계가 시작된다. 소득 흐름을 만들어냈거나 구축한 후에 100퍼센트는 아닐지라도 상당 부분을 더 이상 관여하지 않아도 될 때가 온다. 강좌의 경우에는 마케팅에 매주 두세 시간씩 투자한 후 어느 정도 일정한 수입을 유지하는 시기가 오는 것을 말한다. 평생 매주 40시간씩 일해야 하는 9시 출근 6시 퇴근하는 직업과 비교해보라. 수동적 소득은 노동을 거의 하지 않고 유지되지만, 처음부터 어떠한 노동 없이 구축되는 것은 아니다. 내가 수동적 소득의 흐름을 구축하는 데 지난 3년 동안 얼마나 열심히 일했는지 아는가? 흐름이 제대로 만들어지기까지 앞서 시간을 투자했고 그다음에 은퇴했다.

수동적 소득의 흐름을 구축하는 1단계에서 수개월에서 수년의 시간이 소요될 수 있다. 흐름이 구축된 이후의 2단계에서는 돈이 들어오는 것을 유지하기 위해 최소한의 노동을 투입해야 한다. 이 책에서 어떤 것이 얼마나 수동적인지 논할 때에는 바로 2단계를 의미한다. 장기적 작업, 유지가 필요한 작업에 대해 이야기하는 것이다. 다시 말해, 수동적이란 말은 일단 흐름이 구축되면 그 흐름을 유지하기 위해 얼마나 많은 일을 해야 하는가에 따라 그 의미를 지닌다.

임대자산을 예로 들어보자. 나는 부동산 관리를 위해 직장을 그만두는 사람은 드물 것이라고 본다. 당신은 직장을 다니며 한 달에 몇 시간을 들여 부동산을 관리할 수 있다. 그러나 진정한 수동적 소득에 가까워지려면 부동산 관리인을 내세워야 한다. 임대 소득에 관해서는 6부에서 자세히 얘기하겠다.

앞으로 논의할 각 범주는 모두 수동적 소득에 속한다. 매주 40시간씩 능동적으로 일하는 대신에 수동적 소득의 흐름을 유지하기 위해 일주일 혹은 한 달에 몇 시간을 들이면 될 것이다. 게다가 흐름을 유지하는 데 드는 노동을 언제든 아웃소싱할 수 있기 때문에 훨씬 더 수동적으로 만들 수 있다. 이것은 당신의 선택에 달려 있다.

수동적 소득이 아닌 것

　수동적 소득은 다단계 회사와 아무런 관련이 없다. 이 책에서는 다단계 회사에 대해 언급하지 않을 것이다. 다단계 회사는 의심할 나위 없이 능동적 소득의 범주에 들어간다. 매출이 있고 채용이 있기 때문이다. 이런 활동들 중에서 수동적인 것은 아무것도 없다.

　수동적 소득은 일확천금을 꿈꾸는 계획이 아니다. 세상에 그런 것은 없다. 초기에 시간이나 자본을 투자하지 않아도 마술처럼 돈을 벌 길이 있다면, 나 역시 귀가 솔깃해진다. 사람은 쉬운 길로 가고 싶어 한다. 적어도 나는 그렇다. 하지만 내가 살면서 배운 것이 있다면 세상에 공짜란 없다는 사실이다. 그렇지만 남들보다 빨리 경제적 자유를 이루기 위해 수동적 소득 흐름을 구축하는 데 시간을 쓰는 것과 평생 매주 40시간씩 일하는 데 시간을 쓰는 것을 두고 고르라면, 난 전자를 선택하겠다. 그리고 그 삶을 추구하는 것이 얼마나 흥미진진한 일인지 당신 역시 알 것이라 생각한다. 그렇지 않다면 당신이 이 책을 집어 들지도 않았을 테니까.

다섯 가지 변수

　모든 수동적 소득이 동일한 결과를 만들어내지는 않는다. 유형에 따라 장단점이 다르다. 나는 다섯 가지 변수를 가지고 수동적 소득 흐름을 평가하는 시스템을 만들었는데, 각 변수의 영어 앞 글자를 따서 '스크림프SCRIMP'라고 부른다.

- **확장성**Scalability

- **통제와 규제**Controllability & Regulation

- **투자**Investment

- **시장성**Marketability

- **수동성**Passivity

확장성 대량 생산이 가능한가? 지역에서 쿠킹클래스를 개설했는데, 몇 명이나 강좌를 신청할 것으로 예상하는가? 실제로 몇 명을 대상으로 수업을 제공할 수 있겠는가? 만약 1만 명이 정문에 나타난다면, 대부분 돌려보내야 한다. 하지만 쿠킹클래스를 온라인으로 개설하면 어떨까? 완전히 다른 상황이다. 강의를 신청할 수 있는 인원수에 문자 그대로 제한이 없다. 정말이지 규모 면에서 놀라운 변화다.

통제와 규제 얼마나 많은 통제력을 가지고 있는가? 당신이 전자상거래 사이트 엣시Etsy에서 디지털 제품을 판매하기 시작했다고 가정해보자. 그런데 갑자기 엣시가 새로운 정책을 도입해서 더 이상 그런 종류의 제품을 판매할 수 없게 되었다. 이럴 수가. 그러면 완전히 망한 거다. 페이스북이나 인스타그램이 알고리즘을 바꾸면 인플루언서나 소셜미디어 기반 사업이 얼마나 타격을 입는지에 대해 종종 이야기를 듣는다. 당신의 통제권 밖에 있는 것들 때문에 당신의 수동적 소득이 규제받지 않아야 한다.

투자 1단계에서 시간이나 자본 중에서 무엇을 선행적으로 투자했는가? 수동적 소득은 돈을 버는 마술이 아니다. 수동적 소득 흐름을 만드는 데에는 시간이나 돈이 필요하다. 때로는 둘 다 필요하다. 아이러니하지 않은가? 시간을 벌기 위해 시간을 들여야 할지 모른다. 이 사실을 기억하라. 손가락 한번 까딱해서 갑자기 매달 500달러씩 벌어들일 수는 없다. 책을 쓰는 데 시간이 걸리고 빨래방을 여는 데 돈이 든다. 나는 수동적 소득에 대한 아이디어를 나열해보면서 몇 개월이든, 수백 달러나 수천 달러의 돈이든, 아니면 이 둘의 조합이든 선행적으로 무엇을 투자해야 하는지 분명히 짚어보겠다. 시간과 돈을 벌 수 있는 방법을 찾아 당신이 당장 시작할 수 있도록 돕겠다.

시장성 수요가 있는가? 오피스 건물에 과자 자동판매기가 여러 대 있는데 하나 더 설치한다면 별 도움이 되지 않을 것이다. 이보다는 주택 임대 수요가 많은 도시에 임대용 부동산을 굴리는 것이 더 낫다. 수동적 소득의 흐름을 만들려고 하기 전에 공급과 수요의 관점에서 가능 여부를 타진해야 한다. 경제법칙을 간단히 요약해보자. 공급이 수요보다 많으면 그 시장은 포화상태로 다른 아이템이나 서비스가 더 이상 필요하지 않다. 수요가 공급보다 많으면 그 시장에 진입 가능하다. 이런 말을 하기는 싫지만, 당신이 어떤 열정을 가지고 있는지는 중요한 문제가 아니다. 시장성이 없다면 돈벌이가 되지 않는다.

수동성 2단계에서 소득 흐름을 유지하기 위해 얼마나 일해야 하는가? 배당주를 사서 일 년에 한 번 쭉 훑어보는 것은 아케이드 게임기를 운영하는 것과 전적으로 다른 차원의 노동(또는 노동의 제로 투입)이다. 수동적 소득의 일부 흐름은 만들어진 후에도 여전히 관여를 해야 하지만, 대부분은 유지하는 데에 일을 많이 하지 않아도 된다. 오해하지 마라. 모두가 수동적이지만 수동적 소득 범주 내에서도 각기 등급이 달라진다.

이 책의 초고는 훨씬 길었다. 당신에게 설명해주고 싶은 게 너무나 많았기 때문이다. 하지만 책의 분량이 너무 방대해지지 않기 위해 몇 부분을 잘라내야 했다. 그래서 나는 그중에서 꼭 알아야 할 내용을 몇 가지로 요약해 무료로 다운받을 수 있도록 했다(www.moneyhoneyrachel.com/bonus).

이제 본격적으로 수동적 소득에 대하여 알아보자. 다섯 개의 수동적 소득에 관하여 각 범주마다 구체적인 아이디어들이 넘치도록 담겨 있다. 당신이 이 책을 읽으면서 특정 유형의 수동적 소득에 별 관심이 없다는 생각이 들면 다음 장이나 다음 부분으로 넘어가라.

나는 '모든 것을 건드려 보는' 전략이 아니라 '선택과 집중' 전략을 구사한다. 내가 수동적 소득 흐름을 만들어내는 모든 아이디어를 직접 경험해보지는 못했다는 사실을 명심해주길 바란다. 나는 시간과 공간이 가능한 범주 내에서 내가 경험해본 바를 바탕으로, 그리고 다른 주제들을 철저히 연구하고 실제 전문가들을 인터뷰한 결과를 가지고 이야기를 풀어나갈 예정이다. 자 그럼 로열티부터 시작해보자.

Part 2

작은 강점이
곧 돈이 된다

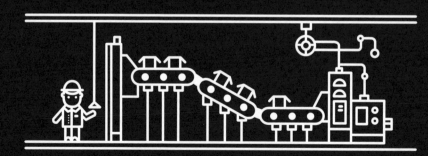

Chapter 5

당신의
로열티를 챙겨라

우리는 특허, 저작권, 상표권 등으로 로열티를 받을 수 있다. 주변을 둘러보면 로열티를 지불해야 하는 상품들이 많이 있다. 오늘 출근길에 차에서 어떤 음악을 들었는가? 뮤지션들은 사람들이 자신의 노래를 다운로드하거나 아이튠즈나 스포티파이 같은 스트리밍 서비스를 이용해 들을 때 로열티를 받는다. 최근에 무슨 책을 읽었는가? 종이책, 전자책, 오디오북 등은 작가에게 있어 엄청난 로열티 수입원이다. 최근에 어떤 디자인 제품을 사용했는가? 몇 가지 예를 들어 보면 머그잔, 티셔츠, 펜, 스마트폰 케이스, 그리고 토트백 등이 있다. 예술가와 디자이너는 자신들이 디자인한 제품이 팔릴 때마다 로열티를 받는다.

로열티의 예는 무궁무진하다. 사진, 소프트웨어, 스마트폰 앱, 프랜차이즈, 온라인 강좌, 디지털 제품 판매 등 기본적으로 콘텐츠나 창작물은 모두 로열티를 받는다. 이렇게 생각해보면 쉬울 것 같다. 스스로에게 한번 물어보자.

"한번 만들어내서 영원히 판매될 수 있는 게 무엇일까?"

로열티가 발생하는 소득 흐름을 창출해내기 위해서는 아이디어와 창의력, 마케팅 능력이 필요하다. 이들의 각기 다른 면들을 알려주겠다. 당신에게 맞지 않다는 생각이 들지라도 나를 믿어보라. 누구든지 할 수 있나.

2부에서는 로열티 소득의 아홉 가지 유형을 살펴볼 것이다. 어떤 유형이 있고 어떻게 그 유형을 만들어낼지 분명하게 설명해주겠다. 나는 개인적으로 두 가지 로열티를 받고 있다. 로열티와 관련하여 내가 알고 있는 모든 것을 당신과 공유하고자 한다.

로열티 소득의 체크포인트

로열티가 정말 괜찮은 수동적 소득일까? 다섯 가지 변수를 살펴보자.

확장성 높다. 로열티 수익이 가능한 아이템은 상당수가 온라인에서 판매될 수 있기 때문에 확장성이 높은 편이다. 제품을 온라인에서 제공하면 수많은 사람을 대상으로 판매할 수 있다.

통제와 규제 낮다. 내가 지금까지 언급한 모든 아이디어들, 음악, 책, 사진, 디자인, 소프트웨어, 온라인 강좌, 프랜차이즈 등을 생각해보자. 크리에이터들은 아이튠즈, 아마존, 앱스토어, 티처블 머신Teachable Machine(구글의 인공지능 딥러닝 도구) 같은 플랫폼에서 이러한 것들을 판매함으로써 로열티를 받는다. 즉, 제품을 판매하는 방법, 시기, 장소에 관해 플랫폼의 규칙을 따라야 한다는 뜻이다. 스스로 통제할 수 없다는 점은 로열티 소득의 유일한 단점이다.

투자 시간이 많이 든다. 예술적이거나 창의적인 작품은 창작하는 데 시간이 걸린다. 조지 R. R. 마틴은 1990년대부터 《왕좌의 게임Game of Thrones》을 집필했지만 아직도 끝나지 않았다. 로열티 소득은 다른 무엇보다도 시간을 선행적으로 많이 투자해야 한다. 책을 출간하거나 강좌를 개설하는 데도 반드시 돈이 필요하다고 주장하는 사람이 있다. 나는 그렇게 생각하지 않는다. 나의 첫 번째 저서인 《머니 허니》를 출간하는 데에 600달러도 들지 않았다. 그런데 내가 정말 작정했다면 한 푼도 쓰지 않고 출간할 수 있었다. 금융 자본을 전혀 투자하지 않고 순수하게 지적 자본만 투자하여 상품이나 서비스를 출시한 사람들을 많이 알고 있다. 로열티 흐름을 만들어내는 데에 어느 정도 자금을 투자할지는 당신의 선택에 달려 있다.

시장성 의존적이다. 당신이 만든 제품을 판매할 만한 시장이 형성되었는지, 당신의 아이디어에 어떤 강점이 있는지 알아보기 위해 연구할 필요가 있다. 누군가는 당신이 실로폰으로 연주한 노래를 구매할 사람은 아무도 없다고 주장할 수 있다. 솔직히 말해서, 당신이 누군지도 모르는데 거기에다 실로폰 연주곡을 55분이나 듣고 싶은 사람은 없을 것이다. 장담하건대, 이 상품을 위한 시장은 극도로 작을 것이다. 가상화폐에 대한 전자책을 쓰고 싶은 사람이 있다고 해보자. 가상화폐 관련 책은 문자 그대로 수천 개가 이미 시장에서 판매되고 있다. 그런 상황에서 어떻게 당신의 책을 돋보이게 할 수 있을까? 시장 조사를 통해 당신이 생각해낸 아이디어 상품에 대해 시장 수요가 있는지 여부를 판단할 수 있다. 어떻게 하면 되는지 방법을 알려주겠다.

수동성 잠재적으로 높다. 제품을 창작하고 출시하는 1단계가 끝나면 로열티 소득을 유지하기 위한 작업량이 달라진다. 이 책을 예로 들어보자. 책을 출판하고 일정 기간이 지나도 어느 정도의 마케팅과 소셜 미디어 홍보 작업은 필요하다. 책이 여전히 검색되는지 확인해야 한다. 그래야 사람들이 계속 구매할 수 있고, 결과적으로 나의 소득 흐름도 줄어들거나 사라지지 않는다. 내가 직접 일주일에 두세 시간씩 할애해 처리할 수 있고, 아니면 이 작업을 다른 사람에게 돈을 지불하고 외주를 줄 수도 있다. 수동적 소득 흐름을 진정으로 원한다면 시작 단계부터 이 작업을 대신 해줄 누군가를 고용하는 것도 좋은 방법이다.

로열티 소득 만들기

로열티의 범주는 매우 넓어서 특정한 유형을 따로 하나씩 놓고 이야기해보고자 한다. 다음 주요 유형들에 집중해보자.

- **종이책과 전자책**
- **음악**
- **사진**
- **다운로드 가능한 콘텐츠**
- **주문형 출판**
- **온라인 강좌**
- **소프트웨어나 앱 개발**
- **프랜차이징**
- **광물권**

당신이 다음 아홉 가지 유형의 로열티에 대해 모든 것을 배우기 원한다는 사실을 알고 있다. 로열티로 소득 흐름을 창출해내기 위해서는 시장성 있는 아이디어를 찾는 것이 중요하다. 그렇다면 지속적인 로열티를 받을 수 있는 아이디어를 어떻게 생각해낼지 배우는 것부터 시작해보자. 먼저 브레인스토밍을 하고 그다음 시장 조사를 해서 검증해야 한다.

초기 단계: 브레인스토밍

왜 다른 사람이 당신이 만든 제품을 사야 할까? 이렇게 생각해 보자. 만약 하체 운동을 어떻게 하는지에 대해 온라인 강좌를 만든다면, 기존에 나와 있는 수많은 트레이닝 프로그램과 어떻게 차별성을 두어야 할까?

내게 로열티를 벌어다준 책《머니 허니》의 사례를 들어보자. 나에게 지속적으로 경제적 조언을 구하는 친구들과 가족들에게 간단하게 설명할 수 있는 방법을 찾다 보니 여러 가지 아이디어가 떠올랐다. 죄근에 '클린 이딩clean eating'이라는 주제를 재미있게 비꼰《스키니 비치Skinny Bitch》라는 책을 읽었는데, 정말 재밌었다. 그때 나는 '개인의 재정을 주제로 이런 글을 쓰면 어떨까?'라는 생각이 떠올랐다. 금융 관련 서적 대부분은 지루하고 따분한데다 복잡하고 어려워서 읽기 전에 겁부터 나곤 했다. 나는 스스로에게 물었다. '주변 사람들이 좀 더 쉽게 금융에 대해 알아가도록 돕는 방법이 없을까?' 그렇게 해서 엉뚱하면서도 재미있는 재정 관리 책이 탄생하게 되었다. 나만의 앵글을 잡은 것이다.

이건 쉬운 일이 아니다. 이 아이디어를 얻기까지 수개월의 시간이 걸렸다. 대부분의 시간 동안 나는 그런 생각을 의식조차 못 하고 있었다. 사람들이 사고 싶을 정도로 괜찮은 것을 만들어내기 위해서 당신이 가지고 있는 장점을 살릴 필요가 있다. 악기를 만져본 적이 없는 사람이 음악 이론 수업을 진행할 수는 없을 것이다. 식물을 잘 키우지도 못하면서 DIY 정원 가꾸기에 관한 책을 쓰는 것도 말이 안 된다. 이해되는가?

따라서 사업의 첫 번째 순서는 브레인스토밍 단계다. 펜과 종이 몇 장을 가지고(꼭 이렇게 해야 한다), 다음 질문에 답하며 버블 차트bubble chart를 만들어보자.

당신이 열정을 느끼는 분야는 무엇인가? 활동, 대상, 사람, 사물 등 무엇이라도 상관없다. 종이가 지저분해지도록 나열해봐라. 지저분해질수록 좋다. 망설이지 마라. 취미가 무엇이고, 무엇에 열정을 느끼는가? 정말 잘하는 일이 무엇인가? 사람들이 당신에게 도와달라고 요청하는 일이 무엇인가? 사람들이 당신에게 무엇에 관해 조언을 구하는가? 어떤 종류의 운동이나 활동 혹은 동호회에 참여하는가? 당신이 TED 강연을 한다면 그 주제는 무엇이 될까? 당신만의 독특한 점은 무엇인가? 다른 사람들은 모르는 당신만의 전문 지식은 무엇인가? 다른 사람들은 가보지 못한 어떠한 장소에 가보았는가? 다른 사람들이 해보지 못한 어떤 일을 해보았는가? 지금까지 시장에서 제공되지 않은 무언가를 제공하기 위해 어떤 비틀기가 가능할까?

시장 조사

이제 당신에게는 독특한 아이디어가 넘치도록 많이 있으니, 광범위한 시장 조사를 통해 아이디어를 검증할 단계다. 여기에는 사람들이 실제로 당신의 제품을 살 것인지, 수요가 있는지를 알아보는 작업이 포함된다. 먼저 친구들이나 가족들과의 대화로 시작할 수 있다. 하지만 그들에게는 선입견이 있을 수 있음을 늘 명심해야 한다. 게다가 당신을 아끼는 사람들은 당신이 만들어낸 것을 사고 싶지 않더라도 당신을 지지하고 격려해주려고 할 수 있다. 그들의 피드백을 받아들이는 것은 좋지만, 걸러서 들을 필요가 있다.

우선 소셜미디어를 활용해 시장 조사를 해본다. 페이스북 그룹은 전 세계 사람들과 토론하기에 좋은 공간이다. 당신의 아이디어와 관련 있는 그룹에 참여해 질문을 하거나 설문조사를 함으로써 피드백을 받을 수 있다. 이 과정은 당신 자신을 홍보하는 것이 아니라 진정한 연구 조사 단계다.

온라인으로 무료 설문 조사를 만들어 주변 사람들에게 보낼 수 있다. 온라인 설문조사 플랫폼 서베이몽키SurveyMonkey를 강력 추천한다. 분항을 사유롭게 설정할 수 있고 소셜미디어로 메일을 보내거나 링크를 올려 설문 응답을 요청하면 된다. 이때 사람들이 설문에 응답하느라 시간을 많이 할애하지 않아도 될 만큼 짧고 간단하게 작성해야 한다.

일단 피드백을 받아 아이디어를 좁히면 앞으로 당신이 제품을 공급할 플랫폼에 대해 조사해야 한다. 책의 경우는 그 대상이 아마존이다. 강좌라면 세계적인 온라인 학습플랫폼 유데미Udemy일 것이다. 음악이라면 아이튠즈다. 당신이 다 아는 곳이다. 나는 아마존에서 책을 출시하는 것을 예로 들겠지만, 당신은 다른 종류의 로열티를 위해서 다른 플랫폼에 대한 연구를 해봐도 좋다.

아마존에는 구체적으로 순위를 매기는 시스템이 있어 책과 관련한 아이디어를 연구하는 데 유용하다. 예를 들어, 강아지 영양에 관한 책을 쓸 생각이라면 아마존 웹사이트에 가서 도서 파트의 검색창에 '강아지 식단'을 입력하면 된다. 그럼 2,000개 이상의 결과가 도출된다. 그들이 바로 당신의 경쟁자다. 스스로에게 첫 번째 질문을 던져보자. '이 카테고리에서 상위

1퍼센트에 오를 책을 쓸 수 있을까?' 그래야만 검색 결과창 두 페이지 내에 자신의 책이 오를 수 있다.

검색 결과 중 몇 개를 클릭해 '제품 상세정보'로 내려가면 책의 판매 순위에 관한 정보를 얻을 수 있다. 아마존에서 순위가 중요한데 판매, 리뷰, 검색, 그리고 우리 일반인들이 절대로 알 수 없는 것들을 기반으로 매시간 순위가 달라진다. 판매 순위의 숫자가 낮을수록 좋고, 1위이면 당연히 가장 좋다.

'강아지 식단'을 검색하면 나오는 상위에 랭크된 책 중 몇 권은 각각 종합 판매 순위 406,794위, 482,800위, 423,212위, 52,054위다. 개인적으로 나는 10만을 임의로 정해 기준으로 삼았다. 나는 아마존에서 판매되는 책 상위 10만 권 안에 들어갈 정도로 괜찮은 책을 쓰고 싶었다. 이 글을 쓸 당시 《머니 허니》의 순위는 27,241위였다.

10만 권 안에 들어가겠다는 목표를 놓고 보면, '강아지 식단' 관련 서적 세 권의 순위는 그다지 긍정적이지 않다. 마지막 책만 순위가 상당히 높은데, 그렇다면 왜 이렇게 높은 순위에 랭크될 수 있었는지 좀 더 조사해볼 수 있다. 순위만 놓고 본다면, 강아지 식단은 잘 팔리는 주제가 아니다. 몇 가지 요인이 있는데, 너무 애매하거나 수요가 없거나 아니면 완전히 다른 이유 때문이다. 반대로 '래브라도를 위한 식단'을 검색했을 때 결과는 어떠한가? 이 책 카테고리 내에서 무슨 일이 일어나고 있는지 이해할 때까지 아마존에 대한 시장 조사를 계속해야 하는 게 당신이 해야 할 일이다. 검색 결과 순위가 그렇게 높지 않다면 시장성이 없는 주제라는 뜻일까, 아니면 그 주제와 관련해 출판된 기존의 책들이 좋지 않다는 뜻일까? 이런 조사를 통해 흑백논리의 결과가 도출되지는 않으니 연역적 추론과정을 통해 수요가 있는지, 경쟁할 수 있는지 여부를 판단해야 한다.

모든 플랫폼이 아마존처럼 순위를 매기고 그것을 공개하는 것은 아니지만, 그럼에도 참조할 만한 다른 정보들이 상당히 많이 있다.

> **창작 연도** 검색된 결과가 언제 작성된 것인가? 최근 몇 달 사이에 출간된 것인가?
>
> **콘텐츠를 기반으로 한 작품의 분량** 이 카테고리에서 잘 팔리는 책이나 강좌, 노래는 길이가 긴가 아니면 짧은가?
>
> **카테고리 검색 결과의 수** 검색한 결과 80개 정도만 도출된다면, 결과가 1만 개 이상인 장르보다 경쟁률이 낮아진다.
>
> **리뷰** 사람들이 그 작품을 좋아하거나 싫어하는 이유는 무엇인가? 사람들이 같은 이유로 불만을 계속 표출한다면, 충족되지 않은 수요가 있다는 뜻일까? 당신이 그 수요를 만족시킬 수 있겠는가?
>
> **가격** 경쟁상대의 가격이 100달러를 넘는가? 아니면 10달러 미만인가? 패턴을 발견할 수 있는가? 다른 것들과 비교했을 때 당신 작품의 합리적인 가격은 얼마인가?

이 일을 하는 데 몇 시간이 걸릴 수 있다. 그럼에도 그렇게 하기를 권한다. 당신의 시간과 돈은 연결되어 있으니, 당신이 만들고자 하는 것에 대한 수요가 있음을 확신하고 어떤 상황에 처했는지 정확하게 이해해야 한다.

다음으로 로열티 유형이 어떻게 작동하는지, 어떻게 수동적으로 이뤄지는지, 그리고 구체적으로 어떤 행동과 단계를 밟아가야 하는지 이야기해보겠다. 먼저 종이책과 전자책에서 시작해보자.

Chapter 6

내 경험이
책이 되고 돈이 된다

사람들이 당신의 책을 살 때마다 당신은 로열티로 수익의 일부를 받는다. 예를 들어, 사람들이 양장본 소매가격이 22.99달러인《트와일라잇Twilight》을 살 때마다 저자인 스테파니 메이어Stephenie Meyer는 수익의 일부를 로열티로 받는다. 한 권당 얼마씩 받는지는 출판사와 스테파니 간의 계약 사항이기 때문에 우리는 정확히 알 수 없다.

예를 들어 스테파니가 양장본 한 권당 정가의 9퍼센트인 2달러를 받는다고 가정해보자. 그럼 한 달에 10권 팔렸다면 그녀는 매달 20달러를 벌 수 있다. 100권 팔리면 한 달에 200달러다. 1,000권이라면 한 달에 2,000달러다. 이제 대충 감이 올 것이다. 그런데《트와일라잇》은 양장본만 있는 게 아니다. 문고판, 전자책, 오디오북 등도 있다. 판매량과 로열티 비율에 따라 유명한 작가는 매달 1만 달러, 2만 달러의 소득 흐름도 가능하다. 물론 이 숫자는 유명 베스트셀러 작품만 가능할 것이다. 당신의 책이 한 달에 1,500달러씩 버는 것을 생각해보자. 그러고 나서 그 과정을 그대로 복제해 다른 책을 쓰는 것이다. 두둑한 수동적 소득 흐름을 만들어내기 위해서는 책 몇 권이면 충분하다.

첫 책의 성공

나의 경우 수동적 소득이 매달 1만 달러 이상으로, 현재 임대 소득, 책 로열티, 주문형 출판 로열티 등으로 구성되어 있다.

이 책은 나의 두 번째 책이다. 나의 첫 번째 책《머니 허니》는 크게 히트를 쳤다. 아마존 베스트셀러 순위에 여러 번 올랐고, 별 5개 리뷰가 400개 이상이며, 전자책이 1만 건 이상 다운로드되었다.

《머니 허니》를 쓰기 시작했을 당시, 나는 그 책을 수동적 소득 계획과 목표에 포함시키지 않았다. 책을 쓰고 싶다는 단순한 열정에서 시작된 일이지 돈을 벌겠다는 뜻은 없었다. 내가 그 책을 출판한 유일한 이유는, 단 한 사람이라도 도울 수 있다면 그것만으로도 가치 있는 일이라 생각했기 때문이다.

그럼에도 책이 상당한 수입을 창출했고 나는 운 좋게도 내가 열정을 지닌 일을 통해 다른 사람을 도우며 돈을 벌 수 있었다. 내가 해주고 싶은 충고는 당신이 이 길을 간다면 돈 이외에 다른 동기 부여가 필요하다는 것이다.

1단계와 2단계

실제 집필 작업은 수동적 소득 흐름을 구축하는 1단계에서 이뤄진다. 특정한 로열티 흐름을 만들기 위해서 선행적으로 시간을 투자해야 한다. 집필하고 출판해 시장에 출시하기까지 몇 달이 걸릴 수 있다. 원한다면 돈을 투자할 수도 있다. 책을 출시하고 마케팅하는 데 수천 달러를 투자하는 사람도 많다. 나는 《머니 허니》에 가능한 한 비용을 지출하지 않기로 결정했다. 내 초기 지출 비용은 600달러 미만이었고 그중 절반이 편집자에게 지급되었다. 그럴 마음만 있었다면 지출을 더 줄일 수도 있었을 것이다. 1단계에서 돈을 얼마 투자하든지 간에 초기 시간 투자는 피할 수 없다.

책을 출간한 후, 2단계에서 소득을 유지하는 데 얼마의 시간을 투자할지는 전적으로 당신에게 달려 있다. 2단계는 수동적 소득을 버는 단계다. 만약 100퍼센트 수동화시키고 싶다면 마케팅 활동을 외주로 주면 된다. 하지만 작가만이 할 수 있는 일이 있기 때문에 90퍼센트 정도는 수동화시키고, 인터뷰와 팟캐스트 출연 등을 알아보고 진행하는 데에 일주일에 몇 시간을 할애할 수 있다. 좋은 점은 당신이 원하는 대로 장기 마케팅을 계획할 수 있다는 것이다.

5장에서 로열티를 벌어들이는 흐름을 만들려고 할 때 브레인스토밍과 시장 조사를 하는 것이 중요하다고 언급했다. 종이책이나 전자책의 경우 다음 단계는 개요를 작성하고 글을 쓰는 것이다.

개요 작성과 글쓰기

일단 시장 조사를 통해 아이디어를 검증하고 나면 글을 쓰기 시작해야 한다. 말하기는 쉬워도 행동하기는 어렵다. 내 책처럼 비소설의 경우, 개요를 작성하면서 쓰는 것이 좋다. 소설을 써본 적은 없지만 연구를 해본 결과, 작가마다 방식이 다 다르다. 어떤 사람은 계획적으로 글을 쓰는가 하면, 어떤 사람은 앉은 자리에서 바로 글을 쓰기도 한다. 전자는 개요를 작성하는 스타일이고 후자는 흘러가는 대로 쓰는 스타일이다.

글을 잘 쓰지 못한다고 해서 중단할 필요는 없다. 글쓰기가 너무 어렵다면 전문적인 대필작가를 고용할 수도 있다. 직접 글을 쓰기로 결정했다면, 우선 개요를 작성해보자. 글쓰기 과정이 더 쉬워질 것이다. 책을 어떻게 몇 개의 파트로 나눌지 먼저 생각해보자. 그다음 하위 내용들에 대해 브레인스토밍을 해보아라. 굳이 조직화시킬 필요 없다. 글머리표 목록, 마인드맵 혹은 몇 개의 단어나 문장으로 정리할 수 있다. 가능한 한 많은 아이디어들을 종이에 나열해보라.

마지막으로 그 내용을 집약해 개요를 작성한다. 책 내용을 어디에서 시작해야 자연스러울까? 어느 부분을 먼저 다루고 어느 부분을 나중에 다루면 좋을까? 이해하기 쉽게 아이디어를 순서대로 정리한다. 일단 이 작업이 끝나면 책의 뼈대가 꽤 잡힐 것이다.

본격적으로 글을 쓰기에 앞서, 세부적으로 내용이나 글머리를 추가함으로써 전체 구성을 확장시켜볼 수 있다. 더 많이 채울수록 다음에 어떤 내용이 오는지 정확하게 알고 있어서 글쓰기가 더 쉬워질 수 있다.

글쓰기는 흐름을 탄다. 때때로 자리에 앉아 밤새도록 글을 쓸 수 있을 것 같은 기분이 들고, 정말로 그렇게 몰두해 글을 쓰는 날이 있다. 다른 때에는 앉아서 화면만 멍하니 바라보다가 20분 동안 두 단어 쓰고 벽을 향해 소리를 지르기도 할 것이다. 자신을 너무 닦달하지 않는 것이 요령이라면 요령이다. 꾸준히 써야 한다. 《머니 허니》를 쓸 때 처음에는 아주 흥분해서 쓰기 시작했다. 내 속에서 글이 쏟아져 나왔다. 그렇지만 시간이 흐르자 재미가 없어졌고 할 말이 점점 바닥났다. 글이 막히는 날이 분명 있다. 그래도 걱정하지 마라. 꾸준히 해나가기만 하면, 결국 마지막에 다다를 수 있다. 비록 10분일지라도 매일 따로 시간을 내서 글을 쓰는 일정을 살 시켜가야 한다.

일단 초안이 나오면 얼마 동안 휴식기간을 가져라. 당신의 뇌가 쉴 수 있도록 1~2주 정도 쉬어라. 스스로에게 시간을 주면 다시 새로운 시각으로 원고를 볼 수 있다. 이후 첫 번째 편집을 하기 위해 돌아오라. 프린트하여 처음부터 끝까지 읽으면서 수정할 부분들을 메모한다. 흐름, 번역, 구조 등을 생각해보라. 중복되는 것이 있는가? 어느 부분을 잘라내야 책이 더 좋아질까? 더 명료하게 바꾸어야 할 부분이 있는가?

이 메모들과 수정본을 바탕으로 두 번째 초안을 만든다. 이때 친한 친구나 가족 중에서 박식하고 문해력이 좋은 두세 명에게 읽고 수정을 부탁할 것을 추천한다. 그렇게 하면 더 좋은 책을 만들 수 있다.

이제 당신은 어떻게 개요를 작성하고 글을 써야 하는지 알게 되었다. 출간을 위한 최선의 방법을 결정하는 다음 단계에 들어가기에 앞서, 수십 권의 책을 저술했고 다른 사람의 글쓰기를 돕는 사업을 시작한 아너리 코더 Honorée Corder의 이야기를 들어보자.

당신이 책을 내야 하는 이유

아너리 코더를 소개하려고 하니 흥분해서 가슴이 터질 것 같다. 아너리는 비즈니스 코치이자 TED 강연자이고 수십 권의 책을 쓴 저자이다. 그는 동기부여 전문가인 할 엘로드Hal Elrod와 함께《미라클 모닝Miracle Morning》시리즈를 저술했다. 정말 멋지지 않은가? 아너리는 사람들이 저술과 출판을 통해 다양한 소득을 창출할 수 있도록 돕는다. 또〈책을 내야 하는 이유You Must Write a Book〉라는 코칭 강좌를 개설했는데, 아너리의 인생역전 스토리는 정말 극적이다. 로열티와 수동적 소득에 대해 아너리의 생각을 들을 기회가 있었다. 같이 확인해보자.

나: 시작이 어땠는지 물어보고 싶다. 당신이 첫 번째 책을 쓰게 된 계기가 무엇인가?

아너리: 한 강연에서 세계적인 베스트셀러《영혼을 위한 닭고기 수프》의 저자 마크 빅터 한센Mark Victor Hansen을 만나고 나서 책을 쓰게 되었다. 그가 내게 무슨 일을 하냐고 묻자 나는 '코치이자 강연자'라고 답했고, 그러자 그는 이렇게 말했다.

"모든 사람이 코치이자 강연자입니다. 당신은 책을 내야 합니다."

마크는 내게 물었다.

"당신이 했던 강연 중에 특히나 사람들이 좋아하던 강연이 있습니까?"

"네, 있습니다."

그러자 그는 말했다.

"그것이 바로 당신의 첫 번째 책입니다."

2004년에 있었던 일이다. 당시 아너리는 비즈니스 코치로 일한 지 벌써 수년 째였다. 그러나 그녀는 책을 출간한 이후 비즈니스 코치로 더 인정받았고, 결과적으로 그녀가 하는 강연, 훈련, 코칭의 가치를 더 높일 수 있었다.

나: 책을 처음부터 끝까지 쓰는 데 시간이 얼마나 걸렸나?

아너리: 나는 의자에 앉은 다음(나는 인내심이 꽤 강하다) 한 시간 정도 되는 연설문을 타이핑했다. 그런데 예시와 참고자료를 넣다 보니 40시간 정도 걸렸다. 나의 첫 번째 책은 곧 10주년 특별판 출간을 앞둔 《톨오더Tall Order》이다. 초판은 편집적인 면에서 여러 부족한 점이 있었지만 디자인적으로는 훌륭했다.

아너리는 책을 전략적으로 양복 상의 호주머니에 들어가는 판형으로 디자인했다. 그녀는 새로운 사람을 만날 때 명함 대신 그녀의 책을 주곤 했는데, 이것은 매우 강력한 와우 요인WOW factor*이 되었다.

아너리는 책을 출판하고 인쇄소에 5,000부를 주문했다(당시에는 주문형 출판 플랫폼이나 전자책이 없었다). 인쇄소에서 책을 만드는 동안 아너리는 1만 1,000부를 팔았다.

◆ '와우' 하는 감탄사가 절로 나오게 하는 매력 요인으로 감탄 요인이라고도 한다.

아너리: 처음 3주 동안에는 마크 빅터 한센이 말한 대로 했다. 마크가 이렇게 말했다.

"매일 책을 홍보하기 위해 일곱 가지 일을 하라."

그 당시에는 지역 신문사나 방송국에 연락하거나 지역 잡지에 실리려고 노력하는 그런 일들을 말했다. 나는 내 롤로덱스에 있는 모든 사람에게 전화해 마크가 시킨 대로 그들에게 내 책을 10부에서 1,000부 사이로 살 의향이 있는지 물었다. 사실 마크는 10부에서 100부를 물어보라고 했지만, 나는 비즈니스 코치였기 때문에 내 고객들은 대부분 CEO, 최고운영책임자, 최고마케팅경영자였다. 그들은 구매력이 큰 사람들이었다. 그들 중 몇 명은 관리하는 영업팀 인원이 1,000~3,000명이나 되었다. 그래서 책을 묶음 판매했다. 최소 주문 단위를 5권, 10권, 15권으로 했다. 나는 MS워드로 작성한 주문서 양식을 지금도 가지고 있다. 내가 이메일로 주문서를 보내면 그들은 인쇄해서 작성한 다음 수표와 함께 내게 보내주었다.

나는 그저 책을 팔기 위해 전화를 걸었다. 상대를 찾아 주문 여부를 물을 뿐이었다. 나는 이렇게 해서 3주 만에 1만 1,000부를 판매했다.

아너리는 책을 5,000부씩 제작했다. 그럼 한 권 인쇄하는 데 80센트씩 든다. 4,000달러에 5,000부를 주문한 셈이다. 그 말인즉, 책을 많이 뿌려도 수익이 여전히 높다는 뜻이다. 아너리가 책을 출간할 때 시간 말고 다른 비용은 전혀 들지 않았다.

나: 자신이 자비로 책을 출판하고 싶다는 걸 바로 알았나?

아너리: 난 오하이오에서 온 시골 소녀다. 대학에 가본 적도 없고 글쓰기 수업을 들어본 적도 없으며 나를 대단한 작가라고 생각해본 적이 없다. 그러니 전통적인 출판 방법은 시도해볼 생각을 못 했다. 내 생각에 전통적인 출판 거래를 할 수 있는 사람은 대학 학위가 있고 그만한 가치와 자격이 있는 사람이었다. 물론 지금 내 사고방식은 완전히 달라졌다.

아너리가 첫 번째 책을 출간했을 당시에는 이 사업의 규모가 어떻게 확장될지 예상하지 못했다. 그는 첫 번째 책을 위한 일련의 행동들을 취했다. 라스베이거스 TV에 매주 출연했고 몇 년 동안 바쁘게 움직였다. 첫 번째 책이 나오고 5년 후 그녀의 삶은 완전히 달라졌다.

아너리: 2009년에 메이크업을 받으며 오프라 윈프리 쇼를 보고 있는데 싱글맘들에 대한 이야기가 나왔다. 당시 나는 싱글맘이 된 지 몇 년 되었을 때였다. 그날 영감을 받아 《성공한 싱글맘The Successful Single Mom》을 쓰게 되었다. 이 책은 이제 6권의 시리즈가 되었다. 나는 열정적인 사람인데, 그것이 뒤늦게 발현된 것이다.

현재 아너리는 50권이 넘는 책을 저술했다. 또한 〈책을 내야 하는 이유〉라는 코칭 강좌를 개설해 사람들이 글을 쓰고 책을 출간하는 활동을 돕고 있으며, 지속적인 출간 소득 창출을 목표로 하는 엠파이어 빌더스 마스터마인드Empire Builder's Mastermind를 조직해 운영하고 있다.

나: 로열티 소득은 진짜 수동적인가?

아너리: 내 생각에 책 로열티는 넓은 의미에서는 수동적 소득일 수 있지만, 좁은 의미에서는 수동적 소득이라고 할 수 없다. 나는 〈책을 내야 하는 이유〉라는 강좌를 개설해 실시간 코칭을 하는데, 그 과정에서 책 한 권의 인생은 두 단계로 나뉜다고 가르친다. 1단계는 아이디어를 구상하는 순간부터 책 출간 이후 30일까지다. 2단계는 출간 이후부터 당신이 죽을 때까지다.

나: 마케팅을 대신해줄 사람을 고용한다면 수동적이 되는 것인가?

아너리: 광고 문구를 작성하고 관리하는 일처럼, 내가 하지 않아도 되는 그런 마케팅 활동들이 있다. 하지만 저자가 직접 움직여야만 하는 일들도 있다. 줄리아 로버츠가 새 영화를 찍었는데, 다른 사람이 〈투데이쇼〉에 출연해 영화 홍보를 할 수 없는 것과 마찬가지다. 사람들은 원작자에게서 이야기를 직접 듣고 싶어 한다.

나: 로열티 소득이 당신에게 어떤 일을 해주었나? 그로 인해 당신의 삶이 어떻게 바뀌었나?

아너리: 싱글맘으로서 좋은 생활환경에서 딸을 키울 수 있게 되었다. 로열티 소득이 생기면서 내가 하고 싶었던 일을 하는 경제적 자유를 누리고 있다. 로열티 소득이 들어오기 때문에, 이제 나는 내가 즐

거워하는 일들을 추구하며 살아간다. 나는 새로운 한 해가 시작되기도 전에 로열티 소득으로 수십만 달러를 벌어들일 것이다. 이 사실은 내게 어느 정도 안정감을 주었다. 내가 자랑하려고 아니면 재수 없이 굴려고 이런 얘기를 하는 게 아니다. 내게 이런 일이 가능했다면, 그리고 내가 이렇게 할 수 있다면(앞서 내가 교육을 받지 못했다고 했음을 기억해보라), 누구에게나 일어날 수 있는 일이라는 사실, 그것이 핵심이다. 당신은 현명하게 작업해야 하고 그 작업을 계속 해나가야 한다. 한 번에 끝나는 일은 없다.

이제 책 로열티에 대한 이해와 개요 작성하는 법, 그리고 글쓰기 방법을 알았으니 구체적인 출판 과정으로 들어가 보자. 먼저 자비로 출판할지 기존의 방법으로 출판할지 여부를 결정하는 단계에서 알아야 할 모든 것을 설명하도록 하겠다.

Chapter 7

수익을 극대화하는 출판 시스템

책을 내기로 결정했다면, 출판사를 찾아 기획출판을 해야 할지 아니면 자비출판을 해야 할지 결정해야 한다. 기획출판을 한다면, 저작물 판매에 대한 권리를 출판사가 갖는다. 대신 출판사는 담당 편집자를 선정해 당신의 책이 최상의 상태가 되도록 교정하고 편집해 더 많은 독자의 관심을 끌 수 있도록 만든다. 한 가지 단점은 출판사가 내용에서 책 표지에 이르기까지 모든 것의 최종 결정권자가 된다는 사실이다. 또 다른 장애물은 평판이 좋은 출판사에서 책을 출판하기 위해 일반적으로 작가는 자신을 대신해 계약을 협상할 에이전시가 필요하다. 그럼 에이전시는 책 판매 수익의 일부를 보수로 받는다. 좋은 출판사에서 일하는 편집인의 책상에 당신의 원고를 올려놓을 에이전시를 찾기가 얼마나 어려운지는 말 안 해도 알 것이다.*

출판사를 끼고 일한다는 것은 수익의 대부분을 포기한다는 뜻이다. 출판사를 통해 기획출판을 하면, 로열티의 8퍼센트에서 15퍼센트 정도를 받는 것이 일반적이다. 문고본 가격이 15달러라면 한 권 팔릴 때마다 1.5달러만 벌 수 있다.

또 일반적인 생각과 달리, 출판계약을 맺는다 해도 책 마케팅과 홍보에 있어 당신이 백퍼센트는 아니지만 대부분을 책임져야 한다. 사실 팬이 엄청나게 많거나 플랫폼이 탄탄하지 않는 한, 출판사와 출판계약을 맺기는 정말 어려운 일이다. 왜 그럴까? 출판사 측은 당신이 기존의 복사들에게 책을 직접 팔 수 있기를 기대하기 때문이다.

일단 출판계약을 맺으면 돈을 받게 된다. 출판사는 사전에 합의한 금액을 지급하는데, 이는 작가에게 지급되는 선금으로 통상 계약을 맺을 때 지급된다. 그 소득에 의존해 살아가는 작가들에게 편의를 제공하는 것이다. 본질적으로 이는 책 판매 로열티의 일부를 선지급하는 것으로, 작가는 로열티의 일부를 선불로 받는 셈이다. 책이 출판되고 선금이 모두 정산된 후에야 작가는 로열티의 몇 퍼센트를 받게 된다. 예를 들어, 작가가 2만 달러를 선금으로 받았다면, 로열티로 2만 달러를 지급할 수 있을 때까지 초기 판매에 대해 한 푼도 지급받지 못한다. 기존의 2만 달러를 초과하게 되면 비로소 작가에게 로열티가 지급된다. 이 경우 출판사는 책 출판에 따른 리스크를 떠안게 된다. 즉, 출판사는 맨 처음부터 적어도 이 정도는 회수 가

◆   국내에서는 대부분의 경우 별도의 에이전시를 통하지 않고 개인이 계약부터 출간까지 모든 과정을 출판사와 소통하며 진행한다.

능할 것이라고 계산된 금액을 당신, 그러니까 작가에게 투자하고 2만 달러 마이너스가 생긴 상태에서 시작한 것이다. 따라서 출판사는 책이 잘 되어야만 그 투자금을 회수할 수 있다.

자비출판이면 직접 이 모든 일을 해야 하고 모든 위험을 감수해야 한다. 집필부터 편집, 감수, 디자인, 구성, 출판에 이르기까지 모두 직접 해야 한다. 책 마케팅과 홍보 역시 당신 자신이 직접 책임져야 한다. 당신이 직접 인쇄비를 지불하고 책값을 정한다. 가장 좋은 점은 훨씬 많은 로열티를 가져갈 수 있다는 사실이다. 아마존에서 자비출판을 하면 수익의 35~70퍼센트를 받는다. 플랫폼이 있거나 팬이 많거나 아니면 이미 작가로 인지도가 높다는 식의 특별한 요구조건도 없다. 그리고 당신 작품을 원하는 대로 통제할 수 있다.

어느 쪽이 당신에게 더 적합한가? 여기서 고려해야 할 핵심 요소를 살펴보자.

시간 출판사를 찾아 기획출판하는 것은 시간과 수고가 많이 든다. 반면에 현재 자비출판을 하면 보다 유연하게 진행할 수 있다.

돈과 리스크 기존 출판사를 통하면 당신은 책 마케팅과 홍보를 도와야 한다. 출판사는 표지 디자인, 편집, 인쇄, 광고 등 모든 비용을 부담한다. 출판사는 리스크를 감수하고, 대신에 당신에게는 수익의 일부만을 지급한다. 자비출판을 하면 당신이 모든 비용을 지불하고 리스크를 감수해야 하지만 훨씬 많은 수익을 얻게 된다.

통제 기획출판은 출판사가 책의 전반에 걸쳐 최종 결정권을 갖는다. 반대로 자비출판을 하면 당신이 당신 책의 최종 결정권자가 된다.

지금까지 기획출판과 자비출판 사이의 세 가지 주요 차이점을 살펴보았다. 어느 쪽이든 성공하면 그 결과는 바로 수동적 소득이 된다.

기획출판

기획출판을 하기로 결정했다면 이제 당신은 출판사를 찾아야 한다. 그다음에 출판사와 함께 일하며 원고를 수정하고 출판 과정을 진행한다.

집필 아이디어를 브레인스토밍했다면, 이제는 직접 글을 써야 할 단계다. 비소설이라면 당신의 창의적인 아이디어가 잘 발현되도록 개요를 먼저 작성할 것을 강력 추천한다.

에이전트 찾기 유명 출판사와 작업하기 위해서는 출판 에이전트를 통해 일할 필요가 있다. 에이전트는 부동산 중개인을 떠올리면 쉽다. 출판 에이전트는 작가와 출판사를 위해 중개업무를 담당한다. 에이전트를 검색하는 것에서 시작해보자. 에이전트 목록을 가능한 한 많이 뽑아 해당 에이전트의 출판 경력이나 장르를 보고 범주를 좁혀나간다. 당신이 에이전트에 기획안을 보내면 에이전트에서 출판사에 기획안을 보내고, 출판사에서 관심이 있다면 에이전트가 당신을 대신해 계약을 협상하게 된다.

기획안 작성하기 에이전트나 출판사마다 작품 제출방법에 대한 요구사항이 제각각 다르지만, 다음과 같은 내용은 가장 일반적인 요구사항으로 미리 준비해두면 좋다.

- **제안서** 출판사가 왜 당신 작품을 읽어야 하는지에 대한 한 페이지짜리 설명문(실제로는 셀링포인트)이라고 생각하면 된다. 제안서 형식이나 작성 방법에 대해서는 좋은 예시들을 쉽게 검색할 수 있다. 처음에는 우선 당신이 에이전트 수십 곳에 제안서를 보내고, 그다음 에이전트 측에서 당신에게 연락해 더 많은 정보를 요청하는 경우가 많다.
- **소설 시놉시스** 시놉시스는 간단하게 소설 내용을 요약한 것이다. 길이는 한두 페이지 정도이며 결말까지 포함시킨다.
- **비소설 제안** 비소설 제안서는 책에 대한 사업계획과도 같다. 이 책이 왜 필요하며 어떻게 판매할지에 대해 분명하게 설명해야 한다. 비소설 제안서는 일반적으로 소설 시놉시스보다 훨씬 길다.
- **샘플이나 원고** 소설의 경우에는 완성된 원고 전체를 출판사에 보낸다. 가능한 최상의 원고를 보내고 싶겠지만 서두르지 마라. 비소설은 샘플로 책 첫머리부터 몇 챕터만 제출해도 된다.

이 내용들이 바로 필요한 것은 아니다. 먼저 에이전트에 기획안을 보내면 에이전트에서 출판사에 보내기 위해 당신에게 더 많은 내용을 요청할 수 있다. 이것이 바로 사람들이 기획출판을 하는 가장 간단한 방법이다.

자비출판

나는 챈들러 볼트Chandler Bolt의 《출판Published》을 읽고 영감을 받아 《머니 허니》를 쓰기 시작했다. 볼트의 책은 내가 자비출판하는 데 알아야 할 99퍼센트를 알려줬다. 볼트는 브레인스토밍에서 개요 작성, 글쓰기, 마케팅, 출시에 이르기까지 모든 과정을 다루었다. 이제 볼트의 가이드를 바탕으로 한 마케팅과 출간에 관해 나만의 노하우를 구체적으로 설명하겠다.

나는 《머니 허니》와 이 책을 자비출판하겠다고 쉽게 결정했다. 내가 《머니 허니》 판매를 위해 했던 모든 마케팅을 기획출판을 하면서도 진행해야 했다면 나는 왜 로열티의 대부분을 포기해야 하는 걸까? 내가 자비출판만 해봤기 때문에 한쪽으로 치우친 생각을 갖고 있음은 부인할 수 없다. 하지만 처음으로 책을 내는 작가에게 자비출판이 가장 적합하다고 진심으로 생각한다.

언제나 둘 중 하나만 택해야 하는 것은 아니다. 자비출판으로 진행한 당신의 책이 성공하면 나중에 출판사에서 당신을 찾아올 것이다. 자비출판은 단점을 거의 찾을 수 없다. 단 당신 자신을 시장에 홍보하고자 노력하려는 의지가 있다면 말이다.

출간을 준비함에 있어 가장 중요한 세 가지는 편집과 표지 디자인, 그리고 포맷이다. 출판사를 통해 기획출판을 한다면, 출판사에서 모든 세부사항을 고려한다. 그런데 자비출판을 하게 되면 무엇이든 스스로 책임을 져야 한다.

편집 두 번째 초안을 완성하고 나면 비용을 지불해 편집을 전문적으로 맡길지 여부를 결정해야 한다. 분명히 말하는데, 좋은 편집자는 매우 유용하다. 합리적인 가격에 좋은 편집인을 찾기 위해 프리랜서 구인구직 플랫폼인 업워크Upwork나 파이버Fiverr를 강력 추천한다. 나는 파이버에서 만난 편집인에게 《머니 허니》 편집비로 250달러를 지불했다. 이는 일반적인 작업비보다 엄청나게 적었다.

표지 디자인 다음으로 살펴봐야 할 점이 바로 표지 디자인이다. 이것 역시 외주를 맡기거나 시간과 예산의 제약조건에 따라 당신 스스로 해도 된다. 만약 스스로 제작하기로 결정했다면 캔바Canva나 포토샵 튜토리얼Photoshop tutorials을 활용할 수 있다. 《머니 허니》는 내가 포토샵으로 표지를 직접 만들었지만, 이 책은 전문가에게 맡겼다.

포맷 마지막으로 출판하기 위해 포맷을 도출해야 한다. 나는 아마존 플랫폼인 킨들 다이렉트 퍼블리싱KDP을 통해 자비출판했다. KDP는 전자책과 문고본 두 버전 모두 출판할 수 있다. 아마존의 인기가 압도적이기 때문에, 아마존을 통해 자비출판을 한다면 많은 사람들에게 당신 책을 소개할 최고의 기회가 될 것이다. 하지만 인그램스파크IngramSpark, 루루Lulu, 애플북스Apple Books나 코보Kobo 같은 플랫폼을 찾아보는 것도 좋은 방법이다. 누군가를 고용해 책 포맷을 도출할 수 있고 또 플랫폼 요구조건을 연구해 스스로 포맷해 돈을 절약할 수도 있다.

이제 자비출판 분야에서 가장 성공한 사람 중 하나인 할 엘로드Hal Elrod 의 이야기를 들어보자.

할 엘로드의 《미라클 모닝》

세계적인 베스트셀러《미라클 모닝》시리즈의 작가인 할 엘로드를 소개하게 되어 정말 영광이다. 할은 내가 아는 사람들 중에 가장 비범한 사람으로, 그의 이야기를 듣고 나면 당신도 동의할 것이다.

할이 막 스무 살이 되었을 때 음주운전자가 그의 차를 정면으로 들이받아 그는 죽음을 경험했다. 그의 심장은 6분 동안이나 멎었다. 나중에 코마 상태에서 깨어난 그에게 의사는 다시는 걷지 못할 것이라고 말했다. 그런데 할은 걷게 되었을 뿐만 아니라 100킬로미터 울트라마라톤까지 뛰었다. 할은 스물여섯 살에 첫 번째 책인《미라클 라이프Taking Life Head On》를 써서 자비출판했다.

몇 년간 승승장구했지만, 할은 2008년 경기침체로 파산했다. 빚이 42만 5,000달러나 되었고 심각한 우울증에 시달렸다. 상황을 이겨내기 위해 그는 개인적인 성장에 온 정신을 쏟았고 일의 효율을 높이기 위해 매일 아침

해야 하는 일을 정했다. 그 결과 놀라운 결과가 나타났고 그는 자신이 코칭하던 고객들에게 그 내용을 나누었다. 자신의 아침이 얼마나 특별한지 깨달은 할은 이를 대중과 나눠야겠다는 의무감이 들었다.

이 내용을 담은 책《미라클 모닝》은 전 세계에서 가장 성공한 자비출판물이 되었다.《미라클 모닝》은 37개 언어로 번역되었고 별 다섯 개 리뷰가 3,000개 이상 달렸으며, 70개국이 넘는 국가에서 약 200만 명의 삶에 영향을 주었다. 할은 팟캐스트〈목표 달성Achieve Your Goals〉의 진행자이자 성공한 사업가이며 국제 행사의 기조연설자이고 무엇보다 너무나 좋은 남편이자 아빠다.

자비출판과 기획출판의 차이와 수동적 소득이 할의 삶을 어떻게 변화시켰는지에 대해 그의 이야기를 들을 수 있었다. 정말 큰 축복이라 생각한다.

나:《미라클 모닝》을 자비출판하기로 결정한 이유가 무엇인가?

할: 내가 책을 쓰던 2009년 당시 자비출판물들은 사실 수준이 낮아 보였다. 그래서 처음에는 출판사를 통해 기획출판을 하려고 했다. 나는 유명 작가들과 함께 작업한 경험이 있는 사람을 고용해 제안서를 완성하고자 했다. 그녀는 나를 도와 출판사에 제출할 30페이지 분량의 제안서를 작성했다. 그런데 책을 쓰고 자비출판과 기획출판 간의 차이점을 알아보는 과정에서 결론을 내렸다. '잠깐, 차라리 자비출판을 하는 게 낫겠어.'

나: 왜인가? 기획출판과 달리 자비출판을 했을 때 가장 큰 이점이 무

엇인가?

할: 나는 자비출판을 적극 추천한다. 계약을 할 때, 출판사는 당신의 아이디어가 얼마나 좋은지보다 당신의 플랫폼 규모가 어느 정도인지를 더 중요하게 생각하는 것 같다. 당신에게 탄탄한 플랫폼이 있을 때 출판사를 통한 기획출판이 더욱 쉬울 것이다. 여기서 플랫폼이란 당신을 알고, 당신을 좋아하며, 당신을 신뢰하는 사람들이 모인 집단으로, 당신은 그들과 직접 소통할 수 있다. 여기서 내가 말하고 싶은 것은 당신에게 이메일 목록이나 소셜미디어를 통해 연락이 닿을 수 있는 사람들이 10만 명 정도 있어야 한다는 사실이다. 최소한 1만 명은 되어야 시작 여부를 고려할 수 있다.

자비출판이 기획출판보다 나은 또 다른 이유가 있다. 권당 12퍼센트의 로열티를 받는 게 아니라, 보통 권당 70퍼센트를 가져갈 수 있다. 또한 기획출판의 경우 출판사가 원고 조정 권한을 갖게 된다.

할은 2012년 《미라클 모닝》을 자비출판했고, 책은 천천히 그러나 확실하게 자리를 잡았다. 책은 10만 부 넘게 팔려 나갔다. 2년 후 할은 상당한 플랫폼을 구축하게 되자 다시 출판사를 통한 기획출판을 고민해보게 되었다. 에이전트를 정한 할은 다시 출판사에 투고를 시작했다.

할은 열세 개 출판사와 접촉했고 아홉 곳에 원고를 보냈으며 두 곳에서 25만 달러의 선금을 제공하겠다고 했다. 당시 할은 자비출판으로 돈을 상당히 벌고 있어서 그들이 제시한 선금은 경제적으로 큰 의미를 갖지는 못했다. 그런데 한 출판사가 할에게 흥미로운 제안을 했다. 미국에서 자비출판 권리는 그대로 유지하고, 해외 판권 계약을 하자는 것이었다. 이런 식으로 출판사를 활용하는 것은 대단히 유익했다. 그 결과《미라클 모닝》은 37개 언어로 번역되었다.

할: 올해 해외에서 들어온 로열티 소득이 미국 내보다 더 많을 것이다. 장난 아니지 않은가. 각기 다른 출판사들을 통해 37개 소득이 들어온다. 그냥 수표가 들어오는 것이다. 어제만 해도 나는 메일로 두 장의 수표를 받았다. 하나는 달러로 4천 얼마였고, 다른 하나는 1만 1천 얼마였다. 매주 혹은 2주에 한 번씩 수표가 온다.

지금까지 할은 10권이 넘는 책을 썼다. 가장 최근작은 2019년에 발매한 《미라클 이퀘이션The Miracle Equation》이다. 그런데 반전은 할이 처음으로 출판사를 통해 기획출판을 했다는 사실이다.

나:《미라클 이퀘이션》을 낼 때 왜 변화를 꾀했나?
할: 몇 가지 이유가 있다. 나는 미출판된《비욘드 더 베스트셀러Beyond the Bestseller》라는 책을 썼다. 그 책에서 내가 왜 작가들이 자비출판을 해야 한다고 생각하는지 사례를 들어 설명했다. 그렇지만 출판사를 거절했던 경험밖에 없었던지라 조언을 하기에 미흡하다는 생각이 들었다. 그렇다. 나는 해외 시장에서는 기획출판을 해봤지만, 미국에서는 아니었다. 나에게 있어 이 부분이 취약했다. 이것이 첫 번째 이유다. 나는 이 부분에서 지식과 경험을 쌓고 신뢰성을 확보하고자 노

력했다. 두 종류의 출판을 비교해보고자 출판사를 통해 기획출판을 해본 것이다.

또 다른 이유는, 솔직히 말해서 나는 이미 작가로서 인지도가 쌓였고 나만의 플랫폼을 구축했다. 따라서 나에게 유리한 조건으로 출판계약을 맺을 수 있는 위치에 오른 것이다. 위험을 감수할 만한 가치가 있었다. 이를 밝혀도 좋을 것 같은데 나는 《미라클 이퀘이션》으로 선금 80만 달러를 받았다.

재미있는 사실은 《미라클 모닝》을 쓸 당시 내 꿈은 뉴욕의 한 출판사가 내게 10만 달러짜리 수표를 주는 것이었다. 나는 인터넷에서 백지수표 한 장을 출력해 비전보드에 붙여 놓았다. 만약 그 꿈이 이뤄졌다면, 우리 가족이 지금 누리고 있는 최대의 경제적 기회를 놓치게 되었을 것이다.

나: 《미라클 모닝》이 한 달에 몇 부 팔리고 있고 그 수입은 얼마나 되는가?

할: 미국에서 한 달 평균 1만 부 정도 팔리고, 줄잡아 말해서 권당 6달러를 번다. 해외 판매 수입은 포함하지 않았다. 해외 판매의 경우 더 많다. 브라질에서만 금년에 50만 부 넘게 팔렸는데, 이는 미국보다 더 많은 판매량이다. 이는 한 나라의 경우고, 모두 37개 언어로 판매되고 있다. 계산해보았을 때 《미라클 모닝》은 미국에서만 매년 로열티 수입으로 대략 72만 달러를 창출한다.

나: 책이나 사업에서 당신이 성공할 수 있었던 한 가지 이유를 든다면?

할: 대부분의 책이 사람들의 행동을 바꾸지는 못한다. 누군가 책을 읽고 좋은 아이디어를 얻었다면 책을 읽는 동안 그 책에 대하여 이야기할 것이다. 그렇지만 책을 다 읽자마자 다음 책으로 옮겨가고 그럼 또 다음 책에 대해 이야기하게 된다.

《미라클 모닝》은 당신의 삶을 근본적으로 향상시키기 위해 여섯 가지 실천, 즉 세이버스SAVERS(침묵Silence, 확신의 말Affirmation, 시각화Visualization, 운동Exercise, 독서Reading, 쓰기Scribing의 첫 글자를 옮긴 것이다)에 중심을 두고 있다. 또한 사람들 대부분이 자기 혼자 훈련하느라 고군분투하기 때문에, 이 책에서는 내가 독자의 손을 잡고 이끌며 30일간 도전하는 것으로 막을 내린다.

세상을 변화시키는 책을 쓰는 첫 번째 열쇠는 사람들에게 의미 있는 방식으로 자신들의 행동을 바꾸는 법을 가르치는 것이다. 간단하면서도 단계적인 행동 변화를 이끌어낼 수 있는 내용이 책 전체에 담겨야 한다.

6개월 혹은 6년이 지난 후에도 독자들이 여전히 당신 책에서 배웠던 일들을 실천하고 있다면, 당신이 그들의 삶에 계속 가치를 더해주고 있다면, 그들은 계속 당신의 책에 대해 이야기할 것이다. 사람들은 《미라클 모닝》을 통해 지금까지 7년째 그 일을 해나가고 있다고 말한다. 그들은 수천 일의 미라클 모닝을 맞이한 것이다.

지난 수년 동안 할의 로열티 소득은 지극히 수동적이지만, 할이 그 수준까지 오는 데는 시간이 걸렸다. 《미라클 모닝》의 성공은 하루아침에 만들어진 것이 아니다. 할은 매달 책이 2,000부씩 팔리기 전까지 팟캐스트 인터뷰, 강연이나 토크쇼를 포함해 18개월 동안 쉴 새없이 빡빡한 홍보 활동을 펼쳤다. 그러나 1단계가 성공적으로 잘 마무리 되면 이후에는 매우 수동적인 흐름으로 바뀐다.

나: 일반적으로 로열티 수입이나 책을 통해 버는 수입이 얼마나 수동적이라고 생각하는가?

할: 나는 95퍼센트는 수동적이라고 생각한다. 그 이유를 얘기해보자면, 2016년에 《미라클 모닝》이 13만 1,000부가 팔렸다. 다른 사람의 팟캐스트에서 일흔 번 넘게 인터뷰를 진행했고, 내 팟캐스트 인터뷰에서 쉰두 번 언급했으며, 강연을 서른여섯 번 했고, 라이브 이벤트를 진행했으며, 텔레비전에도 몇 번 출연했다. 그 결과 13만 1,000부를 판매할 수 있게 되었다.

그런데 2016년 10월 28일 나는 희귀암으로 생존 확률이 20~30퍼센트에 불과하다는 진단을 받았다. 2017년 내내 병원에서 공격적인 화학요법을 받으며 암과 싸웠다. 나는 강연만 네 번 했을 뿐 팟캐스트 인터뷰는 전혀 하지 않았다. 내가 진행하는 팟캐스트에도 새로운 내용을 전혀 올리지 않았다. 텔레비전 인터뷰도 전혀 하지 않았다. 또한 내가 기획한 이벤트 행사에도 갈 수 없었다. 그런데도 13만 부가 판매되었다. 전년 대비 1,000부 감소했을 뿐이다. 두 해 모두 광고를 전혀 하지 않았다. 모두 입소문이 난 덕이다.

나: 와우, 대단하군요. 로열티 수입 덕분에 무엇이 가능했나? 당신의 삶이 어떻게 바뀌었나?

할: 암에 걸리자 치료에만 전념하게 되었다. 수동적 소득 덕분에 나는 자유로운 삶이 가능했다. 다시 말해 내 상황에 맞추어 나에게 가장 중요한 일을 할 수 있었다. 건강에 집중하였고 가족과 많은 시간을 보냈으며 돈 때문에 어떤 결정을 내릴 필요가 없었다.

할의 웹사이트(HalElrod.com)를 방문해보고, 그의 책《미라클 모닝》을 꼭 읽어보라. 나 역시 책을 읽고 미라클 모닝을 경험했다.

이제 로열티 소득의 첫 번째 유형인 종이책과 전자책에 대한 부분이 끝났다. 마케팅 전략에 대해 아직 논의하지 않았음을 알아차렸을 수 있다. 사실 로열티 소득의 각 유형은 마케팅 방식이 유사하다. 지루하게 세부적인 내용을 반복해서 언급하기보다는 12장 마지막 부분에서 모든 종류의 로열티 소득에 적용되는 마케팅에 대해 다루겠다.

Chapter 8

음악 저작권으로
수익 내기

음악을 통해 수동적 소득을 만드는 데 관심이 있다면 이 영역에서 어떤 종류의 로열티가 있는지 반드시 숙지해야 한다. 음악 창작과 관련해서는 다음 세 가지 루트를 통해 로열티를 받을 수 있다.

- **기계적 복제권**mechanical royalties: CD, 스트리밍이나 다운로드를 통해 버는 돈.
- **공연저작권료**Public Performance Royalties: 라디오, TV, 공연장 등에서 공개적으로 연주될 때 버는 돈.
- **싱크로나이제이션 로열티**Synchronization Royalties: 광고, 비디오 게임 등 영상물에 삽입되어 버는 돈.

음악 저작권은 마스터권과 판권, 이렇게 두 종류로 나뉜다. 테일러 스위프트가 마스터권과 관련해 불화를 겪은 일이 이해가 안 된다면, 잘 들어보라. 마스터 레코딩은 그 곡의 오리지널 녹음 버전이다. 마스터권은 보통 아티스트, 음반기획사, 녹음실에 귀속된다. 테일러의 경우, 마스터권이 음반기획사에 있었는데 그들이 그 마스터권을 다른 사람에게 팔아버려서 테일러가 자신의 노래로 공연을 할 수 없었던 것이다.

반면에 판권은 음표, 멜로디, 리듬, 가사 등과 같이 음악적 구성요소를 소유한 사람에게 귀속된다. 애매하다. 그렇지 않은가?

음악 창작과 관련해 많은 사람들이 다양한 역할로 참여하고, 저작권 규칙이 매우 복잡하며, 또 스트리밍 플랫폼 수익이 감소했기 때문에 음악으로 돈을 벌기가 어렵다. 음악 산업 전반에 걸쳐 유출 문제도 심각하다.

도서 출판과 마찬가지로 음악 판매도 초기에 시간을 투자해야 하며 가능하다면 돈까지 투자해야 한다. 1단계에서 일을 해야 하는 것은 당연하다. 노래 한 곡을 만드는 데에는 많은 노력이 필요하다.

그렇다면 이 흐름이 장기적으로 진짜 수동적이 될 수 있을까? 음악 로열티는 다른 로열티보다 덜 수동적이라고 주장하는 사람도 있을 수 있다. 하지만 만약 당신이 작곡한 두어 곡이 빌보드 차트에 올랐다면, 남은 평생 일하지 않아도 될 것이다. 로열티 소득의 흐름이 얼마나 수동적인지는 당신이 얼마나 성공했느냐에 따라 달라진다.

수익 창출 과정

아티스트가 다양한 종류의 로열티를 받으려면 반드시 공연권 관리단체PRO에 가입해야 한다. 미국에는 ASCAP, BMI, SESAC 등 세 종류의 PRO가 있다. 단체마다 요구조건, 회비, 가입 혜택이 다르다.

요즘에는 노래 한 곡을 녹음할 때 (한 번에 연주해 다 같이 녹음했던 과거와 달리) 각각의 악기를 따로 녹음한 다음 나중에 하나로 합친다. 멀티트랙 레코딩을 하게 되면, 아티스트가 악기마다의 소리를 잘 형상화시키고 더 나은 최종 결과물이 나오도록 만질 수 있다. 물리적으로 이것이 가능하려면 최소한 소프트웨어와 마이크 같은 몇몇 장비가 필요하다.

멀티트랙 레코딩은 다른 악기들이 템포를 일정하게 유지하며 트랙을 만드는 것에서 시작된다. 그다음 보통 드럼이나 베이스로 리듬을, 기타나 피아노, 호른 등으로 화음을, 그리고 대개 리드 보컬로 멜로디를 녹음한다. 이어서 노래를 편집, 믹싱, 마스터링한다. 이 단계들은 모두 당신이 직접 해도 되고, 다른 전문가에게 아웃소싱해도 된다.

마스터링을 마치면 이제 곡을 발표할 차례다. 책을 출판하는 것과 똑같이 유통사를 통하거나 스스로 음반을 발매할 수 있다. 장단점 역시 매우 유사한데 유통사를 통하면 저작권, 홍보, 그리고 PRO 등록 등을 처리해주는 대신 로열티의 일정 비율을 가져간다. 직접 음반을 발매하면, 이 모든 일을 직접 처리해야 하지만 돈을 더 많이 벌 수 있다.

나는 개인적으로 음악 로열티를 창출해본 경험이 없기 때문에 베테랑 음악가인 톰 셰퍼드Thom Shepherd와 신진 음악가 랜든 시어스Landon Sears 두 명에게 조언을 구했다. 이들은 소득 흐름이 어떻게 이뤄지는지, 그리고 얼마나 수동적으로 이뤄지는지 묻는 질문에 구체적으로 대답해주었다.

올해의 작곡가상 톰 셰퍼드 이야기

    텍사스 CMA 올해의 작곡가상을 수상한 톰 셰퍼드는 1998년에 첫 음반 계약을 맺었다. 그는 2011년부터 아내와 함께 텍사스 전역을 순회하였고 20년 넘게 업계 경험을 쌓았다. 톰은 곡을 쓸 때 작사부터 프로듀싱, 앨범 출시, 그리고 공연까지 모든 걸 직접 한다.

    톰의 첫 번째 히트곡은 2001년에 나온 〈라이딩 위드 프라이빗 말론Riding with Private Malone〉이다. 그는 이 노래 하나로 편안한 삶을 누릴 만큼 많은 돈을 벌었다. 톰의 노래는 아이튠즈, 스포티파이, 구글플레이, 판도라, 냅스터, 애플뮤직 등 어디서든 들을 수 있다. 톰은 음악을 소비하는 방식이 스트리밍과 다운로드로 전환되면서 음악산업이 실제로 얼마나 큰 타격을 입었는지 설명했다.

나: 곡을 올려둔 플랫폼마다 어떤 장단점이 있는가?

톰: 전에는 15달러짜리 CD 한 장을 팔면 모두가 돈을 벌었다. 히트곡이 있든 없든 상관이 없다. 사람들이 음반 전체를 사야 했기 때문이다. 다운로드를 하게 되면서 음악 산업은 많은 변화가 있었다. 왜냐하면 사람들이 싱글앨범이나 라디오에 나온 곡만 사고 녹음된 곡 전체를 사지 않기 때문이다.

스트리밍 서비스마다 가격이 천차만별이다. 어떤 곳은 0.001센트이고 0.003센트나 0.006센트인 곳도 있다. 랩소디와 제휴한 냅스터는 현재 음원 가격이 가장 비싼 곳 중 하나로, 한 번 스트리밍할 때마다 0.16달러를 지불한다. 그런데 그중 일부만 내게 주어진다. 유통사나 공동 작곡가에게 정산을 해주기 위해서는 파이를 두 조각이나 네 조각으로 자르게 된다.

나: 작곡가로서 장기적인 작업량은 얼마나 되나? 소득 흐름을 유지하기 위해 어떤 일을 해야 하나!

톰: 마케팅을 하거나 소득 흐름을 유지시키는 것은 작곡가의 일이 아니다. 모든 노래에는 그만의 수명이 있다. 당신이 작곡가이거나 가수라면 곡을 발표한 이후에는 차트에 오르도록 노력해야 한다. 그렇게 차트 정상을 향해 쭉 나아가다가 시간이 지나면, 다음 곡으로 넘어가게 된다. 당신이 이 일을 오랫동안 하고 싶고 사람들이 계속 당신의 곡을 듣게 하고 싶다면, 항상 새로운 것을 내놓아야 한다.

톰은 작곡이 음악 창작에서 가장 수동적인 부분이라고 설명했다. 누군가 그 곡을 녹음하면 작곡가는 그 곡에 대해 평생 돈을 받는다.

톰: 도비 그레이Dobie Gray의 〈드리프트 어웨이Drift Away〉를 아는가? 멘토 윌리엄스Mentor Williams가 이 곡을 썼는데, 이후 수백 개 버전이 나왔다. 많은 사람들이 그 노래를 녹음했고, 그에게 로열티를 지불한다. 평생토록 말이다. 또한 그가 죽은 후에는 75년 동안 그의 가족들이

로열티를 받는다.

나: 이 길을 다른 사람들에게 추천할 의사가 있는가?

톰: 내 생각에 당신이 이 일에 열정이 있다면 하는 게 좋다. 그렇지만 내가 이 일을 누군가에게 직업으로 추천할 수 있을까 생각했을 때 꼭 그렇지는 않다. 경쟁이 매우 치열할 뿐만 아니라 돈이 되는 히트곡을 만들기는 매우 어렵다. 이 일을 좋아하고 열정이 있어야 한다.

나: 이 책을 읽는 독자들에게 또 해주고 싶은 이야기가 있는가?

톰: 내슈빌에 사는 짐 맥브라이드Jim McBride라는 작곡가가 있다. 사람들이 그에게 작곡을 하려면 내슈빌로 이사를 가야 하는지 묻자, 그는 '죽을 것 같지 않은 한 이사 가지 마라'라고 답했다. 나는 그의 생각이 옳다고 생각한다.

내슈빌 뮤지션 랜든 시어스 이야기

랜든은 내슈빌의 R&B, 소울, 힙합 아티스트다. 그가 가장 잘하는 악기는 바이올린으로, 7살부터 연주하기 시작했다. 그는 기타도 연주하고 노래와 랩도 한다. 랜든은 2014년부터 곡을 발표하기 시작했고, 2017년 첫 앨범을 발매했으며, 현재 미 전역에서 수천 명의 사람이 그의 노래를 듣는다. 그의 노래는 신선하고 독창적이다. 이야기를 더 하기 전에 〈블루베리 캐딜락Blueberry Cadillac〉을 들어보라.

음악 창작과 관련해 랜든은 모든 것을 직접 다 한다. 본인의 곡을 프로 듀싱하고 믹싱할 뿐만 아니라, 부업으로 다른 사람의 프로젝트에 프로듀서로 참여하기도 한다. 랜든은 비싼 스튜디오는 필요 없다며, 자신은 로직 프로 X Logic Pro X를 가지고 그의 방에서 모든 것을 한다고 했다.

랜든은 로열티나 스트리밍 서비스에 대해 톰보다는 좀 더 낙관적이었지만, 둘 다 근본적인 내용을 충고했다. 즉, 이 일을 정말로 좋아하는 사람만 음악을 하라는 것이다.

나: 어떤 플랫폼에 음악을 제공하는가? 플랫폼 간의 어떤 차이가 있는가?

톰: 모든 플랫폼에서 내 노래를 들을 수 있다. 나는 많은 곡을 발표했는데, 2018년에만 21곡을 냈다. 스포티파이는 모든 면에서 신진 아티스트와 비슷한 느낌이다. 많은 사람들이 애플 뮤직을 사용하지만, 스포티파이가 플레이리스트 유행이나 그들을 먹여 살리는 유명 레이블들과 제휴하고 있다는 점에서 앞서고 있다고 생각한다. 사실 뮤지션은 생각보다 많은 돈을 번다. 클릭 수가 점점 늘어나면서 말이다. 게다가 사람들은 이제 더 이상 음원을 사지 않는다. 그러니 이 사실을 받아들이든 거부하든 그것은 자신의 선택이다.

나: 돈을 계속 벌기 위해 음악을 새로 만들어야 하는가?

톰: 요즘 세대는 확실히 콘텐츠 중심으로 움직인다. 아티스트는 연관성을 유지하면서 콘텐츠를 계속 만들어내야 한다. 나는 콘텐츠맨이

다. 새로운 것을 만들어내지 않은 채 오랫동안 그 자리에 머무는 것을 좋아하지 않는다. 그건 나답지 않다.

나: 소득원으로서 음악은 얼마나 수동적이라고 생각하는가?
톰: 일단 곡이 나오면 수동적 소득이 되어 계속 유지시킬 수 있다. 곡이 많을수록 더 좋다. 곡을 만드는 일은 전적으로 본인 하기 나름이다. 나는 내 음악에 있어 매우 자기중심적이기 때문에 정확히 내가 원하는 방향대로 만들어가고자 원한다. 그러다 보니 때때로 시간이 오래 걸리기도 하지만 말 그대로 하룻밤에 뚝딱 만들어지는 경우도 있다. 그렇지만 보통은 작업량이 많다. 업로드부터 아트워크, 발매 등 모든 단계를 생각해야 한다.

나: 수동적인 소득 흐름을 위해 다른 사람에게 이 길을 추천하겠는가?
톰: 당신의 마음이 여기에 있다면 당연히 추천한다. 무엇이든 진심을 다해 만들어야지 빨리 돈을 벌려고 해서는 안 된다. 이 업계에서 돈을 벌려면 단계를 차근차근 밟아가야 한다.

솔직히 말하자면, 수동적 소득에서 음악 로열티는 추구하기 매우 어려운 분야다. 책을 쓰는 것과 마찬가지로 재능, 노력, 열정, 그리고 때때로 운까지 따라야 성공할 수 있다. 만약 무엇이든 기꺼이 할 준비가 되어 있는 뮤지션이 아니라면, 이 특정한 로열티 소득은 포기하는 것이 더 현명할 수 있다. 어쨌든 당신이 이 경로를 따라 모험하는 중이라면 이 정보가 얼마나 가치 있는지 알아차리기를 바란다.

9장에서는 사진, 다운로드할 수 있는 콘텐츠와 주문형 인쇄 등 재미있고도 독특한 세 가지 유형의 로열티를 살펴보도록 하겠다.

Chapter 9

이미지 한 장으로
돈 버는 방법들

웨딩 사진작가, 베이비 사진작가, 영정 사진작가를 얘기하는 것이 아니다. 이 소득군은 확실히 수동적이지 않다. 특별한 재능을 필요로 하고 또 소득을 창출하기 위해 일정 시간을 특정 장소에 머물러야 한다. 그런 종류의 일은 능동적 소득이다.

사진으로 수동적 소득을 창출하려면 저작권을 가진 사진을 스톡사진 웹사이트에 업로드해야 한다. 먼저 스톡사진이란 무엇일까? 스톡사진은 사람들이 광고나 사업, 웹사이트, 블로그, 프로젝트에 사용하기 위해 구입하는 저렴하면서도 고품질의 사진이다. 보통 스톡사진은 일반 풍경, 사람, 자연, 그리고 사건들을 담을 때가 많다. 브로슈어나 포스터, 웹사이트에서 봤던 일반적 이미지를 생각해보라. 모두 스톡사진일 것이다. 스톡사진을 사고 팔 수 있는 유명한 웹사이트로는 게티이미지Getty Images, 셔터스톡Shutterstock, 아이스톡iStock, 빅스톡포토BigStockPhoto, 그리고 500피엑스프라임500pxPrime 이 있다.

당신은 구매자로서 사진을 구입하거나 판매자로서 다양한 방식으로 사진 구매를 허가할 수 있는데, 이때 각기 다른 권리를 가진다. 당신이 구매자로서 사진을 가지고 무엇을 할 수 있는지 정확히 알려면 이용약관의 작은 글씨까지 꼼꼼하게 읽어야 한다. 사진을 한 번만(소셜미디어 게시물 하나 혹은 웹사이트 하나) 사용할 수 있는가, 아니면 반복 사용이 가능한가? 사진을 샀다면 독점권이 있는가, 아니면 다른 사람들도 구매하여 사용할 수 있는가?

사진 판매자의 입장에서도 이 조건이 중요하다. 구매자에게 독점권을 제공하는 사이트에서만 사진을 판매한다면(사진 한 장당 한 명의 구매자에게만 판매하거나 이용을 허가한다는 의미), 사진 재고가 떨어지지 않도록 계속 사진을 올려야 할 것이다.

반대로 독점권이 없는 이미지만 제공하는 사이트에서 사진을 판매한다면 다른 이용자들도 동일한 사진을 구매해 사용할 수 있다. 하나의 사진이 계속 판매될 수 있고 잠재적으로 영원히 수입을 올릴 수 있다. 이 경우 바로 당신의 수동적 소득 흐름이 구축된다.

이 일을 절대로 과소평가하지 마라. 온라인에 사진 여러 장을 올리고 가만히 앉아 돈이 들어오기를 기다리는 것처럼 보이겠지만 이 일은 절대 쉽지만은 않다. 성공의 중요한 요소는 재능, 경험, 노하우다. 당신이 뭐라고 부르든 간에 말이다. 요즘 사진시장은 경쟁이 치열하다. 내가 인터넷에서 다음 책에 쓸 표지 이미지를 찾아본다면, 문자 그대로 수십만 개 사진이 검색된다. 그렇다면 나의 이미지를 어떻게 차별화할 수 있을까? 최소한 고성능의 카메라가 있고, 그 카메라를 다룰 줄 알아야 하며, 전문적인 편집 소프트웨어가 있어야 하고, 편집에 능해야 하며, 새롭고 독특한 것을 만들 수 있어야 한다. 당신은 다른 사진작가들과 차별화된 사진을 제공할 수 있는가? 당신만의 개성 있는 사진을 시장에 제공할 수 있다면, 스톡사진 로열티는 당신에게 멋진 선택이 될 것이다.

다운로드 콘텐츠

다른 수동적 소득 흐름과 마찬가지로 다운로드 콘텐츠 역시 일단 만들어지면 계속해서 판매할 수 있다. 주로 온라인에 저장되고 잠재적 사용자나 소비자가 그것을 다운로드한다. 여기 몇 가지 예를 들어보겠다.

- 인쇄물: 사진, 그림, 기타 모든 유형의 예술을 프린트함.
- 초대장: 결혼, 베이비 샤워, 브라이덜 샤워, 생일파티 등 모든 종류의 행사 초대장.
- 워크시트: 가계부, 계약서 등.
- 템플릿: 할 일 목록, 주간 계획서, 달력, 이력서, 인증서, 상, 자수 샘플 등.
- 행사 티켓, 메뉴, 선물 태그 등.

결혼식을 한 사람들은 모두 "네, 그렇습니다"라고 혼약선서를 한다. 나는 2017년 약혼을 하면서 일 년 후에 결혼할 계획을 세웠지만 바로 포기했다.

돈이 너무 많이 들었고 또 스트레스를 너무 많이 받았기 때문이다(옛 남자 친구에게는 미안하지만 지금은 결혼했다).

기억나는 것 중 하나는 청첩장 예산을 세우는 일이다. 온라인에서 사람들에게 청첩장 비용으로 얼마를 지출했냐고 물어보자, 대부분 몇 백 달러라고 했고 500달러 이상이라고 한 사람도 많았다. 화려한 인쇄물을 주문하면 비용은 더 올라간다. 대신에 내가 아는 어떤 사람들은 엣시나 다른 온라인 상점에서 템플릿을 다운로드받아 세부 내용을 기입한 다음 직접 인쇄해서 비용을 절감했다. 정말 훌륭하다.

그런데 이 템플릿을 판매한 사람을 생각해보자. 그는 자신이 직접 디자인한 청첩장을 엣시나 다른 웹사이트에 올렸다. 청첩장 가격을 하나에 20달러라고 해보자. 엣시에서 한 번에 20달러씩 실물이 아닌 디지털 아이템을 반복해서 판매했다. 다운로드할 수 있는 동일한 템플릿이 10회, 20회, 50회 팔려도 손가락 하나 까딱하지 않아도 된다. 50회 다운로드되면 1회에 20달러씩 모두 1,000달러다. 그리고 이 모든 것은 템플릿 하나에서 나온 것이다. 만약 템플릿이 80개가 있고 매년 템플릿 하나당 50회씩 판매되며, 개당 20달러라면? 8만 달러다. 당신이 생각했던 것보다 훨씬 많은가? 엣시에 내야 할 수수료와 다른 비용을 모두 제해야 하지만, 그럼에도 많다. 이처럼 다운로드 콘텐츠는 정말로 괜찮은 수동적 소득 아이템이다.

지금 청첩장 템플릿 시장은 포화상태다. 시장성을 생각해보자. 청첩장 수요가 있는가? 물론이다. 그런데 시장은 이미 포화상태인가? 이미 막대한 공급이 이뤄지고 있는가? 경쟁은 치열한가? 나라면 이 길을 택하지 않을 것이다. 왜냐하면, '안 하는 사람이 없는 것' 같기 때문이다. 게다가

9,000여 명에 달하는 다른 사람들과 엣시에서 같은 일로 경쟁하고 싶지 않다.

다운로드 콘텐츠 아이템은 무궁무진하다. 위의 목록으로 돌아가 영감을 얻거나 자신만의 사업 아이템 목록을 작성해보자. 아이템 중 하나를 골라 구체화시켜보라. 이혼하는 여성들을 위한 선물 기프트 태그는 어떨까? 음식을 주제로 한 자수 템플릿은 어떨까? 부모들이 심부름을 시킬 때 자녀들에게 출력해줄 증명서는 어떨까? 타깃 설정이 구체적일수록 좋다. 그럼 경쟁이 줄어들고 타깃 소비자들의 수요에 집중할 수 있다.

이를 위한 시장으로 엣시만 있는 것이 아니다. 크리에이터들의 디자인을 판매하는 크리에이티브 마켓 웹사이트를 검색해보라. 온라인에서 다운로드 콘텐츠를 판매할 수 있는 모든 방안을 강구해보라. 일단 일정량이 판매되기만 하면 자신만의 웹사이트를 만들어 트래픽을 유도할 수 있다.

다른 로열티와 마찬가지로, 다운로드 콘텐츠를 만들고 출시하는 1단계에서 많은 시간을 투입해야 한다. 추진력을 얻은 2단계가 되면 그만큼 시간을 들이지 않아도 된다.

주문형 인쇄

주문형 인쇄는 재미있는 수동적 소득 아이템으로 나도 경험해 보았다. 최근에 샀던 후드티나 야구모자를 생각해보라. 스포츠팀이나 로고, 혹은 다른 브랜드 이미지가 그려져 있지 않았는가? 디트로이트 라이언스 로고가 있는 모자라면 그 소유권은 디트로이트 라이언스사에 있다. 따라서 누구든 그 모자를 팔 때마다 일정 비율의 로열티를 디트로이트 라이언스 측에 내야 한다. 매년 제조업체, 체인점, 팬시점, 웹사이트나 로고를 사용한 모든 사람이 디트로이트 라이언스사에 비용을 지불한다. 디트로이트 라이언스사는 제품을 만들고 판매하는 일에 구체적으로 참여하지 않았음에도 여전히 수익을 챙긴다. 상표권을 소유함으로써 돈을 받는 것이다.

그들에게서 상표권을 사들이는 법을 알아보라는 말이 아니다. 당신은 옷, 머그잔, 펜 등 어떤 물건이든 디자인해 비슷한 방법으로 돈을 벌 수 있다. 여기서 주문형 인쇄POD를 소개하겠다. 주문형 인쇄 플랫폼은 넝칭처딤 즉석에서 아이템을 인쇄한다. 디트로이트 라이언스 티셔츠나 모자, 운동복이 만들어지는 방식을 알고 싶은가? 먼저 옷의 경우 로고나 문구, 이미지를 그 위에 부착한다. 운행기록장치DTG, 스크린 프린트, 자수 등으로 물건에 이미지를 넣을 수 있다.

리스크 측면에서 주문형 인쇄는 장점이 매우 많다. 당신이 가게를 개업해 물리적 아이템을 판매한다고 생각해보자. 당신은 그 과정에서 아이템 디자인, 생산, 무엇보다 재고에 돈을 투입하게 된다. 물리적 아이템의 경우 재고라는 리스크를 피할 수 없다. 만약 이때 재고가 팔리지 않는다면 손해를 피할 수 없다.

반면에 주문형 인쇄를 하게 되면 재고가 없다. 소비자가 당신이 만든 제품을 보고 주문하면, 당신은 주문받은 대로 인쇄하면 된다. 다 안 팔릴 수도 있는 핸드폰 케이스를 3,000개씩이나 재고로 쌓아놓을 필요가 없다. 정말 훌륭하지 않은가?

주문형 인쇄는 재고 리스크가 없을 뿐만 아니라, 마케팅 리스크도 없다.

앞으로 무엇이 팔릴지 안 팔릴지 미리 알아볼 필요가 없다. 아이디어만 생각해 세상에 내놓고 팔리는 대로 돈만 받으면 된다.

이제 이 두 가지 아이디어를 함께 정리해보자. 먼저 제품 자체가 아니라 제품으로 만들어질 디자인으로 돈을 벌 생각을 한다. 그다음 주문형 인쇄를 한다. 이렇게 하면 대박이다.

주문형 인쇄 플랫폼

일반인들은 온라인 플랫폼을 이용해 주문형 인쇄를 한다. 플랫폼에 가입해 계정을 개설하고 제품 디자인을 만들어 올리면 플랫폼 자체 내에서 판매가 이뤄지고 그다음 제품이 판매되면 돈을 받는다. 이 사실에 마음이 설렌다면, 잠깐 시간을 내어 주문형 인쇄 플랫폼 웹사이트들을 확인해보라.

- **스레들리스**Threadless
- **티스프링**Teespring
- **레드버블**Redbubble
- **머치**Merch
- **재즐**Zazzle
- **티퓨리**TeeFury
- **프린트풀 앤 엣시**Printful & Etsy
- **파인 아트 아메리카**Fine Art America

- **소사이어티식스**Society6

- **선프로그**SunFrog

- **쇼피파이 앤 아마존 위드 티런치**Shopify and Amazon with Teelaunch

- **카페프레스**CafePress

각 웹사이트들은 주문형 인쇄 사업을 위한 플랫폼으로 특징이 조금씩 다르다. 플랫폼마다 장단점이 있는데 어떤 플랫폼은 플랫폼 사용에 따른 가입비를 청구하고 어떤 플랫폼은 매달 요금을 부과한다. 나의 경우, 잘 팔리지도 않는 디자인들을 올려놓고 무조건 요금을 내야 하는 리스크를 감수하기 싫었기 때문에 그런 플랫폼은 이용하지 않았다.

어떤 플랫폼은 이용자가 많고 어떤 플랫폼은 이용자가 적다. 어떤 곳은 수백 개가 넘는 종류의 제품을 판매하고 어떤 곳은 몇 가지만 판매한다. 플랫폼마다 로열티 기준이 다르기 때문에 정확하게 비교해볼 필요가 있다.

디자인

이 게임은 물량싸움이 핵심이다. 만약 디자인 여덟 개를 올리고 이제 끝났다고 하면, 과연 당신이 성공할 수 있을지 의심스럽다. 디자인이 많을수록 사람들은 자신이 좋아하는 제품을 찾기가 더 쉬워진다.

디자인을 스무 개 만들어낼 때마다 그중 하나가 팔린다고 가정해보자. 일단 첫 번째가 팔리고 그 다음부터 한 달에 한 번 계속 팔린다고 가정하고, 이때 평균 3달러의 로열티를 번다고 가정해보자. 즉, 업로드한 디자인 스무 개가 한 달에 3달러라는 뜻이다. 이제 거기에 100을 곱해보자. 2,000개의 디자인을 업로드하면 매달 300달러다.

물론 디자인 2,000개는 많은 숫자다. 매달 300달러를 벌기 위해 2,000개 디자인이 꼭 필요하다는 말이 아니다. 플랫폼, 디자인 품질, 제품 제공이나 로열티 비율에 따라 수입이 크게 달라질 수 있다. 핵심은 업로드한 디자인이 많을수록 무언가를 팔 수 있는 기회가 더 많아지기 때문에 돈을 더 많이 벌 수 있다는 점이다. 나의 경우, 2019년 주문형 인쇄로 수익이 가장 많았던 달의 순수익은 1,700달러였다.

디자인마다 가능하면 다양한 제품들을 구성하도록 해라. 시간을 들여 토트백 디자인을 올리고 싶다면 플랫폼에서 제공하는 당신의 다른 제품에도 그 디자인을 올려야 한다. 누군가는 플라밍고 토트백을 좋아하지 않을 수 있지만 플라밍고 노트북 가방을 좋아할 수도 있기 때문이다.

디자인은 종류가 다양하다. 어디서든 영감을 얻을 수 있다. 페이스북을 보다가 재미있는 밈이나 글귀, 인용구를 볼 수 있다. 그럼 적어보라. 아이디어 목록을 작성해보라. 쇼핑을 가라. 쇼핑몰에 가서 티셔츠를 둘러보라. 크로거Kroger에서 머그잔을 찾아보라. 타겟Target에 가서 물품들을 모두 구경해보라. 이 모든 것을 영감의 원천으로 활용하라. 웹서핑을 해보라. 제품을 파는 웹사이트에 들어가 보라. 주변을 둘러보라. 친구들이 어떤 옷을 입고 있는가? 어떤 디자인 제품들을 가지고 있는가? 옷장을 열어보라. 주방으로, 벽으로 여행을 떠나보라.

어떤 디자인은 텍스트 기반이고 어떤 것은 그래픽을 기반으로 한다. 카테고리별로 디자인 아이디어 목록을 작성해보라. 어떤 유형이 더 잘 팔리는지 보고 그것들을 만드는 데에만 초점을 맞춰라.

유의할 점은 저작권이나 상표권을 침범하지 않는 것이다. 디자인에 '나이키'를 넣으면 안 된다. 디즈니도 조심하라. 상표권이 있는 이름은 절대로 사용해서는 안 된다. 보드게임, 브랜드, 스포츠팀 등이 모두 포함된다. 일반적으로 대명사는 피하는 것이 좋다. 하나하나 정확하게 알 수 없으니 특허청 사이트에 들어가 재확인해야 한다.

직접 vs 프리랜서 고용

이제 확실히 중요한 문제가 남았다. 실제로 어떻게 디자인해야 할까? 포토샵과 라이트룸Lightroom을 활용할 수 있다. 예술적 감각이 있는 사람이라면, 직접 콘텐츠를 만들 것을 강력 추천한다. 디자인 리스트를 하나하나씩 만들기 시작하라. 처음에는 시간이 엄청 많이 걸릴 것이다. 하지만 익숙해지면 몇 분 만에 뚝딱 디자인할 수 있을 것이다. 특히 텍스트 기반인 경우에는 더욱 그렇다.

당신이 이용하는 플랫폼마다 디자인에 대한 규격 조건이 있다. 구체적인 픽셀 크기, 파일 크기, 심지어 색상까지도 제한이 있을 수 있다. 계속 사용할 템플릿을 설정하는 것부터 먼저 시작하면, 매번 사양을 고민할 필요가 없다.

섬네일 크기일 때 디자인이 어떻게 보이는지 생각한 다음 선명도와 밝기를 고려하고 색상과 라인이 분명하게 눈에 띄도록 제작하는 데 초점을 맞춰라. 템플릿 안에서 이미지 위치가 정확한지 확실히 확인하라. 포토샵

고수가 아니더라도 텍스트 기반 디자인은 충분히 연습만 한다면 혼자서도 쉽게 만들 수 있다.

반면에 어떻게 디자인하는지 모르거나 직접 하고 싶지 않을 수 있다. 괜찮다. 파이버나 업워크에서 그 일을 해줄 사람을 구할 수 있다. 디자이너를 찾을 때 작업 사양부터 구체화해야 한다. 만들려는 것이 정확하게 무엇인가? 작업 기간이 얼마인가? 디자인 규격은 무엇인가? 디자이너가 알아야 할 모든 내용을 분명히 적어줘야 한다. 그다음 디자이너들의 경력을 찾아보고 몇몇 프리랜서들에게 견적을 요청한다.

프리랜서 디자이너가 전에 했던 작품들을 보고 싶을 수 있다. 다른 작가들의 작품을 도용하거나 인터넷에서 찾은 클립아트를 이용한 것은 아닌지 확인해보라(이 경우 구글 역방향 이미지 검색이 매우 유용하다). 당신은 디자인이 독창적이고 매력적이며 고품질인 아티스트를 찾고 싶을 것이다. 먼저 금액을 고려하라. 이제 시작 단계일 수 있지만, 어느 정도의 로열티와 판매를 예상하고 디자인을 몇 개나 해야 하는지 견적을 짜볼 필요가 있다. 이때에는 좀 더 낙관적으로 계산해보면 좋겠다. 예를 들어 디자인 10개 중에 하나가 팔리는데, 한번 팔리고 난 후 매주 1개씩 꾸준히 팔려서 로열티로 5달러를 번다고 가정해보자. 그럼 디자인을 10개 올렸을 때 매달 20달러를 번다는 뜻이다.

파이버나 업워크에서 찾은 디자이너가 디자인 하나당 25달러를 요구한다면 어떻게 할 것인가? 디자인 10개에 250달러를 지불하는데, 디자인 10개로 벌어들이는 수익은 매달 20달러다. 그럼 일 년이 지나야만 손익분기점을 넘게 된다. 계산을 해보지도 않고 사람을 고용하거나 디자인을 업로드해서는 안 된다. 손익분기점에 대해 정답은 없지만, 당신이 무엇을 하고 싶은지에 대해서는 정확히 알 필요가 있다. 손익분기점을 두 달 후로 잡았다면, 이 시나리오에서 디자인 하나당 4달러만 지불하고 싶을 것이다. 그런데 잘 생각해보라. 그 금액은 너무 적은 것 같다. 작업을 해줄 디자이너가 아무도 없다면 그것도 곤란한 일이다.

자, 이제 온라인 강좌로 넘어가보자.

Chapter 10

나의 강점이 빛나는 온라인 강의

온라인 강좌는 종류와 규모가 매우 다양하다. 온라인 대학 과정을 수강하거나 보디빌딩 프로그램을 들을 수 있고, 엑셀 기초반에 등록할 수 있다. 가능성은 무한하다.

로열티를 창출하는 온라인 강좌의 1단계와 2단계는 책 출판과 완전히 일치한다. 강좌를 만들고 출시하기까지 사전에 시간을 투자해야 하고 그이후에는 사람들이 그 강좌를 찾아 구입하기를 기다리면 된다. 그때가 바로 당신이 한 발짝 뒤로 물러서 로열티를 긁어모을 시점이다.

나는 수동적 소득 흐름을 만들어내는 관점에서 직접 부동산 투자 강좌를 개설할까 고민 중이다. 나중에 부동산 투자에 대해 더 자세히 말하겠지만 임대, 심사 서류 등 초보자가 알아야 할 모든 것을 포함해 임대 부동산 투자를 어떻게 시작할지에 대해 심층적이고 실제적인 지침을 제공한다면 그 가치가 충분하다고 생각한다.

온라인 강좌는 오디오 강의, 비디오 강의, 사진, 다운로드용 템플릿, 퀴즈 등 다양한 미디어를 활용할 수 있다. 또한 책보다 더 많은 내용을 다루고 제공하기 때문에 일반적으로 최종소비자는 책을 사는 것보다 더 많은 비용을 강좌에 지불하게 된다.

직접 웹사이트를 만들어 거기서 강좌를 판매할 수 있고, 또 강좌를 위해 특별히 만들어진 웹사이트에 가입할 수도 있다. 다음의 사이트들은 사용하기 아주 쉽게 만든데다 이미 상당히 많은 구독자를 보유하고 있이서, 수강할 사람들에게 강좌를 선보일 기회가 훨씬 더 많다. 강좌 플랫폼마다 서비스가 조금씩 다르고 로열티 조건도 각기 다르기 때문에 잘 살펴본 후 자신에게 맞는 플랫폼을 선택해야 한다.

- **유데미**Udemy
- **티처블**Teachable
- **스킬셰어**Skillshare
- **싱키픽**Thinkific
- **카자비**Kajabi
- **포디아**Podia

어떤 플랫폼을 활용해 강좌를 개설할지 결정할 때 다음 몇 가지 사항을 고려해보자.

- 당신의 강좌를 들을 수강생은 누구인가? 대부분의 플랫폼은 단순하게 강좌 구축 기능만을 제공한다. 당신은 직접 수강생들을 끌고 올 수 있는가? 다시 말해, 당신만의 수강생을 보유하고 있는가?
- 강좌 가격을 얼마로 책정할 것인가? 플랫폼 이용료가 정액제인가 아니면 수익의 일정 비율을 가져가는가? 강좌 수와 수강생 수에 따라 책정가격이 달라지는가? 거래수수료가 부과되는가? 장기적으로 강좌가 성공하는 데 무엇이 필수적인지 생각해보라.
- 플랫폼이 어떤 기능을 제공하는가? 다른 사이트나 이메일 마케팅 플랫폼과 연계할 수 있는가? 해외에서도 수강할 수 있는가? 랜딩 페이지를 만들 수 있는가? 강좌 판매를 도와줄 제휴업체를 설립할 수 있는가? 퀴즈를 풀게 할 것인가?

온라인 강좌 만들기

온라인 강좌를 만들 때는 책을 출간할 때와 동일한 전략을 펴야 한다. 콘텐츠 자체만 놓고 보면 책과 다소 다를 수 있다. 책은 장별로 구성된다. 강좌는 분야나 교과별로 구성되고 텍스트, 비디오, 오디오, 퀴즈 혹은 다른 종류의 콘텐츠로 이뤄진다. 또한 강좌는 본질적으로 상호작용이 더 강하다.

먼저 6장의 전술을 이용해 끝내주는 강좌 아이디어를 생각해낸다. 일단 콘텐츠 주제를 좁혀가면서 어떤 내용을 강의하고 싶은지 확실히 알게 되면, 이제 강좌를 만들기 시작한다. 이때 무료 강의와 무료 체험을 제공해주는 플랫폼을 이용하면 도움이 된다. 다음의 내용을 명심하라.

첫째, 강좌를 너무 길게 구성하지 마라. 사람들의 집중력은 생각보다 짧다. 첨단 기술인 소셜미디어를 기반으로 한 세계에서는 더욱 그렇다. 강좌의 분량은 짧을수록 좋다. 15분에서 30분 정도가 적당하다. 심지어 5분짜리 클립으로 나뉘어져 구성된 강좌도 많다. 긴 강좌의 경우 90분을 넘지 않아야 하고, 더 긴 경우에는 소단위로 쪼개서 수강생들이 쉬는 시간이나 끊을 시점을 찾기 좋게 만들어야 한다.

둘째, 강좌 가격을 적정 수준으로 책정하라. 정보 콘텐츠 상솨는 10밀티에서 1,000달러 이상까지 가능해서 수강료를 얼마로 책정해야 할지 판단이 쉽지 않다. 나는 최소한 100달러는 되어야 한다고 생각한다. 그게 높다는 생각이 들면, 이 사실을 기억하라. 열심히 하지 않는 수백 명에게 각각 15달러를 내라고 하는 것보다 열정적인 소수의 학생을 데리고 수업하는 게 더 낫다. 수강료가 비싸다는 것은 수강생 수준이 높다는 것을 의미한다. 그러니 되도록 가격을 높여라. 부동산 투자 강좌가 싼 경우는 드물지 않은가. 또한 학생들에게 부담이 되지 않도록 단계별 수강료 납부 방법을 제시하는 것도 좋은 방법이다. 포디아의 경우 데이터세트 내에서 강좌의 평균 가격은 182.59달러라고 한다.[36] 포디아와 티처블 모두 강좌 가격 결정에 도움을 줄 기사와 계산기, 그리고 자원들이 부지기수로 많이 있다.

책을 쓰는 것과 마찬가지로 전체 강좌를 촬영하기 전에 개요를 먼저 작성하는 것이 좋다. 강좌의 목표를 구체화하는 것에서부터 시작하라. 당신의 강좌를 들었을 때 얻게 되는 이점을 한 문장으로 요약할 수 있는가? 거기서부터 시작해 이제 큰 주제를 개략적으로 정해보자. 남들과 차별화된 강좌가 되도록 해야 한다. 예를 들어, 나는 수동적 소득과 관련해 강좌를 만들 수 없다. 당신도 알다시피, 그 주제를 소개하는 데 책 한 권을 썼다. 그렇지만 좀 더 세분화된 주제로 당신의 첫 임대 부동산을 찾는 방법을 소개하는 강좌는 만들 수 있다.

먼저 콘텐츠 개요를 작성한 다음 어떻게 그 내용을 전달할 것인가를 결정하라. 이 주제로 비디오 강의를 할 것인가? 화면 공유를 할 것인가? 이 강좌에 퀴즈를 넣으면 더 괜찮을까? 콘텐츠와 전달 방식이 대략 결정이 되면 이제 본격적으로 강좌를 만들어보자.

밀레니얼 머니맨 설립자 바비 호이트

밀레니얼 머니맨을 설립한 바비 호이트Bobby Hoyt를 소개하게 되어 기쁘다. 바비는 내가 아는 사람들 중에 가장 자수성가한 사람이다. 그는 텍사스 휴스턴의 한 고등학교 밴드 디렉터였는데, 매주 70~80시간씩 일해도 연간 소득 증가가 인플레이션보다 낮다는 사실을 알고 절망했다. 게다가 그에게는 학자금 대출이 4만 달러나 있었다.

현재 바비는 광고, 제휴 마케팅, 온라인 강좌, 그리고 매월 들어오는 회원가입비 등 여러 종류의 수동적 소득을 통해 매달 여섯 자릿수의 돈을 벌어들인다. 이번 사례 연구에서는 매달 5만에서 10만 달러의 수동적 소득을 창출하는 온라인 강좌 수익을 중심으로 살펴보겠다.

바비는 첫 번째 강좌의 아이디어를 어디서 얻었을까? 그의 말을 들어보자.

바비: 고등학교 동창으로 페이스북에서 광고대행사를 전업으로 운영하는 마이크 얀다Mike Yanda를 만나 이야기를 나누었다. 마이크는 페이스북에 지역사업체 광고를 내는 방법에 관한 강좌를 개설해보라고 했다. 왜냐하면 돈이 될 뿐만 아니라 시간이 많이 소요되지 않고 이후에 하나의 완전한 에이전시로 발전할 수 있기 때문이었다. 나는 마케팅 고객들을 대상으로 페이스북 광고를 집행하고 있었다. 따라서 페이스북 광고 노하우를 나누는 강좌를 개설하는 것이 꽤 괜찮은 아이디어라는 생각이 들었다. 마이크와 나는 이 강좌를 함께 만들어 2018년 1월에 공개했다. 결과는 성공적이었다. 주말 사이에 13만 달러를 벌었고, 우리가 뭔가 큰일을 했다는 사실을 깨달았다.

바비는 지금 두 개의 강좌를 운영한다. 하나는 앞서 말했듯이 페이스북에 효과적인 지역사업체 광고를 진행해 매달 1,000~2,000달러를 추가로 버는 법을 강의하고, 다른 하나는 블로거들에게 트래픽 캠페인을 진행해 회원 수를 늘리는 법을 강의한다. 나는 이러한 소득이 얼마나 수동적인지를 물어보았다. 바비는 다음과 같이 설명했다.

바비: 시작 단계에서는 전혀 수동적이지 않았다. 정말 힘든 일이었다. 그렇지만 시간이 흐르면서 훨씬 더 수동적으로 바뀌었다. 요즘에는 이메일 캠페인이나 페이스북 광고 시스템을 통해 영업 과정을 자동화시켰다. 이 작업은 백그라운드에서 계속 진행되고 있어서, 내년에는 우리가 손 하나 까딱 안 해도 계속 수익을 창출할 수 있을 것 같

다. 그렇지만 마이크와 나는 사업하는 걸 즐긴다. 그래서 정기적으로 콘텐츠를 만들어 그것을 발전시키려고 노력한다.

다시 말해, 바비는 수입을 계속 늘리기 위해 일하고 있다. 바비에게 수동적 소득에 대한 조언을 구하자 그는 이렇게 말했다.

바비: 처음에는 전혀 수동적이지 않다. 자산과 시스템을 구축해야 하기에 초기에는 시간이 많이 걸린다. 그러나 일단 기초를 닦으면 잠자는 동안에도 실제로 돈을 벌 수 있다. 휴가 중에도 하루에 수천 달러씩 버는 날이 많다. 당신의 소득 흐름을 하나씩 쌓아 계속 유지시키면서 또 당신에게 재미있고 도전이 되는 것들을 시도해 흐름을 다각화시켜보라.

Chapter 11

아이디어를 프랜차이징하라

이번 장에서 소개하는 로열티 소득은 특별한 기술이나 도구가 필요할 수 있다. 하지만 이런 사업지향적인 로열티 소득은 확실히 수동적이고 또 수익성이 뛰어나다. 이제 시작해보자.

소프트웨어와 앱

나는 코딩, 컴퓨터나 IT에 관해 아는 게 없기 때문에 기술적인 부분에 대한 설명은 전문가에게 맡기겠다. 이 수동적 소득의 기본은 소프트웨어 개발과 판매를 위한 라이선스 부여, 혹은 앱 개발과 유료 다운로드 제공이다. 누군가 당신의 제품을 사거나 사용할 때마다 당신은 로열티를 받는다.

가장 대중적으로 사용되는 소프트웨어인 MS 오피스를 생각해보자. MS오피스를 사기만 하면 누구든지 구매 후 자신의 컴퓨터에 설치할 수 있다. 사람들이 MS 오피스를 구입할 때마다 MS 설립자인 폴 앨런Paul Allen과 빌 게이츠Bill Gates가 로열티를 받는다.

앱스토어는 어떨까? 앱스토어에는 무료 앱, 유료 앱, 구독 앱이 있다. 무료 앱은 일반적으로 광고 수익으로 돈을 벌지만 유료 앱은 누군가 그 앱을 구매하거나 다운로드 받을 때마다 돈을 번다. 구독 앱은 돈이 매달 들어오기 때문에 더욱 좋다.

우리는 다양한 종류의 소프트웨어나 앱을 개발할 수 있다. 예를 들면 뉴스, 게임, 정보, 데이팅, 승차 공유, 배달 서비스 등 무궁무진하다. 유일한 한계는 바로 당신의 상상력이다. 얼마 전 우리 엄마는 휘발유가 떨어져 발이 묶이는 경우를 대비해 드론이 휘발유를 배달해주는 앱을 고안해냈다. 엄마는 아마도 시대를 앞선 이 아이디어로 야망에 불타오르신 것 같다. 어쨌든 재미있는 아이디어다.

만약 당신이 사람들에게 유익한 것을 만들어낼 기술력이 있다면, 이는 아주 끝내주는 방법이다. 이런 전문성을 가진 사람이 많지 않기에 시장의 수요를 충족시킬 능력만 갖추었다면, 당신한테는 누워서 떡먹기다.

코딩에 대해 아는 게 없어도 괜찮은 아이디어가 있다면, 포기하지 마라. 무료강좌나 유료강좌에 참여해 코딩을 배울 수 있고, 또 애플에서 엑스코드(Xcode, 앱 개발을 위한 툴세트)를 무료로 다운로드 받거나 관련 회사나 프리랜서와 계약해 그 일을 맡길 수 있다.

앱 개발과 관련해 앱을 만들고 마케팅을 준비하고 출시하기까지 시간을 투자해야 한다. 하지만 일단 당신이 만든 앱이 어느 정도 성공을 거두고 유지가 되면, 능동적으로 움직일 필요가 없어진다. 이제 수동적 소득이 된 것이다.

프랜차이징

패스트푸드 프랜차이즈인 칙필레를 개업하는 데 필요한 것이 무엇인지 생각해본 적이 있는가? 사실 나는 그런 생각을 할 때가 많다. 아마도 내가 칙필레 드라이브 스루를 이용하면서 점심시간에 받는 평균 주문량이 얼마인지 계산해보기 때문일 것이다. 나도 참 별나다.

칙필레를 개업한 사람이 있다면 그는 프랜차이즈를 개업한 것이다. 프랜차이즈는 사업주가 지점 개설을 허락한 영업 허가증이다. 품질 좋은 닭을 보유한 캐시Cathy가는 1967년에 칙필레 1호점을 개업했다. 그 이후로 점포를 몇 개 더 개설했다. 일정 시기가 되자 직영점 형태로 점포를 늘리는 것이 불가능함을 깨달았고, 다른 사람들에게 프랜차이즈를 개업할 수 있는 조건을 제공했다. 칙필레 프랜차이즈를 개업할 경우 캐시가에 수익의 일부를 지불해야 한다. 캐시가에서 프랜차이즈 개업 기회를 제공하기 시작하자, 여기저기서 프랜차이즈를 개업했다. 프랜차이징을 도입한 덕분에 칙필레는 2016년 2000호점을 개업할 수 있었다.

프랜차이즈를 개설하려면 통상적으로 사업주에게 수익이나 이익의 일부 외에 거액의 가맹비를 납부해야 한다. 여기서 내가 제안하는 것은 프랜차이즈를 개업하는 것이 아니라 프랜차이징을 경영하는 것이다. 만약 당신에게 확장 가능하며 계속할 수 있고 지리적으로 국한되지 않는 사업 아이디어가 있다면, 프랜차이징이 딱 맞다.

만약 고등학생을 대상으로 스페인어 과외를 한다면 어떨까? 당신은 스페인어 과외를 하고 싶어 하는 친구에게 다른 고등학생을 소개시켜줄 수 있다. 친구에게 과외를 어떻게 하는지 알려주고 수업 자료를 제공해준다. 이렇게 지속적으로 지원을 해주기 때문에, 친구는 수업을 하고 받은 과외비에서 일정 비율을 당신에게 준다. 이것이 프랜차이즈의 필수 전제 조건이다. 당신이 과외 알선 사업을 하고 있다는 사실을 깨달을 때까지 이렇게 계속하는 것이다.

당신이 제공하는 서비스나 시작하려고 생각 중인 사업을 합법적으로 프랜차이징하는 법에 대해 생각해보자. 사업계획서를 작성해 다른 사람에게 가르쳐줄 수 있는가? 비슷한 수요가 있는 다른 시장이 근처에 있는가? 매번 사람들이 찾아와 어떻게 사업을 시작하게 되었는지 묻는가? 그렇다면 프랜차이즈 개업을 제안해보라. 그러면 사람들은 당신에게 가맹료(사업에 따라 다르지만, 일반적으로 수천 달러)를 선납하고 사업 계획, 노하우, 코칭에 대한 대가로 로열티를 계속 지불한다. 이렇게 프랜차이즈 몇 개만 운영해도 경제적 자유에 다다를 소득 흐름을 만들게 된다. 세차, 가사도우미, 이사, 양재 등을 비롯해 당신이 생각해보지 못한 프랜차이즈가 엄청 많이 있다.

프랜차이징을 할 수 있는 사람이 많지 않지만, 당신에게 이런 기회도 가능하다는 점을 알려주고 싶다. 소비자가 아니라 생산자의 입장에서 재평가하고 가맹주가 아니라 본사 입장에서 당신을 바라보며 사장의 관점에서 운영하면, 당신에게 수많은 문이 열리게 된다.

시간은? 많이 투자해야 한다. 돈은? 꼭 필요하지 않다. 수동성은? 완전히 수동적이다. 사업 유형에 따라 매주 두어 시간만 투자하면 프랜차이징을 도입할 수 있는 창의적인 방법을 찾아낼 수 있으리라 믿는다.

광물권

내가 언급하려는 로열티 종류 중에 광물권에 대해 아는 사람은 드물 것이다. 일반적으로 부동산을 소유한다는 것은 토지의 지표면만을 소유한다는 뜻이다. 그러나 미국에서 실제로 지표면 아래에 있는 천연자원에 대한 권리인 광물권을 소유한 개인도 있다. 그렇다. 우리는 풀과 흙을 소유할 수 있다.

풀이 소득을 창출하지 않지만, 석유는 창출한다. 석탄도 그렇다. 화강암도 창출한다. 광물도 그렇다. 광물권 소유주는 이 권리를 가치 있는 천연자원에 접근하고자 하는 기업이나 기관에 임대해줄 수 있다. 일반적으로 광물권 소유주는 임대료를 선납받거나 추출된 자원에 대한 로열티를 받거나 아니면 둘 다 받게 된다. 사용자는 계약이 유지되는 동안 소유주에게 로열티를 계속 지급해야 한다.

먼저 당신이 소유한 땅에 광물권이 있는지 알아보기 위해 토지문서 사본을 확인해보라. 아니면 소재지 시청에 가서 알아보거나 권리대행 업체를 찾아가 광물권 소유를 확인해 달라고 맡길 수 있다. 또 당신이 사는 곳에 어떤 종류의 천연자원이 존재하는지 알아봐야 한다. 텍사스에서 흔히 보이는 것이 다른 곳에서는 흔한 게 아닐 수 있다. 만약 당신이 천연자원이 풍부한 지역의 광물권을 소유했다면 문자 그대로 금광인 셈이다.

Chapter 12

모든 것은
마케팅이 결정한다

지금까지 살펴본 아홉 가지 로열티를 정리해보자.

- 종이책과 전자책

- 음악

- 사진

- 다운로드 콘텐츠

- 주문형 인쇄

- 온라인 강좌

- 소프트웨어나 앱

- 프랜차이징

- 광물권

다양한 로열티 소득 창출 방법을 익혔다면 이제 어떻게 팔 것인가를 고민해보자. 이번 장에서는 마케팅의 중요성을 논의하고 구체적인 마케팅 전략을 개괄적으로 설명한 다음, 고객들의 리뷰와 추천을 받는 법에 대해 이야기하겠다.

마케팅의 중요성

음악, 책, 사진, 다운로드 콘텐츠, 제품, 온라인 강좌, 소프트웨어와 앱 모두 한 가지 공통점이 있는데, 그것은 모두 판매 실적에 성공 여부가 달렸다는 것이다. 그런데 판매는 마케팅에 달렸다.

사람들이 따라 부르기 쉬운 노래를 만들었는데도 아무런 호응도 얻지 못했다면 그 이유는 마케팅을 하지 않았기 때문이다. 노래가 있다는 사실을 모르는데 사람들이 어떻게 그 노래를 들을 수 있겠는가. 반대로 괜찮은 곡을 만들어 히트했다면 홍보를 기가 막히게 잘했기 때문이다.

스톡사진을 한 무더기 올리자마자 한 달에 2,000달러씩 벌 수 있을 것으로 기대해서는 안 된다. 사진을 홍보하고 사진의 존재를 외부에 알려야 한다. 당신의 물건을 사람들에게 알리는 일. 당신이 어떤 상품을 제공할 수 있는지 사람들에게 보여주는 일. 그 상품을 사도록 사람들의 마음을 사로잡는 일. 사람들을 인도해 판매로 이어지게 하는 일. 그런 게 바로 마케팅이다. 물론 당신이 이용하는 사이트나 플랫폼을 통해 유기적 판매나 흥미를 이끌어낼 수 있다. 하지만 진짜 성공하길 원한다면 자기 홍보의 중요성을 간과해서는 안 된다. 당신 역시 아무도 관심 두지 않는 사진을 찍고 편집해 업로드하느라 시간을 낭비하고 싶지는 않을 것이다.

마케팅을 어떻게 할 것인가를 배우는 것은 로열티 소득을 창출하는 과정에서 또 다른 단계다. 절대로 과소평가하지 말고 그렇다고 겁먹지도 말라. 마케팅은 반드시 필요하다. 당신의 창작물이 실패했다면 아마도 마케팅 계획을 충분히 세우지 못한 까닭일 수 있다.

내 책과 디자인이 성공을 거두었던 이유도 바로 내가 마케팅을 잘했기 때문이다. 그렇지 않았다면 나는 이 책을 쓰지 못했을 것이다. 나는 마케팅을 전공하지 않았다. 내 마케팅 노하우는 독학한 것이다. 낭신노 인너넷 기사나 블로그 글을 통해 마케팅에 대해 많은 것을 배울 수 있다. 온라인 플랫폼에서 마케팅 유료 강좌를 듣거나 관련 책을 사서 볼 수 있고 또는 돈을 주고 누군가에게 마케팅 일을 맡길 수도 있다. 하지만 마케팅 지식이 부족하다고 그 일을 중단해서는 안 된다. 스스로 찾아 배우지 않고 저절로 터득하기는 어려운 법이다.

기초 마케팅 전략

사람들에게 알리기 《머니 허니》를 출간할 당시, 나는 내가 책을 쓰고 있다는 사실을 친구들과 가족들에게 알렸다. 개인적인 소식을 전하는 것처럼 보이지만, 사실 이것 역시 일종의 마케팅이다. 사람들에게 당신이 무엇을 하고 있는지 말하라. 그들에게 최근 상황이나 진척된 내용 등을 알려라. 직접 친구들이나 교회, 북클럽, 직장 혹은 헬스 클래스 사람들에게 전달할 수 있다. 또한 사람들에게 홍보하기 가장 좋은 방법은 소셜미디어를 활용하는 것이다.

소셜미디어 팔로우하기 몇 주나 몇 달의 시간이 흘러 상품을 출시하게 되면 인스타그램, 트위터, 페이스북에 가입하라. 가족이나 친구를 당신 계정에 초대해 팔로우하게 하라. 그러면 주문형 인쇄 제품이나 새로운 소프트웨어, 스톡사진 관련 소식을 포스팅할 수 있다. 제품과 관련된 프리뷰를 제공하거나 재미있는 밈을 만들어 포스팅해보자. 1단계에서는 포스팅을 계속해야 한다. 내 페이스북이나 인스타그램을 팔로우하여 내가 어떻게 나 자신과 책을 마케팅했는지 살펴보길 바란다.

시장 조사를 위해 소셜미디어 그룹 참여하기 로열티 창출 아이디어와 관련 있는 소셜미디어 그룹을 찾아 시장 조사 차원에서 포스팅을 해보라. 예를 들어, 자수 템플릿을 디자인해 엣시에 올린다면 자수 관련 소셜미디어 그룹에 참여하라. 그룹 내에서 포스팅을 올리고 댓글을 다는 등 활발하게 활동한다면 당신 제품에 투자하고 또 당신이 성공하도록 돕는 사람들이 생길 것이다.

《머니 허니》를 쓸 당시 나는 페이스북 그룹에 많은 질문을 올렸고 또 많은 피드백을 받았다. 사실 마케팅을 고려해 일부러 그렇게 한 것은 아니었다. 그때 나는 페이스북 그룹에 참여하는 것 역시 마케팅이 될 수 있다는 사실을 전혀 알지 못했다. 소셜미디어에서 설문조사나 피드백을 요청함으로써 사람들이 사업 명칭, 로고 등 여러 결정을 하는 데 참여하도록 유도할 수 있다. 참여자가 많아질수록 당신이 성공하도록 돕는 사람이 많아질 것이다.

타깃 고객을 대상으로 한 광고 광고에 투자할 생각이 있다면, 어디서, 어떻게 할지를 생각해야 한다. 싱글 앨범을 발매하려고 한다면 스포티파이에 홍보하거나 인스타그램 광고를 하면 어떨까? 주문형 인쇄 제품을 출시한다면 페이스북에 스폰서 광고를 하면 어떨까? 나는 첫 번째 책《머니 허니》를 홍보하는 데 돈을 투자하지 않기로 결정했다. 지금까지 광고비로 한 푼도 쓰지 않았다.《머니 허니》는 오로지 입소문으로만 팔렸다. 그렇지만 이제 내 능력에 자신감이 생겼고 팬도 어느 정도 생겼기 때문에 이번 책은 광고 예산을 책정했다. 전자책 판매를 위해서도 다양한 사이트와 소식지를 만들어 홍보했기 때문에 이번 책을 출간할 때는 돈이 많이 들었다.

지역 마케팅 지역 내에서 할 수 있는 마케팅이 있는지 생각해보자. 건강이나 영양에 대한 온라인 강좌인가? 그렇다면 당신과 협업할 건강 제품 판매점, 주스 가게, 단백질 셰이크 매장을 찾아보는 건 어떨까? 승차 공유의 모범 사례와 안전 절차에 관한 오디오북을 출시했는가? 그렇다면 밤에 공항이나 술집에서 명함이나 전단지를 나눠주는 건 어떨까?

창의력 발휘하기 구글에서 여러 마케팅 아이디어를 검색해 자신에게 맞는 마케팅 목록을 작성한 다음, 매주 두 가지씩 새로운 방법을 중점적으로 시도해보라. 상품이 출시되기 전부터 마케팅 활동을 시작하는 것이 중요하다. 그래야 출시할 때쯤 마케팅 플랫폼이 탄탄하게 구축되어 많은 사람들이 제품을 사려고 기다릴 것이다.

사전 출시 및 베타 테스트

사전 출시와 베타 테스트 전략은 내가 온라인 강좌를 연구할 때 배운 것으로 다른 종류의 로열티 소득에도 적용할 수 있다. 콘텐츠를 출시할 때 팔로우가 있거나 플랫폼이 있으면 도움이 된다. 사전에 고객들과 신뢰를 쌓아둘 수 있다면 홍보에 많은 도움이 될 것이다. 물론 그렇지 못하더라도 성공적인 제품을 출시할 수 있다.

정식으로 제품을 출시하기 전에 진행하는 사전 출시는 입소문을 내고 사람들의 관심을 불러 모을 수 있다. 사전 출시의 첫 단계는 이메일 리스트를 작성하는 것이다. 관심을 불러일으키는 데는 소셜미디어가 특히 효과적이다. 당신의 의도가 무엇인지 알리고, 강좌에 대해 설명하며, 이메일 가입 양식으로 직접 연결할 수도 있다. 메일침프MailChimp 같은 이메일 마케팅 서비스를 이용해 사람들에게 당신의 제품을 알리는 것도 효과적이다.

콘텐츠 티저를 통해 계속 제품을 홍보할 수 있다. 주로 비디오나 사진 같은 시각적 콘텐츠로 만들어야 사람들이 이게 어떤 제품이고, 또 이 제품을 썼을 때 어떤 유익이 있는지 알 수 있다.

베타 테스트는 또 다른 형식의 사전 출시 전략으로, 피드백과 사용 후기를 받기 위해 할인된 가격이나 무료로 콘텐츠의 일부를 제공하는 것이다. 이 전략은 종이책, 전자책, 오디오북, 온라인 강좌 등 콘텐츠 위주의 로열티 제품에 적합하다. 베타 출시를 하게 되면 어떤 효과가 있고 어떤 부분에서 효과가 없는지에 대한 정보를 얻게 되어 정식으로 출시하기 전에 내용을 수정하고 추가할 수 있다.

체험단

내 첫 번째 책인 《머니 허니》의 성공 요인을 따져보면, 훌륭한 콘텐츠가 30퍼센트, 훌륭한 출간 전략이 70퍼센트라고 확신한다. 내가 출간 계획을 야심차게 잘 짜지 않았다면, 내 책은 성공하지 못했을 것이다. 제품이 좋으면 사람들이 살 거라고 착각하지 마시라. 절대로 그렇지 않다. 사람들이 사고 싶어지게 만드는 법을 연구해야 한다.

제품을 처음 출시할 때 단기간 동안만 무료로 제공해보자. 인지도가 낮거나 아예 알려지지 않은 콘텐츠 크리에이터의 경우 이 방법이 최선의 선택이라 생각한다. 신용이 없는 상태에서 사람들의 지갑을 열게 하는 것은 어려운 일이다. 게다가 모멘텀과 도달률이 중요하다. 단기간 무료로 제공하면 초기 로열티 수입을 포기해야 하지만, 엄청난 수의 팔로워가 생기기 때문에 결국 얻는 것이 훨씬 많다. 더군다나 이들은 당신이 제품을 내놓으면 다시 돌아올 사람들이다.

예를 들어 아마존에서 책을 자비출판했다면 5일 동안 전자책을 무료로 제공할 수 있다. 나는 《머니 허니》를 출간할 당시 전자책을 3일 동안 무료로 제공했고 종이책을 아주 저렴한 가격인 9.95달러에 판매했다. 그 이후로 돈을 가장 많이 벌 수 있는 지점을 찾기까지 매주 1달러씩 책값을 인상했고, 독자들은 내가 제공하는 정보가 투자할 가치가 있다고 느끼고 책을 구매했다.

어떤 종류의 제품이든 출시 전에 체험단을 모집하는 것이 좋다. 당신은 체험단에게 제품을 사용할 기회나 비공개 콘텐츠를 별도로 제공하는 등의 특전을 준다. 이후 체험단에게 사용 리뷰를 남기고 소셜미디어에 제품을 공유해달라고 요청할 수 있다. 체험단은 당신의 제품이 성공적으로 출시되도록 돕는 사람들이다. 가족과 친구는 물론이고, 가능한 한 많은 사람이 참여할수록 좋다.

리뷰 받기

제품 출시 성공 여부는 판매와 리뷰에 달려 있다. 출시 당일 (그리고 그 전까지) 온라인상에서 리뷰와 추천을 가능한 한 많이 받으려고 노력해야 한다. 그렇게 하기 위해서는 우선 출시 전에 미리 체험할 기회를 제공해야 한다. 책의 경우 서평단에 책을 미리 보낼 수 있다. 그럼 서평단은 리뷰를 남긴다. 나는 《머니 허니》를 출간할 때 이 전략을 써서 출간 전에 15개의 리뷰를 받을 수 있었다. 그럼 나를 모르는 사람들이 무작위로 내 책을 발견했을 때 '이 책 괜찮네'라는 생각을 하게 된다.

출간 당일에는 체험단에게 소셜미디어에 포스팅을 해서 리뷰를 남겨달라고 부탁한다. 또한 가족과 친구들에게 출시일을 알리고 리뷰를 남겨주면 고맙겠다는 메시지를 보내라. 나는 소셜미디어 친구들과 지인들에게도 개인적으로 메시지를 보냈다. 나는 리뷰 부탁하는 것을 두려워하지 않았다. 초반에 리뷰가 많이 쏟아져 나왔던 덕분에 내 책이 아주 잘될 수 있었다.

고객에게도 리뷰를 남겨달라고 요청하라. 강좌 마지막이나 책에 부탁의 말을 넣거나 이메일 자동발송 시스템을 설정하여 제품 구매자에게 이메일을 보내라. 나는 처음 메일을 보낸 지 일주일 후에 한 번 더 이메일을 발송해 리뷰 작성을 부탁하고 있다.

나는 로열티 소득이 정말 좋다. 로열티 소득은 가장 멋진 수동적 소득 중 하나로 초기에 돈을 투자할 필요가 없고, 누구나 할 수 있다. 로열티 소득을 만들기 위해서는 제품을 만들고 공급 과정을 구축할 뿐만 아니라 마케팅과 출시 과정 등 초기에 시간을 투자해야 한다. 그러나 그다음에는 자리에 앉아 2단계를 즐기면서 마케팅 활동으로 소득을 유지하는 최소한의 노력과 시간을 투자하면 된다. 로열티 소득을 창출하는 데 성공하려면 헌신적이고 결단력 있으며 마케팅에 뛰어난 사람이 되어야 한다. 나는 누구나 이 일을 할 수 있다고 믿는다.

로열티 소득은 엄청난 성취감을 안겨준다. 내가 로열티 소득을 좋아하는 까닭도 이 때문이다. 사람들에게 필요한 제품이나 서비스를 만들어 그들을 도울 수 있다. 시장의 수요를 만족시키고 사람들을 돕는 것보다 더 신나는 일은 없다.

다음으로 전혀 다른 수동적 소득을 살펴보겠다. 이 수동적 소득 유형은 상당히 많은 돈을 사전에 투자해야 하지만 시간이나 추가적 노동은 전혀 필요하지 않다. 우리가 다룰 내용 중에서 가장 수동적인 소득이다.

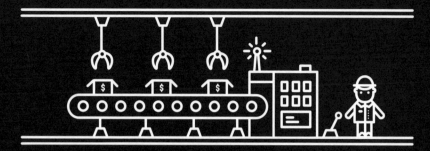

Part 3

돈이 돈을 버는
세계로

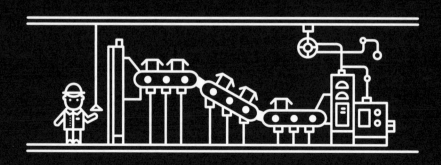

Chapter 13

돈을 굴리는 법
_자본 소득 기초편

　　가장 수동적인 소득 흐름인 자본 소득으로 들어가 보자. 앞서 이야기했듯이, 자본 소득은 배당, 이자, 투자, 양도소득에서 발생한다. 자본소득은 정말 굉장한 수동적 소득으로 2단계에서 일할 필요가 전혀 없다. 하지만 처음에 소득을 창출하기 위해서는 어느 정도의 투자금이 필요하다. 1단계에서 자금을 적절하게 잘 투자하면 바로 소득이 발생한다. 사람들이 '돈을 굴려라' 혹은 '투자하라'라고 말할 때 그 의미는 바로 자본 소득을 가리킨다.

　먼저 주식 용어 몇 개를 간단히 복습해보자.

　　주식 주식회사의 자본을 구성하는 단위. 회사 소유권의 일부로 회사 주식을 사면 그 회사의 주주가 된다.

상장지수펀드ETF 특정한 지수의 움직임에 연동해서 운용되는 단일 펀드로 증권시장에 상장되어 주식처럼 매매가 가능하다. 투자자 입장에서 뮤추얼 펀드보다 비용이 적게 든다.

채권 채권은 곧 대출을 뜻한다. 기업이나 법인이 채권의 형태로 당신에게 돈을 빌리고 이자를 지불한다. 이때 당신은 채권자가 된다.

양도성예금증서CD 은행에 일정 금액을 예치하기로 동의한 일종의 정기 예금으로, 이에 대한 이자를 받는다.

배당금 기업이 주주에게 주는 이익 분배금. 보통 분기마다 한 번씩 정기적으로 분할 지급한다.

배당수익률 주가 대비 1주당 주는 배당금의 비율. 예를 들어, 20달러짜리 주식에 매년 1달러의 배당금이 지급된다면, 배당수익률은 5퍼센트라는 뜻이다.

자본 소득의 체크포인트

다섯 가지 변수의 관점에서 자본 소득을 분석해보자.

확장성 해당사항 없음.

통제와 규제 낮음. 주식과 배당금은 전적으로 주식시장과 기업 실적에 달려 있다. 기업 실적을 통제할 수 없으며 금리에 따라 채권 가치가 달라지는데, 이 또한 통제할 수 없다.

투자 많은 돈을 투자하되 시간은 투자하지 않아도 된다. 배당금과 이자로 많은 돈을 벌려면 일반적으로 자금을 넉넉히 투자해야 한다.

시장성 해당사항 없음.

수동성 높음. 자본 소득을 유지하는 데 필요한 작업량은 문자 그대로 제로다. 자본 소득은 가장 수동적인 소득 흐름이다.

자본 소득 범주 내에서 가장 기본인 배당금, 채권, 이자를 통해 수동적 소득을 창출할 수 있다. 또한 좀 더 높은 차원에서 P2P 대출, 마스터합자회사MLPs, 리츠REITs, 그리고 부동산 크라우드펀딩에 투자할 수 있다. 각각의 자본 소득 흐름이 어떻게 구체적으로 작동하는지 하나씩 알아보자. 이번 장에서 기본 옵션을 다루고, 다음 장에서는 고급 옵션을 다루겠다.

배당 소득

일반적으로 사람들은 양도 소득과 배당금을 통해 돈을 벌 수 있기를 바라는 마음으로 주식에 투자한다. 양도 소득은 일정 가격에 주식을 사서 주가가 오르기를 기다렸다가 더 높은 가격에 팔아 얻는 수익을 의미한다. 한 방에 돈을 벌 수 있는 좋은 방법이다. 그렇지 않은가? '데이 트레이더day-trader'라는 용어를 들어본 적이 있는가? 하루 종일 주식을 사고파는 일을 하는 사람들을 말한다. 우리는 하루 종일 일하는 것이나 일회적 수익을 추구하지 않는다. 대신 우리는 배당금을 통해 지속적으로 수입이 들어오는 데 더 많은 관심이 있다. 정기적으로 지급되는 배당금은 수동적 소득이라고 할 수 있다.

모든 주식이 배당금을 지급하지는 않는다는 사실에 주의해야 한다. 배당금 여부를 알아보는 가장 쉬운 방법은 바로 구글링하는 것이다. 내가 방금 구글에서 '애플 주식'을 검색해보니 배당수익률이 1.31퍼센트로 바로 나왔다.[37] '넷플릭스 주식'을 검색하자 배당수익률이 나오지 않았다. 이 글을 쓸 시점에 넥플릭스는 배당금을 지급하지 않았다. 여기 수학문제가 있다. 만약 당신이 애플 주식에 5만 달러를 투자했고 배당금이 1.31퍼센트라면, 매년 받는 배당금은 얼마일까?

A. 6,550달러

B. 655달러

C. 65.5달러

정답은 B이다. 학창시절 수학시간이 생각나게 했다면 사과한다.

배당수익률이 높을수록 리스크도 커지는 경향이 있다. 8퍼센트의 배당수익률을 제공하는 신생기업의 주식을 사는 것은 배당수익률 1.46퍼센트의 마이크로소프트 주식을 사는 것보다 훨씬 위험하다.[38] 마이크로소프트는 누구나 아는 세계적인 기업으로 안정적인 곳이다. 반면에 스타트업 기업에 대해서는 아는 바가 훨씬 적다. 스타트업 기업은 창업 5년 내에 실패할 비율이 50퍼센트가 넘는다는 것이 정설이다.[39] 그로 인해 스타트업에 대한 투자 리스크가 더 커진다. 고위험은 고수익으로 이어지기 마련이다. 따라서 당신이 감당할 수 있는 리스크가 어느 정도인지 스스로 결정해야 한다.

배당수익주 단일 종목에 투자했는데 그 회사가 완전히 망하면 투자한 돈을 모두 날리게 된다. 만약 당신이 2008년 리먼 브라더스에 투자한 불행한 사람 중 하나라면 아마 상당히 많은 돈을 잃었을 것이다. 스카이다이빙이나 번지점프를 즐기는 유형이 아니라면, 배당금 투자에 있어 덜 위험한 방식을 선호할 것이다. 그렇다면 ETF에 투자하라. 단일 종목에 돈을 투자하는 대신에 ETF에 투자하면 한 번에 다양한 종목의 주식에 투자하게 된다. 엄밀히 말해서 ETF는 당신에게 모든 종목을 결합해주고, 당신은 모든 종류의 배당수익을 받게 된다. '배당 ETF'라고 구글링하면 지금 하는 말이 무슨 뜻인지 이해할 수 있다. 주식 대신에 ETF를 활용하면 달걀을 한 바구니에 담지 않고 분산투자를 할 수 있다. 투자 다각화의 기본 전제는 바로 이것이다.

당신만 괜찮다면 수학을 좀 더 해보자. 배당수익률 4퍼센트 주식에 1만 달러를 투자한다면, 1만 달러 × 0.04 = 400달러, 즉 매년 400달러 혹은 매달 33달러를 받는 셈이다. 이 금액이 얼마 되지 않는다는 걸 나도 안다. 그렇기 때문에 자본투자의 경우 상당한 자금력이 뒷받침되어야 한다고 말하는 것이다. 예를 들어 25만 달러를 투자했다고 하자. 그렇다면 매달 833달러를 벌게 된다. 훨씬 낫다. 어떤 사람들은 이 돈으로 대출금이나 임대료의 상당 부분을 해결하기도 한다.

이런 식으로 생각해보자. 1년 동안 지출될 비용을 모두 충당하기 위해 최소한 얼마를 투자해야 할까? 먼저 매달 생활비가 얼마인지 계산해보라. 매달 생활하는 데 얼마가 필요한가? 얼마인지 마음속으로 생각해놓고 그다음 12를 곱해 1년 비용을 산출하라. 배당수익률이 4퍼센트라고 가정하고, 이제 다음 공식을 가지고 얼마를 투자해야 할지 계산해보자.

초기 투자 = 1년 경비 / 0.04

　1년 생활비가 2만 4,000달러라면 60만 달러를 투자해야 한다. 1년 생활비가 5만 달러라면, 125만 달러를 투자해야 한다. 여윳돈 100만 달러를 주식시장에 집어넣어야 은퇴할 수 있다(엄밀히 말해 세금까지 내려면 훨씬 더 많이 필요하다).

　배당수익률이 얼마인지에 따라 초기에 필요한 금액이 달라진다. 매년 2만 4,000달러를 지출하고 배당수익률이 2퍼센트라면, 120만 달러를 투자해야 한다. 배당수익률이 6퍼센트라면 40만 달러가 필요하다. 배당수익률이 클수록 필요한 투자금액이 줄어든다.

　어떻게 쪼개보아도 많은 돈이 필요하다. 자본 소득으로 생활하겠다는 목표를 가지고 은퇴하려는 사람들은 돈을 엄청나게 많이 모으기 위해 40년 동안 노력한다. 어디서 많이 들어본 얘기 같지 않은가? 이것이 바로 비상금 이론이다. 여기서 우리가 하려는 것은 그게 아니다. 어떻게 해야 50만 달러나 100만 달러를 빨리 모을 수 있을지 나도 잘 모르겠다. 나를 비롯한 많은 사람들에게 이 수동적 소득의 흐름은 현실적이지 않다. 적어도 지금으로서는 말이다.

　그렇다면 우리에게 가능한 방법은 이 특정한 수동적 소득을 조금 나중으로 미루는 것이다. 예를 들어 나는 임대 부동산으로 5년에서 10년 동안 상당한 규모의 자금을 마련할 수 있다. 나중에 나는 이 부동산을 팔고 모든 자금을 (이것과 같은) 훨씬 더 수동적인 소득 흐름에 투자할 계획이다. 내 생각에 자본 소득은 현금흐름이 가장 수동적이다. 손가락 하나 까딱하지 않아도 돈을 굴릴 수 있다.

채권 소득

이제 채권 이야기를 해보자. 채권은 은퇴자들과 투자자들이 소득을 창출하는 수단으로 오랫동안 사용되어 왔다. 채권은 대출과 같은 것으로, 당신은 기업이나 법인 혹은 정부에게 돈을 빌려줄 수 있다. 그 대가로 그들은 당신에게 이자를 지급한다. 이렇게 지급된 이자가 바로 수동적 소득 흐름을 형성한다.

이제 방법에 대해 이야기해보자. 새로 발행된 1,000달러짜리 채권을 샀다고 가정해보자. 그렇다면 당신은 이자를 받는 대신에 기업에 1,000달러를 빌려주기로 동의한 것이다.

모든 채권은 표면이자율coupon rate이 있다. 표면이자율은 채권의 액면가에 대한 연간 이자 지급액의 비율로 나타내는 수익률을 의미한다. 1,000달러짜리 채권이 1년에 두 번(반년마다) 10달러씩 준다고 가정해보자. 그럼 매년 이자로 20달러를 받게 된다. 이 경우 표면이자율이 2퍼센트다. 이것은 앞서 얘기했던 배당수익률과 비슷하다.

표면이자율 = 연간 지급액 / 채권 액면가

= 20달러 / 1,000달러

= 2%

채권의 표면이자율은 채권발행 당시 결정되고 절대로 변동되지 않는다. 이 시나리오에서 채권이 30년 만기 채권이라면 당신은 30년 동안 반년마다 10달러씩 받을 것이다.

채권 투자가 왜 그렇게 인기 있었는지 이해할 수 있도록 채권 표면이자율과 시장금리 간의 관계에 대해 이야기하려고 한다. 채권 표면이자율은 처음에 어떻게 결정될까? 신규 채권이 발행되면, 표면이자율은 일반적으로 당시 시장금리에 맞춰 혹은 시장금리와 가까운 수준에서 결정된다. 그런데 2009년 이후 초저금리 시대가 열린 것을 나 일 것이다. 그 말은 그 이후로 발행된 채권 역시 표면이자율이 낮은 수준에 책정되었다는 뜻이다.

그런데 1980년대에는 금리가 고공행진을 거듭했다. 1980년대는 15퍼센트나 16퍼센트가 아니면 주택대출을 받을 수 없었던 시기다. 어디를 가도 고금리가 기조를 이루었다. 채권 표면이자율 역시 고공행진을 했다. 표면이자율이 15퍼센트인 채권이 있다고 생각해보자. 1,000달러짜리 채권을 사면 매년 이자로 150달러가 지급된다. 만약 1982년 새로 발행된 채권에 5만 달러를 투자했다면 매년 무려 7,500달러의 수입을 보장받는다. 이럴 수가.

이제 상황이 달라졌고 금리가 떨어졌다. 지난 10년 동안 금리는 어느 곳이든 사상 최저치를 기록했다. 그러자 채권에 대한 찬사가 그치고 주식이나 ETF에 대한 찬양이 흘러나오게 된 것이다.

금리는 다시 오를 수 있다. 중요한 점은 금리가 낮아지면 신규 발행 채권의 표면이자율 역시 낮아진다는 것이다. 다만 내가 지금까지 이야기했던 것은 오로지 신규 채권을 사서 만기까지 보유했을 경우에만 적용된다.

만기가 되기 전에 2차 시장에 팔면 투자금을 날릴 수도 혹은 돈을 벌 수도 있다. 이 경우에 대해서는 거론하지 않겠다. 왜냐하면 정기적으로 이자를 받을 수 있는 채권에만 관심이 있지, 단기로 사고파는 경우에는 관심이 없기 때문이다.

또 한 가지 염두에 두어야 할 점은 바로 인플레이션이다. 우리 모두는 인플레이션으로 인해 재화와 서비스 가격이 매년 조금씩 상승하는 세계에 살고 있다. 그러나 채권에서 지급되는 돈은 증가하지 않는다. 일단 표면이자율이 정해지면 변동 없이 계속된다. 20달러를 지급하기로 했으면 시간이 흘러도 20달러인 것이다. 따라서 첫 해에는 만족스러울지 몰라도 수년 동안 인플레이션이 적용된 후인 15년째 해에는 느낌이 많이 다를 수 있다.

이자 소득

이제 가장 쉽고 간단해 누구든지 바로 시작할 수 있는 이자 소득 이야기를 해보자. 당좌예금이나 보통 예금계좌를 생각해보면 될 것이다.

요즘은 당좌예금보다 고금리의 온라인 예금계좌에 저축했을 때 돈을 더 많이 벌 수 있다. 당좌예금이나 예금계좌의 경우 금리가 너무 낮기 때문에 의미 있는 소득을 창출하려면 훨씬 더 많은 자금이 필요하다. 10만 달러를 연금리 2퍼센트인 계좌에 넣었다면 연간 이자는 2,000달러다. 우리 대부분에게는 이자 소득을 창출하는 것이 요원해 보이지만, 그럼에도 이는 수동적 소득의 한 종류로 간주된다.

이자 소득을 창출하는 또 다른 방법으로는 양도성 예금증서CD가 있다.

CD는 건드릴 수 없는 저축계좌와도 같다. 만약 돈을 은행에 일정 기간 예치할 것에 동의하면 은행금리보다 조금 더 높은 금리를 받을 수 있다. 기간은 6개월, 1년, 2년 혹은 10년일 수 있다.

이제 14장에서는 P2P 대출, 마스터합자회사, 리츠, 그리고 부동산 크라우드펀딩 등 고차원으로 자본 소득을 창출하는 방법에 대해 알아보겠다.

Chapter 14

돈을 불리는 법
_자본 소득 고급편

P2P 대출

이자를 창출하는 또 다른 방법으로 P2P 대출Peer to peer lending
이 있다. P2P 대출은 일반 예금보다 리스크가 더 크고 복잡하다.

P2P 대출 원리를 보면, 먼저 누군가 돈을 빌려야 한다. 돈을 빌리러 은
행이나 다른 금융기관에 가는 대신에 크라우드펀딩을 신청한다. 가족이나
친구에게 돈을 빌려달라고 부탁하라는 얘기가 아니다. 투자자와 대출자가
대출을 용이하게 하기 위해 함께 모인 실제적이고 공식적인 온라인 플랫
폼에 대해 말하는 것이다. 거기에서는 누구나 돈을 빌릴 수 있고 누구나
돈을 빌려줄 수 있다. 우리 같은 대출자들도 어떤 대출을 받고 싶은지 정
확하게 선택할 수 있다. 친구에게 돈을 빌려줄 때와 마찬가지로 대출자
가 실패하면 투자금을 날릴 수 있다는 리스크가 존재한다. 그렇지만 일

반적으로 당좌예금이나 저축예금 계좌보다 더 높은 이자를 받을 수 있다. P2P 대출로 유명한 플랫폼으로는 렌딩클럽LendingClub과 프로스퍼Prosper 가 있다.

마스터합자회사

나는 스스로 '이해하지 못하는 것에는 절대로 투자하지 않는다' 는 원칙을 세웠다. 꽤 합리적이지 않은가? 작가로서 또 새싱신문기고가 나 는 스스로도 완전히 이해하지 못하면서 그 내용을 남에게 가르치는 것은 말이 안 된다고 생각한다. 재정자문가로 일하면서 나는 한 번도 마스터합 자회사를 이용해보거나 배워본 적이 없다. 사실 이 책을 위해 연구를 하면 서 마스터합자회사에 대한 오해와 오용 사례가 많음을 알게 되었다. 조심 스럽지만 좀 더 이야기해보겠다.

마스터합자회사는 일종의 비즈니스 벤처로 증권거래소에서 거래되는 투자 유형이다. 나는 마스터합자회사가 얼마나 높은 수준에서 진행되는지 만 설명하겠다. 마스터합자회사 사업은 대부분 에너지, 가스, 천연자원 분 야에서 진행된다. 마스터합자회사는 무한책임사원general partner과 유한책 임사원limited partner, 그리고 조합원partners 등으로 구성된다. 유한책임사 원이 바로 투자자들로, 우리 같은 사람들은 증권거래소에서 일부에만 투 자할 수 있다. 투자자들은 마스터합자회사로부터 주기적으로 분배금을 받 는다. 수동적 현금흐름이 발생하는 것이다.

마스터합자회사의 이점은 세금 혜택, 정기적으로 계속 들어오는 현금

분배, 그리고 매력적인 수익률의 형태로 나타난다. 마스터합자회사에 관심이 생겼다면 이 분야의 투자 경험이 많은 전문가에게 문의해보라. 집에서 혼자 시도해볼 투자 분야는 아니다.

리츠

리츠REITs는 간단히 말해 부동산 투자신탁이다. 내가 가장 좋아하는 두 가지 수동적 소득, 임대 소득과 자본 소득의 조합인 셈이다. 리츠는 당신과 임대 부동산 사이의 중개인 같은 역할을 한다. 당신이 소득을 창출할 수 있는 부동산 자산 포트폴리오를 보유한 리츠에 투자하면 부동산에서 창출된 소득의 일부를 받게 된다. 부동산을 찾아 투자하고 좋은 세입자를 찾으며 건물을 유지하는 모든 일을 직접 할 필요가 없다. 대신 당신은 리츠에 투자하면 된다.

미 의회는 1960년대에 거액의 자금을 주고 부동산을 살 필요 없이 부동산에 투자할 수 있는 이렇게 훌륭한 방법을 고안해냈다(정부가 한 일 중에 모두가 동의하는 몇 안 되는 잘한 일 이다). 리츠는 부동산을 소유했을 때 따라오는 일들을 하지 않아도 된다는 분명한 장점 외에도, 투자의 다각화, 유동성, 그리고 세금 혜택이 가능하다.

임대자산 하나에 돈을 모두 쓰는 대신에 리츠는 여러 사람의 돈을 한데 모아 단독주택, 빌라, 주거지, 상업지 등 다양한 종류의 부동산으로 이루어진 대형 부동산 포트폴리오를 유지시킨다. 주거용 부동산에만 초점을 맞춘 리츠를 발견할 수도 있지만, 사실 그 상품 역시 여러 종류의 주거용 부동산에 투자하고 있다. 이는 자본 투자의 다각화를 의미하고, 또 금융 리스크를 줄일 수 있다는 뜻이다. 주식 개별 종목에 투자하기보다 인덱스 펀드에 투자하는 것이 더 안전한 것과 같은 원리다.

전통적인 부동산 투자와 달리, 리츠는 유동성 또한 뛰어나다. 팔고 싶다면 증권거래소에서 지분을 팔면 그만이다. 반면에 직접 부동산을 소유하고자 한다면 중개인을 찾고, 부동산 목록을 정리하고, 구매자를 찾고, 실사를 진행하고, 마무리 짓기까지 6개월이 걸릴 것이다.

부동산 크라우드펀딩

미국의 펀드라이즈Fundrise는 부동산 크라우드펀딩Crowdfunded Real Estate을 시작하면서 축배를 들었다. 펀드라이즈는 리츠와 유사한 이리츠eREIT를 제공하는데, 이를 부동산 크라우드펀딩 플랫폼이라고 생각하면 된다. 둘의 가장 큰 차이점은 이리츠는 실물 부동산에 직접 투자하는 것이고, 리츠는 부동산 포트폴리오를 운영하는 기업에 투자한다는 것이다. 펀드라이즈에서 투자를 하게 되면 투자 내역이 훨씬 투명하게 공개된다. 이리츠는 공개적으로 거래되지 않기 때문에 리츠보다 유동성이 낮다. 펀드라이즈 자체에서만 사고팔 수 있는데, 이 말인즉 주식을 상환해 매각하는 데 한 달 이상이 걸릴 수 있다는 뜻이다. 이 때문에 장기 투자를 계획하는 사람들에게만 펀드라이즈를 추천한다.

나는 재미삼아 펀드라이즈 플랫폼에 5,000달러를 투자해보았다. 방식은 간단했는데 내 돈이 투자된 48개의 프로젝트를 살펴보는 일이 흥미로웠다. 펀드라이즈는 내 포트폴리오에 로스앤젤레스의 상가 같은 새로운 프로젝트가 추가되었다는 사실을 공지해주었다. 나는 1년 정도 지켜본 다음 투자액을 더 늘렸다.

이 글을 쓸 당시, 나는 당해연도 부수입 계획에서 7.7퍼센트의 수익을 올리는 궤도에 올랐다. 자문료로 1년에 0.15퍼센트만 내면 되니 합리적인 수준이라고 생각한다.

리츠든, 부동산 크라우드펀딩이든 아니면 다른 투자든 모두 리스크가 따른다. 리츠 실적이 좋지 않거나 포트폴리오 관리를 잘 못하면 돈을 잃을 수 있다. 나는 아직도 임대 부동산을 직접 소유하는 것이 가장 수동적인 소득이라고 믿는다. 그렇지만 아직 준비가 안 된 사람들에게 리츠와 부동산 크라우드펀딩은 좋은 투자 방법이다.

리스크 관리

자본 소득은 수동성 측면에서 완벽하다고 말할 수 있다. 그러나 제로 리스크인 수동적 소득은 존재하지 않는다. 자본 소득의 최대 리스크는 주식시장이 침체했을 때 손실을 보는 것이다. 2008년 대공황은 미국인에게 엄청난 충격이었다. 많은 사람들이 돈을 날렸고, 어떤 경우에는 수년이 지난 지금까지도 만회하려고 애쓰는 중이다.

미국은 2000년 닷컴버블 붕괴, 1990년대 초 걸프전쟁으로 인한 불황, 1980년대 초 이란 에너지 위기로 인한 침체, 1970년대 중반 석유파동 등으로 휘청거린 바 있다. 어떻게 해야 할지 이제 보이는가? 주식시장과 미국 경제는 순환주기가 있다. 침체는 시기의 문제일 뿐이다.

희망적인 사실은 내리막길이 있으면 오르막길도 있다는 사실이다. 투자는 장기적인 안목이 필요하다. 저점을 잘 견디고 정점으로 돌아갈 때까지 충분한 시간을 가져야 한다.

나에게 충분한 돈이 있다면 자본 소득은 내가 가장 좋아하는 수동식 소득이 될 것이다. 알다시피 이것이야말로 손을 전혀 대지 않아도 되는 진정한 의미의 수동적 소득이다. 장기투자가 아닐 때에도 그렇다. 일단 돈을 투자하면 앉아서 아무것도 하지 않아도 된다. 사람을 관리할 필요도 없고 마케팅할 필요도 없다. 물론 안전하고 쉬운 투자일수록 수익률은 낮아진다.

자본 소득만으로 생활하려면 100만 달러까지는 아닐지라도 수십만 달러가 필요하다. 그리고 대부분의 사람들에게는 그만한 돈이 없다. 그렇기 때문에 나는 다른 방법을 통해 수동적 소득 흐름을 구축하고 그다음 자본금이 충분히 쌓이면 자본 소득으로 전환하는 것을 권한다. 당신에게 금전적 여유가 있다면 손가락 하나 까딱하지 않고 돈을 벌 방법으로 자본 소득보다 쉬운 길이 없을 것이다.

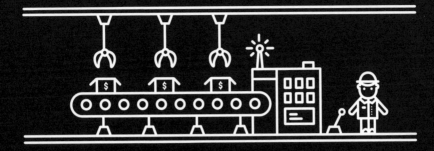

Part 4

나 대신 일해주는 기계들

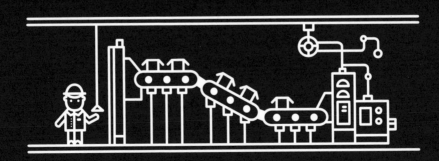

Chapter 15

자동으로 돈 버는 기계를 활용하라

수동적 소득 흐름 중에서 코인 기계는 확실히 가장 독특하고 재미있는 방식이다. 코인 기계 하면 무엇이 떠오르는가? 아마 다음 중 하나를 생각했을 것이다.

- 자동판매기
- ATM기
- 아케이드 게임
- 자동세차장
- 코인 빨래방

코인 기계는 돈을 넣으면 자동으로 재화나 서비스를 제공하는 기계를 말한다. 물론 동전만 사용할 수 있는 것은 아니다. 신용카드나 이페이ePay 사용이 가능한 기계도 많지만, 명칭은 계속 코인 기계라고 부른다. 코인 기계는 모두 자동으로 운용되고 사용자가 돈을 낼 때만 작동한다. 즉, 사용량 기반 과금 방식이다.

예를 들어, ATM기는 일종의 코인 기계로 필요한 사람들에게 수수료를 받고 현금을 제공한다. 또한 외부 자동세차장은 대규모 코인 기계 사업이다.

그렇다면 코인 기계로 어떻게 돈을 벌 수 있을까? 자동판매기를 예로 들어보자. 사무실 로비 자동판매기에서 파는 조코바는 일반 마트에서 파는 것보다 조금 더 비싸다는 사실을 다들 알아챘을 것이다. 왜 추가 요금이 붙은 걸까? 바로 편리성 때문이다. 당이 떨어진 순간 눈앞에 자동판매기가 있다면, 많은 사람들이 마트에 가는 대신 자동판매기를 이용할 것이다.

중요한 것은 누군가가 이 자동판매기를 소유하고 있다는 사실이다. 누군가는 과자나 음료수를 쉽게 구매할 수 있게 하는 대신 가격을 올려 이익을 본다. 예를 들어 소유자는 각각 1달러에 사서 2.5달러에 팔아 이익을 얻는다.

자동판매기는 유지 보수가 쉽다. 자동판매기 소유주가 해야 할 일은 주로 물품이 떨어지지 않도록 재고를 비축하는 일이다. 그 일을 하면서 매주 여행을 갈 수도 있고, 아니면 그 일도 외주에 맡길 수 있다. 여자 화장실의 위생용품 판매기, 디즈니월드의 페니프레스 머신 등 대부분의 자동판매기는 같은 방식으로 작동한다.

코인 빨래방이나 세차장을 운영하고 있다고 가정해보자. 공간을 마련해 기계를 산 다음 사람들이 돈을 내고 사용하기를 앉아서 기다리면 된다. 자동판매기를 관리하는 것과 비교했을 때 이런 사업들은 인력이 좀 더 필요하고, 보안 장비 등 시스템이 체계적으로 구축되어 있어야 하지만, 그 운용 원리는 동일하다.

코인 기계의 체크포인트

다섯 가지 변수를 가지고 코인 기계를 통한 수동적 소득의 장단점을 평가해보자.

확장성 낮다. 코인 기계는 물리적으로만 사용할 수 있다. 동네 영화관에 아케이드 게임을 설치했다면 시장은 영화관 내로 한정된다. 아시아에 사는 사람이 뉴저지에 있는 아케이드 게임을 이용할 수 없다. 지리적 공간의 제약을 받으며, 온라인으로 확장될 수도 없다.

통제와 규제 중간. 현지 법률과 사업 규정에 따라 영향을 받는다. 과자 자동판매기가 있다면, 그것을 어디에 설치할지, 그리고 가격을 얼마로 할지는 스스로 결정할 수 있다. 자동판매기가 폐업하는 건물에 설치되어 있다면 새로운 곳으로 옮기는 결정을 내릴 수 있다.

투자 상황에 따라 다르다. 기계 하나만 운영한다면, 약간의 시간과 몇천 달러만 투자하면 된다. 그렇지만 세차장을 개업한다면 상황은 완전히 달라진다. 막대한 자본을 투자해야 하고 사업 자체를 시작하는

데 많은 노력을 기울여야 한다.

시장성 상황에 따라 다르다. 기존에 ATM기가 있는데 또 다른 ATM 기를 구매해 바로 그 옆에 설치하는 것은 좋은 선택이 아닐 것이다. 따라서 당신이 제공하려는 것에 대한 수요가 있는지 조사해야 한다. 당신이 거주하는 지역의 모든 공중화장실에 여성용 위생용품 판매기가 있다면 그 사업에 뛰어들어서는 안 된다.

수동성 상황에 따라 다르다. 자동판매기 한 대를 운영하는 경우에는 해야 할 일이 많지 않다. 하지만 코인 빨래방이나 세차장 같은 경우에는 운영 및 관리가 필요하다. 따라서 잠재적으로 능동적 소득의 범주에 포함될 수 있지만, 사업을 어떻게 설정하느냐에 따라 수동성 여부가 달라진다.

코인 기계는 크게 두 종류로 나누어볼 수 있다. 첫 번째 범주는 자동판매기, ATM기, 아케이드 게임 등 '소형' 코인 기계이다. 여기서 소형이라는 말은 한 건물에 이런 종류의 기계를 여러 대 배치할 수 있다는 뜻이다. 여기서는 소형 코인 기계에 대해 다루고, 16장에서 세차장, 빨래방 등 두 번째 범주의 '대형' 코인 기계들을 다루겠다. 이 경우에는 사업을 운영하면서 훨씬 더 많은 자금을 투입하고 리스크를 감당해야 한다.

자동판매기

　　자동판매기 사업은 기본적으로 시장 조사, 입지 선정, 건물주와의 협상 체결, 기계 구매 및 설치, 수익 발생 등의 과정을 거친다. 이윤은 총수익에서 상품 및 기타 지출을 제한 값이다. 매주 당신이나 당신이 고용한 다른 누군가가 상품을 채워 넣고 현금이나 동전을 수거해야 한다.

　　나는 비교적 단순한데다 장기적으로 같은 시간을 투자하면 되는 이 사업 모델이 마음에 든다. 기계를 설치하는 데 얼마의 시간이 소요되고 기계를 사는 데 얼마의 돈이 드는지 분명히 알 수 있다. 직접 매주 몇 시간을 투자해 빈 상품을 채우거나 아니면 외주를 줘서 완전히 수동적으로 만들 수 있다.

　　위치 선정이 자동판매기 사업을 시작할 때 가장 중요하다. 이 사실은 모든 코인 기계 사업에서 동일하게 적용된다. 위치가 어디냐에 따라 성패 여부가 달라지기 때문에 시장 조사를 철저하게 한 다음 현명하게 선택해야 한다. 스스로 이 질문을 던져보라.

　　"이 자리는 어떤 종류의 자동판매기가 가장 적합할까?"

　　대규모 체육관에서 정말 끝내주는 자리를 찾았다고 하자. 그런데 거기서 탄산음료가 잘 팔릴까? 자동판매기는 여러 다양한 제품(사탕, 음료, 음식, 샌드위치, 과자, 여성용 위생용품, 콘돔 등)을 판매할 수 있지만, 여기서는 간단하게 음료와 과자 자동판매기만 놓고 이야기하겠다. 이 개념을 다른 자동판매기에도 적용할 수 있음을 기억하라.

　　당신이 거주하는 지역의 자동판매기 관련법과 규정을 사전에 조사하는 것이 무엇보다 중요하다. 상공회의소에 문의하거나 인터넷에서 소기업 관련 규정을 검색해보라. 일을 시작하기 전에 무엇을 할 수 있고, 무엇을 할 수 없는지 정확히 아는 것이 중요하다. 일단 설명을 듣고 나서 가능한 위치 목록을 모두 작성해보라. 학교, 기업, 사무용 빌딩, 도서관, 아파트 단지, 체육관, 실내 테니스장이나 축구장, 스포츠클럽 등을 생각해보라.

사전 탐사에 시간이 상당히 많이 소요될 것이다. 건물주에게 전화해 더 많은 정보를 얻고 당신과 함께 일하면 왜 이득인지 설득하는 일들을 하느라 말이다. 부동산을 임대하면 그 대가로 건물주에게 수수료를 지급한다. 수수료는 수익의 10~30퍼센트 정도이다.

위치를 선정하고 그곳의 수요가 무엇인지 정확히 파악하기 전까지 어떤 장비나 기계도 사지 마라. 빌딩이나 단지의 건물주와 당신의 요구 조건이 개괄적으로 모두 담긴 계약을 한 다음, 음료나 과자에 있어 어떤 필요나 수요가 있는지 핵심을 파악하기 위해 여러 번 대화를 나누어야 한다. 자동판매기에서 판매하는 제품을 결정할 때는 다음 네 가지 핵심 내용을 고려해야 한다.

가격 경쟁력 있는 가격대를 설정해야 한다. 그렇지 않으면 안 팔린다. 소비자가 바로 옆인 마트로 걸어가 1.25달러에 초코바 한 개를 살 수 있는데, 당신이 4달러에 판다면 아마 고객층의 일부를 잃게 될 것이다(힌트: 위치 조사를 할 때 근처에 마트가 있는지를 반드시 확인하라). 지역 내에서 자동판매기 판매상품 가격이 일반적으로 얼마인지 알아보라. 줄잡아 추산한 다음 나중에 수정하자.

브랜드 음료 자동판매기를 생각 중이라면 코카콜라나 펩시를 판매하는 것은 사실상 당연하다. 들어본 적이 없는 회사의 탄산음료를 제공하는 것은 좋은 선택이 아니다. 익숙하고 잘 알려진 상품을 계속 취급하는 것이 더 낫다.

조합 어떤 종류의 상품을 제공할 생각인가? 초코바? 레모네이드? 포테이토칩? 사람들이 제일 좋아하는 것이 무엇인지 조사해봐야 한다. 그렇게 해야 음료수 자동판매기를 설치할지 아니면 과자 자동판매기를 설치할지 아니면 둘 다 설치할지 결정할 수 있다.

영양 조합을 결정할 때 영양도 고려해야 한다. 요즘 시대는 건강한 먹거리를 추구하는 경향이 뚜렷하다. 따라서 정크푸드 외에도 아몬드나 땅콩처럼 영양가 있는 간식을 제공하면 더 많은 고객을 모으는 데 도움이 된다.

일단 위치를 선정하고 자동판매기 종류를 결정하면 다음 단계는 자동판매기를 골라 구입하는 것이다. 자동판매기를 고르는 일은 온라인 검색처럼 간단하다. 자동판매기 종류는 다양하다. 캔디 자동판매기는 동그란 캔디나 풍선껌을 한 움큼씩 제공하는 것으로, 기계 가격은 몇백 달러 정도다. 멀티 자동판매기는 가장 일반적인 사무실용 자동판매기로 2,000달러면 새 제품을 구매할 수 있다. 터치스크린 자동판매기는 한 단계 높은 사양으로 가격이 훨씬 비싸다.

물론 최신기술을 탑재한 신형 자동판매기를 구매할 수도 있다. 하지만 일단 가격이 무지 비쌀 것이고 가격 대비 기능이 뛰어난지도 의구심이 든다. 돈을 지출할 때는 좀 더 신중할 필요가 있다. 나는 좀 더 저렴한 중고품을 사는 걸 추천한다. 괜찮은 중고 자동판매기 가격은 2,000달러 정도이다.

돈 얘기가 나왔으니 여기서 잠깐 멈춰 투자자본수익ROI을 계산해보자. 3,500달러짜리 기계를 샀다고 가정해보자. 판매 상품의 평균 가격은 개당 2달러이고 한 주에 평균 60개씩 판매해서 수낭 120널러의 수익이 발생한다고 가정해보자. 한 달 평균 매출이 500달러고 1년이면 6,000달러다. 상품 한 개당 원가가 1.5달러로 한 주에 75달러가 지출된다고 가정해보자. 휘발유나 다른 비용으로 매주 15달러가 지출된다. 그럼 한 주에 90달러씩 비용이 발생하고 1년이면 4,680달러다.

즉, 1년에 6,000달러 – 4,680달러 = 1,320달러의 이윤이 발생한다. ROI를 계산하기 위해 연이윤을 초기투자로 나눈다. '1,320달러 ÷ 3,500달러'로 수익률이 37퍼센트나 된다. 3,500달러를 투자해 1,320달러를 버는 것은 정말 대단한 일이다. 어떻게 이렇게 신나는 결과가 가능한 걸까?

물론 이는 간단한 예시에 불과하고 현실은 다를 수 있다. 하지만 목이 좋고 가격경쟁력이 뛰어나다면 훨씬 더 많이 벌 수도 있다. 한 주에 200개를 팔 수도 있고 품목당 2.75달러씩 벌 수도 있다. 자동판매기가 여러 대라면 수익은 더 빠르게 증가할 것이다.

이 길을 가기 전에 우선 사업계획과 재무분석을 마쳐야 한다. 자신에게 질문하라. 자동판매기 가격이 ○○인데 몇 달이 지나야 이 투자금을 회수할 수 있을까? 이는 숫자 게임이다. 그런데 숫자가 처음부터 제대로 작동하지 않는다면 돈을 날리기 쉽다. 성공하기 위해 경제적인 관점에서 무엇이 필요한지 정확하게 이해해야 한다. 자동판매기에 넣을 상품을 파는 도매상 혹은 유통업자가 누구인지 알아봐야 한다. 가능한 한 최저가에 사야 한다.

자동판매기 사업을 정식으로 시작하면 일반적으로 일주일에 한 번씩 '일'을 해야 한다. 빈 상품을 채워 넣고 동전을 채워 넣으며 자동판매기 전면을 닦아주는 일을 하는 것이다. 신용카드 사용만 가능한 자동판매기라면 동전을 채워 넣을 필요가 없다.

이런 사업을 시작할 때는 자신만의 운영 루트를 개발할 것을 추천한다. 일의 전후 맥락을 스스로 터득하고, 쓸 기계를 사고, 위치를 직접 선정하라는 말이다. 이게 가장 돈을 아끼는 방법이다. 요령을 익히는 데 시간을 많이 투자해야 하고 상품 판매와 협상에 능해질 필요가 있다. 결과적으로 사업하는 법을 배워야 할 뿐만 아니라 경제적으로도 빠삭해져야 한다.

기존 자동판매기 운영 루트나 사업을 그대로 사들이는 것도 하나의 방법이다. 당신이 거주하는 지역에 자동판매기 사업을 하다가 넘기려는 업주들이 있을 수 있다. 수익성이 괜찮은 자동판매기를 넘겨받을 경우 비용이 더 많이 발생할 수 있다. 그렇지만 이렇게 하면 자동판매기를 직접 찾고 구매하며 위치를 선정하는 수고를 덜 수 있다. 뿐만 아니라 수익률도 어느 정도 보장이 된다.

인터넷에 찾아보면 자동판매기 사업을 시작하는 사람만을 위한 회사가 많이 있다. 그들과 거리를 두라. 이러한 업체에서는 실제로 필요하지도 않은 모든 종류의 제품들을 사라고 할 것이다. 구글에 검색해보면 자동판매기 사업을 시작했다가 돈을 날렸다고 하는 사람들을 많이 볼 수 있다. 그들은 위치 선정을 위해 제대로 시장 조사를 하지 않았고 시작할 때 돈을 너무 많이 투자했다. 이런 포스팅을 본 적이 있다.

'나는 20대 초반에 자동판매기 사업을 시작하면서 3만 달러라는 거액을 날렸다. 그 주된 이유는 자동판매기 마케팅과 판매를 전문으로 하는 회사에서 새 자동판매기를 구매했기 때문이다.'[40]

ATM기

경마장에서 돈을 걸려는데 현금이 없었던 적이 있는가? 나는 있다. 카드만 들고 나왔는데 현금만 가능한 음식점에 간 적은 없었나? ATM기에서 현금을 찾고 수수료로 3달러를 낸 적이 있는가?

ATM기 수수료는 실제로 누구에게 돌아갈까? 수수료는 다음 세 사람에게 지급된다. ATM기 소유주, 부지 소유주, 그리고 ATM기 관리회사. ATM기 소유주(당신이라고 가정)는 기계를 관리하고 현금을 채우고 그 대가로 누군가 돈을 찾을 때마다 수수료의 일부를 받는다. 부지 소유주 역시 부지 내에 ATM기 설치를 허가해주고 수수료의 일부를 받는다. 일반적으로 건당 0.5달러씩 받는데, 그보다 더 많을 수도 더 적을 수도 있다. ATM기 관리회사는 ATM기 거래 관련 문서작업을 담당하고 처리하며 ATM기가 잘 작동하도록 관리하는데, 보통 정액 수수료와 수수료의 일정 비율을 가져간다. 계산상의 편의를 위해 ATM기 관리회사가 건당 0.25달러를 받는다고 가정해보자.

ATM기 평균 수수료는 약 3달러다. 3달러에서 부지 소유주에게 지급한 0.5달러와 ATM기 관리회사에 지급한 0.25달러를 제하고 남은 수익은 그러니까 당신에게 2.25달러가 남는다. 하루에 6명이 ATM기를 사용한다면 하루 수익은 13.5달러다. 한 달이면 405달러다. 시간과 기름값, 그리고 다른 비용들까지 모두 제하고 난 후에 350달러가 남았다고 하자. 그런데도 대박이다.

ATM기는 자동판매기 사업과 상당히 유사하다. 위치, 사업성을 따져보고 지방 법규와 조례를 연구한 다음 사업계획과 재무분석을 작성하는 등의 작업을 해야 한다.

자동판매기와의 차이점은 기계에 탄산음료나 초코바 등이 아니라 현금을 채워 넣었다는 점이다. 기계에 현금을 채워 넣었다는 것은 중요한 선투자인 셈이다. 1달러, 5달러, 10달러, 20달러 등을 골고루 잘 채워 넣어야 한다. 인출된 모든 돈은 결국 고객의 계좌를 통해 다시 회수되지만, 어쨌든 초기에 현금 투자가 필수인 것은 사실이다. 매주 적어도 2,000달러는 채워 넣어야 하겠지만, 2,000달러는 언제나 다시 돌아온다. 그리고 수수료의 형태로 수익이 발생한다.

ATM기 구입비는 1,000달러에서 1만 달러 사이다. 수많은 온라인 사이트에서 중고나 새 ATM기를 판매하거나 대여해주고 있다. 따라서 검색을 잘하면 많은 선택지를 얻을 수 있다.

ROI를 계산할 때 초기 투자액 2,000달러는 다시 회수될 금액이기 때문에 포함해서는 안 된다. 그렇지만 얼마를 투자해야 할지 계산할 때에는 반드시 포함해야 한다. 5,000달러짜리 기계를 사고 그 안에 2,000달러를 채웠다면 이 사업을 진행하기 위해 7,000달러를 투자한 셈이다. 매달 수수료로 350달러를 번다고 예를 들어보자. 그럼 1년이면 4,200달러다. ROI를 계산하기 위해 현금 2,000달러를 제외하고 초기 투자금이 얼마인지 산출한다. 이 경우, 연 수익 4,200달러를 기계 값 5,000달러로 나누면 ROI는 84퍼센트다. 기계 값이 5,000달러고 매달 수수료로 100달러(1년에 1,200달러)를 번다면 ROI는 24퍼센트다.

듣기에는 쉬워 보인다. 현실적으로 이 사업은 진입장벽이 꽤 높은 편이다. 좋은 입지를 선정하기가 아주 힘들기 때문이다. 괜찮은 장소에는 대부분 자동판매기나 ATM기가 이미 설치되어 있다. 시장은 포화상태다. 하지만 설치할 장소를 찾는다면 앞서 얘기한 많은 돈을 벌 수 있다. 위치를 선정하기까지 조사기간만 몇 달이 걸릴 수도 있기 때문에 인내심이 필요하다. 일종의 부동산과 비슷하다. 나는 이상적인 장소가 나타나기까지 9개월을 기다렸다. 일단 자리가 나자 바로 차지해 많은 돈을 벌었다. 완벽한 기회를 얻기까지 시간이 걸린다는 점에서 자동판매기와 ATM기는 상당히 유사하다.

자동판매기의 예처럼 미리 계산을 해보라. 너무 이상적이거나 완벽한 시나리오를 믿지 마라. 매우 보수적인 추정치를 사용하여 결론을 내린다면, 생각했던 것보다 더 많은 수익을 얻을 수 있다.

아케이드 게임

누군가는 '아케이드 사업이 어떻게 수동적일 수 있겠는가?'라고 반대할 수 있다. 하지만 내 말을 계속 들어보라. 오락실을 개업하라는 이야기가 아니다. 오락실은 수동적이지 않다. 지금 나는 다른 사람의 사업장에 아케이드 게임 두어 대를 설치하라고 말하는 것이다. 우리 집에서 몇 마일 떨어진 영화관도 이렇게 하고 있다. 영화관 로비 한쪽에 아케이드 게임 몇 대가 설치된 작은 공간이 있다. 또 어느 곳에 설치할 수 있을까? 아마도 볼링장, 실내 스포츠 경기장, 어린이 놀이방, 패밀리 레스토랑 아니면 젊은 사람들이 재미와 오락을 찾는 곳이면 어디든 가능할 것이다.

사업주와 협상을 하기 시작했다면, 그다음부터는 자동판매기와 동일한 방식으로 진행된다. 2,000달러를 투자해 기기를 구입하고 수익의 일부를 부지 소유주에게 지급한다. 매주 게임기에 모인 돈을 빼고 먼지를 닦는 등의 일을 해야 한다. 또한 다른 코인 기계처럼 초기에 많은 시간을 들여야 하고 또 조사도 많이 해야 한다. 실제로 사람들이 아케이드 게임기를 가지고 놀까? 어떤 게임이 가장 인기 있는가? 보유한 기계나 게임이 시대에 뒤떨어지지는 않았는가? 요금을 얼마로 책정할 것인가?

코인 기계 사업은 모두 같은 방식으로 운영되기 때문에 설명할 게 많지 않다. 코인 기계 한 종류를 운영하는 법을 파악했다면 나머지 기계도 운영하는 법을 알게 된다.

아케이드 게임 역시 재무분석과 ROI 계산을 잘해야 한다. 가능한 한 보수적인 통계치를 가지고 매일 얼마나 많은 사람들이 게임기를 즐기는지, 그리고 가격이 얼마인지 산출해보자. 초기 총투자금과 고정비가 얼마인지 추정하라. 수치가 얼마인지 확인해야 한다.

전반적으로 보았을 때, 코인 기계 한두 대 가지고 있다고 해서 은퇴할 수 있을 것 같지 않다. 그러나 현금흐름을 만들 수 있고 다른 수동적 소득 흐름과 결합할 수도 있다.

Chapter 16

무인점포 사업을 할 때 체크포인트

이제 세차장, 빨래방 등 대형 코인 기계로 들어가 보자. 이 종류의 사업은 투자금이 훨씬 더 많이 필요하고 사업 추진 과정에서 여러 리스크가 존재하지만, 분명히 수동적인 소득이다.

자동세차장

자동세차장은 사업 규모가 크다. 돈도 많이 들고 법적 책임이나 자금 면에서 리스크도 크다. 게다가 장소를 찾기가 어렵다. 하지만 너무 겁먹을 필요는 없다. 그럴만한 자금력이 있고 시장 수요를 잘 알며 사업에 능통한 사람이라면 끝내주는 선택이 될 수 있다. 세차장 사업이 성공한다면 은퇴할 정도로 충분한 소득을 창출할 수 있다. 매달 1만 달러 소득을 달성하려면 이 책에서 제안하는 몇 가지 소득 흐름이 병행되어야 한다.

자동판매기나 ATM기와 마찬가지로 세차장 역시 개업만 하면 자동으로 성공하는 것이 아니다. 아무 데나 세차장을 하나 열면 떼돈을 벌 것으로 기대해서는 안 된다. 역시나 가장 중요한 것이 위치 선정이다.

먼저 시장 조사를 해라. 차를 타고 여기저기 돌아다니며 다른 세차장이 어디에 있고 온종일 사람이 붐비는 곳이 어디인지 알아보라. 눈이나 비가 내리고 나면 사람들이 어느 세차장으로 가는지 확인하라. 당신이 사는 곳에서 세차장을 개업한다면 어디가 가성 비닝격인기 결정하라. 위치 선정을 위한 조사뿐만 아니라 지방 법규와 규정, 보험, 인허가, 면허 등도 조사해야 한다.

세차장을 개업하려면 막대한 자금을 투자해야 한다. 부지를 빌리거나 구매해야 할 뿐만 아니라 세차 설비에도 투자해야 하는데, 이 금액은 수만 달러에 달할 것이다.

지금 우리는 수동적 소득에 초점을 맞추고 있기 때문에 자동세차장 개업에 대해서만 말하겠다. 자동세차장에서는 운전자가 차를 세우고 창문으로 작은 기계를 통해 돈을 지불하고 세차기를 통과하면 세차가 끝난다. 이 경우 직원을 고용할 필요도 없고 사장이 일을 많이 할 필요도 없다. 자동세차장은 주유소나 마트 바로 옆에서 종종 볼 수 있다.

이러한 세차장 사업은 일정량의 마케팅을 지속해야 한다. 어떻게 해야 당신의 세차장을 사람들에게 알릴 수 있을까? 사람들을 오게 하려면 어떻게 해야 할까? 어떻게 해야 입소문이 날까? 당신은 이목을 끌 만한 개업식을 하고 싶을 것이다. 광고를 통해 고객층을 확고히 구축할 필요도 있다.

이 모든 것을 추산해보기 위해 다음의 사람들과 함께 일할 수 있다.

- 부지 선정을 위해 부동산 중개업자
- 세차장 건설에 따른 견적을 위해 건설사
- 장비 가격을 비교하기 위해 지역 내 장비 유통업자

자동세차장 한 곳당 4만 달러에서 10만 달러의 비용을 투자해야 한다. 국제세차협회The International Carwash Association에 가면 최신 세차 경향과 믿을 만한 공급업체에 관한 정보들을 얻을 수 있다. 어떤 벤처 사업을 추진하기에 앞서 완벽하고 상세한 사업계획서와 재무 분석이 필요하다는 사실을 다시 한번 상기할 필요가 있다. 총 초기비용, 고정비, 예상 수익이 얼마인지 완전히 이해하기 전까지 한 푼도 투자해서는 안 된다. 그렇지 않으면 많은 돈을 날리게 된다.

특히 세차장을 개업한다는 것은 전면적으로 사업에 뛰어들겠다는 의미다. 상당한 시간과 자금을 투자해야 한다. 초기 6개월에서 12개월 동안에는 수동적이라고 할 수 없다. 앞서 설명한 대로 수동적 소득 흐름을 창출하려면 초기 투자가 필요하다. 하지만 세차장이 제대로 자리만 잡히면 그 이후에는 상당히 수동적으로 바뀐다. 마케팅, 기계에 필요한 물품과 세제 공급만 하면 되고, 이 마저도 외주로 맡길 수 있다.

코인 빨래방

    몇 년 전에 나도 빨래방을 오픈할까 심각하게 고민했다. 모든 종류의 수동적 소득에 이르기까지 내 시야가 완전히 확장되지 않았었지만, 왠지 모르게 빨래방이라는 아이디어가 떠올랐고 또 해보면 재밌겠다는 생각이 들었다.

  빨래방은 매력적인 수동적 사업이다. 누구든지 세탁기를 쓰고 사용한 만큼 돈을 내도록 사업을 설정할 수 있다. 빨래방에 보안 시스템을 설치하거나 현장에 직원을 채용할 수 있어서 현상을 지키고 있기 않아도 된다

  빨래방은 초기 준비와 투자 측면에서 세차장과 유사한 점이 많다. 부지, 건물, 그리고 설비를 구해야 한다. 빨래방 사업 역시 초기 자금이 많이 든다. 가게 전체에 수십 대의 세탁기를 설치해야 하니 만만하게 볼 일이 아니다.

  빨래방을 처음부터 직접 시작할 수도 있고, 아니면 기존의 가게를 사들일 수도 된다. 창업 비용은 규모, 설비, 위치 등에 따라 엄청나게 달라진다. 대략 20만~50만 달러 범위에서 생각하면 좋을 것 같다. 그 밖에 급여, 보험, 임대료, 공과금, 소모품 등 고정비가 있다.

  세탁기 사용에 따른 요금, 세제나 건조기용 유연제 시트 등 소모품 판매비, 고객이 동전 대신 신용카드나 직불카드를 사용했을 경우 받게 되는 수수료 등을 통해 수익이 발생한다. 빨래방에 ATM기나 자동판매기를 설치해 여러 코인 기계 사업을 동시에 추진할 수도 있다. 직원을 고용해 현장에서 세탁이 끝나면 세탁물을 수거해 접어주는 서비스를 제공할 수도 있다. 아이디어는 무궁무진하다.

목이 좋은 자리에서 사업을 잘 운영하면(혹은 관리를 잘하는 좋은 매니저를 고용하면) 35퍼센트의 수익률을 달성할 수 있다. 즉, 한 달 수입 3만 달러에서 35퍼센트, 그러니까 1만 500달러는 당신 수익이고 나머지 1만 9,500달러는 다른 비용으로 지출된다는 뜻이다.

이와 반대되는 유형은 매달 돈을 까먹을 수 있다. 사업의 성공 여부는 얼마나 조사를 잘했는지, 사업계획을 잘 작성했는지, 그리고 무엇보다 당신 자신에게 달려 있다. 세차장이나 빨래방을 개업하는 것은 바로 당신의 능력에 투자한 것이기 때문이다.

돈이 많지 않거나 소규모 사업에 관심이 있는 사람들을 위해 제언하자면, 기숙사에 세탁기를 설치하는 사람들을 떠올려보라. 이것 역시 아이디어다. 부지나 건물을 구할 필요가 없고 설비만 갖추면 된다. 세탁기와 건조기를 사는 데 2,000달러가 들고, 한 번 사용할 때마다 1.5달러(세탁과 건조를 동시에 하면 3달러)를 받는다고 가정해보자. 기숙사에 사는 학생들이 하루에 세 번 세탁기를 쓴다면 하루에 9달러다. 한 달이면 270달러고 1년이면 3,000달러 이상이다. 물론 공과금이나 대학 측에 지불하는 비용 등 고정비를 제해야 하지만 그럼에도 ROI가 상당히 높다.

일반적으로 대학 기숙사는 이미 세탁 업체와 계약을 맺었을 수 있다. 그렇지만 창의적으로 생각해볼 필요가 있다. 지역 내 건물주에게 연락을 해볼 수 있다. 아파트 단지나 기숙사 혹은 체육관에 세탁기 몇 대를 설치하는 방식도 가능하다. 지역 내 사업체나 다세대 주택단지 명단을 작성해 전화를 걸어보는 것도 좋은 방법이다. 건물 내에 세탁기 설치를 허락받는 대신 건물주에게 수익의 일부나 임대료를 지불한다. 체육관, 실내수영장 등

샤워나 옷을 갈아입는 장소 어디서든 동일하다.

이미 영업 중인 사업장에 세탁기 몇 대를 설치하면 비용을 많이 절약할 수 있다. 이 경우는 매우 수동적이다. 당신이 해야 할 일은 가서 동전을 수거하는 것뿐이다(아니면 그 일을 해줄 사람을 고용하면 된다). 신용카드만 되는 기계를 구매하면 그 일마저 안 해도 된다. 이는 가장 수동적인 소득을 창출하는 코인 기계임이 틀림없다.

빨래방 운영이 얼마나 수동적인지는 창업 방식에 따라 달라진다. 궁극적으로 전혀 신경 쓰지 않도록 구성하는 것은 생각보나 어려운 문제이기 때문에 신중할 필요가 있다.

지금까지 주요 코인 기계들을 다루었다. 코인 기계 사업 관련 아이디어는 무궁무진하다. 오늘날 많은 도시에서 볼 수 있는 대여용 자전거나 전기 스쿠터는 어떨까? 미국 버드Bird사를 예로 들어 보자. 버드는 미국 모든 도시에 퍼져 있는 수천 대의 스쿠터 목록을 가지고 있다. 보도에 버드 스쿠터가 세워져 있는 걸 보았다면, 앱을 다운받아 요금을 지불하고 스쿠터를 작동시켜 가고 싶은 곳이 어디든 타고 가면 된다. 정말 천재적인 아이디어로, 사람들이 시내를 편하게 돌아다닐 수 있게 해주었다. 버드 스쿠터가 바로 코인 기계다. 이런 창의적 아이디어를 생각해낸다면 여생을 보장받은 셈이다.

다른 유형의 사업과 마찬가지로 코인 기계를 통한 수동적 소득 흐름 역시 돈을 벌 수도 잃을 수도 있다. 모든 투자에는 리스크가 뒤따른다. 이 수동적 소득에 대한 우리의 목표는 가능한 한 리스크를 줄여 성공적으로 소득을 창출하는 것이다. 책을 읽으면서 이미 알아차렸겠지만 리스크를 낮추기 위해 할 수 있는 일은 많다. 우선 시장 조사를 충분히 하면 의구심을 느끼거나 주저하는 일이 없을 것이다.

어떤 일을 시작하기에 앞서, A, B, C 상황을 가정해 그 사업의 수익성이 정확하게 얼마인지 다양하게 예측해봐야 한다. 매달 얼마를 벌지, 어떤 리스크와 가능성이 있는지 사전에 파악해야 한다. 모든 추정치는 보수적으로 계산해라. 최악의 시나리오를 가정해 스스로 질문해보라. '결과가 이렇다면 내가 이 사업을 한 것을 후회할까?'

법을 준수하고 있는지 여부도 확인하라. 지방법, 규정, 사업 조례, 허가, 면허증, 보험 및 용지제한지정 등을 조사하라.

꾸준히 열정적으로 일하라. 코인 기계 사업은 당신이 하는 만큼 결과가 나온다. 전문가처럼 움직여라. 게으름 피우지 말고 장기적 관점에서 생각하라. 이 일을 잘해낸다면 아주 독특하고 재미있는 방식으로 수동적 소득을 꾸준히 창출할 수 있다.

지금까지 우리는 시간은 많이 들지만 돈은 거의 들지 않는 로열티 소득과 돈은 많이 들지만 시간은 많이 들지 않는 자본 소득에 대해 논의해봤다. 코인 기계는 그 중간쯤에 위치한다. 얼마의 시간과 최소 수천 달러를 투자해야 한다. 이런 유형의 수동적 소득은 흥미롭고 수익성이 좋으며, 원한다면 아예 손을 떼고 아무 일도 안 할 수 있다.

이제 다음 타자로 적당한 시간을 투자해야 하는 또 다른 재미있는 수동적 소득에 대해 알아보기로 하자.

Part 5

온라인 플랫폼 활용하기

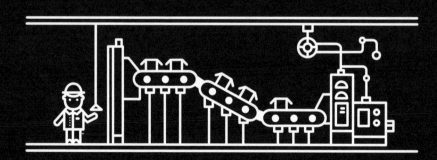

Chapter 17

SNS를
일하게 하는 법

이번 장에서는 광고, 전자상거래, 위탁판매 위주로 독특한 수동적 소득을 다루고자 한다.

광고는 일상 속에 미묘하게 깃들어 있다. 물건을 사고 링크를 클릭하며 인터넷에서 영상을 볼 때마다 광고가 있다. 마케팅 회사는 제휴 링크를 통해 상품에 트래픽을 보내 판매 수수료를 받는다. 구글은 검색 결과창 맨 위에 스폰서 광고가 나올 때마다 돈을 받는다. 팟캐스트를 운영하는 사람은 팟캐스트에 뜨는 광고를 통해 돈을 번다. 유튜버는 광고주가 자신의 채널에 광고 영상을 삽입하면 돈을 번다. 이것이 쉬운 일은 아니고 또 모두에게 적용될 수도 없지만, 어떤 걸 해볼 수 있을지 이야기해보고자 한다.

전자상거래는 온라인에서 이뤄지는 모든 상업적 거래를 나타내는 단어다. 전자상거래라는 커다란 범주 내에서 위탁판매의 마법에 대해 구체적으로 살펴보겠다. 위탁판매를 할 경우, 일반적으로 온라인을 통해 실물 제품을 판매한다. 재고를 쌓아둘 필요가 없다는 점에서 이는 마법과도 같다. 제3자와 함께 물품을 구매하거나 보관하고 제3자를 통해 물건을 고객에게 직접 배송한다. 위탁판매 덕분에 전자상거래가 간단하고 유동적이며 수동적으로 된다.

광고와 전자상거래의 체크포인트

광고와 전자상거래에 다섯 가지 변수를 적용해보자.

확장성 높다. 광고와 전자상거래 모두 인터넷을 통해 이뤄지기 때문이다.

통제와 규제 낮다. 광고주, 다른 사람의 온라인 플랫폼, 공급업체의 영향을 받는다.

투자 일정 시간을 투자해야 하고 또 소규모 자금투자가 필요할 때도 있다.

시장성 상황에 따라 다르다. 경쟁이 치열하지 않은 상황에서 독특한 제품으로 수요를 충족시킬 수 있다면 시장 전망이 매우 밝다.

수동성 광고와 위탁판매 모두 일정한 환경에서 수동적이 될 수 있다.

이번 수동적 소득은 제휴 마케팅, 광고, 그리고 위탁판매 등 그 범주를 크게 세 부분으로 나눌 수 있다. 먼저 제휴 마케팅과 광고의 정의, 작동 원리, 참여 방법 등에 대해 자세히 다뤄보자.

제휴 마케팅

많은 인기를 끌고 있는 제휴 마케팅이 어떻게 작동하는지 함께 살펴보자. 페이스북에서 귀여운 의류 아이템을 서로 추천하며 자주 소통하는 그룹이 있다고 하자. 온라인에서 사랑스러운 여름 원피스를 발견하고 이 그룹에 이를 공유하고 싶은 마음이 들었다. 그럼 나는 회사와 계약을 맺어 제휴 링크라고 부르는 특별 링크를 사용해 친구들에게 원피스 관련 정보를 공유하는 포스팅을 올릴 수 있다. 이때 누군가 이 링크를 통해 상품을 구매했다면 수익의 아주 적은 일부를 받는다.

그런데 이러한 활동은 좋은 평을 받지 못할 수 있다. 링크를 통한 구매로 누군가는 이익의 일부를 가져간다는 사실은 교활하고 비도덕적인 인상을 준다. 누군가 인터넷에 포스팅한 이유가 그 제품을 정말 좋아해서인지 아니면 제휴를 통해 돈을 벌려는 시도인지 명확하게 밝히지 않는다면, 그것은 문제가 된다.

팔로우가 200만 명인 연예인이 제휴 링크가 있는 포스팅을 올려 순식간에 돈을 버는 것을 볼 수 있다. 최근 인플루언서나 연예인이 포스팅 대가로 무엇을 받았는지 여부를 밝히라는 요구가 점점 늘어나고 있다. 실제로 소셜미디어 플랫폼과 웹사이트는 링크가 이런 식으로 사용되는 것을 엄격하게 단속하고 있다. 인터넷 사용자들 역시 제휴 링크를 찾는 데 선수가 되었다. 따라서 포스팅을 올릴 때 제휴 링크가 있다고 솔직하게 명시해 오해를 불러일으키지 않도록 하라.

제휴 마케팅은 이미 플랫폼, 팔로우 군단이나 대규모 온라인 네트워크를 가진 사람들에게 아주 적합하다. 신발 관련 블로그를 운영하는 사람은 신발 제휴 링크가 있는 포스팅을 게시할 수 있고, 심지어 자신의 것이 아닌 제품을 추천함으로써 큰돈을 벌 수 있다. 이는 상당히 괜찮은 형태의 광고다.

누구나 제휴 마케팅을 시작할 수 있다. 팔로우가 없어도 괜찮다. 웹사이트나 블로그가 없어도 상관없다. 소셜미디어 계정이 있는 사람이다면 누구든지 친구나 가족들에게 제휴 링크를 올린 포스팅을 보낼 수 있다. 내 친구는 제휴 마케팅을 위해 페이스북 그룹을 하기 시작했다. 그녀는 아마존에서 업체를 발굴해 계약한 다음 아마존 어소시에이츠Amazon Associates를 통해 그룹 멤버들에게 거래 사실을 공유한다. 그리고 누군가 물건을 살 때마다 돈을 조금씩 번다.

제휴 마케팅을 위한 구체적 프로그램으로는 아마존 어소시에이츠를 비롯하여 여러 웹사이트들이 있다. 제휴할 대상을 어떻게 찾아야 할지 모르겠다면, 우선 홍보하고 싶은 제품이 무엇인지 떠올려보고, 그다음 구글에 가서 '○○제휴 프로그램(○○에는 제품명이나 브랜드명 삽입)'을 검색하라.

이 소득이 얼마나 수동적일까? 이는 꽤 까다로운 부분이다. 그 때문에 몇몇 사람들은 여기에 의문을 제기할 수 있다. 만약 당신이 쉽게 가고 싶다면, 누군가를 고용해 링크를 찾고 게시하며 팔로우들에게 마케팅을 하고 블로그나 웹사이트를 홍보하는 일을 맡기면 된다. 그런데 그들은 당신만의 매력적인 개성이나 목소리를 포착하지 못할 수 있다. 그런데도 당신이 이를 수동적으로 만들기 원한다면 작가와 기고자를 고용해 계획을 세울 필요가 있다. 또 다른 아이디어는 소셜미디어 포스팅을 위한 사전 기획과 일정을 체계적으로 짜는 것이다. 일주일에 몇 시간을 따로 내서 특정 요일에 발송할 링크가 달린 포스팅을 몇 개 작성하는 것이 가능하다면 이는 꽤 괜찮은 수동적 소득이다.

수익이 얼마인지 바로 보이지는 않을 것이다. 이 일이 제대로 추진력을 얻기 전까지 당신은 18개월 동안 매달 30시간씩 일해 한 달에 300달러를 버는 과정을 겪어야 할 수 있다. 어느 정도 수익이 나려면 많은 사람이 당신이 올린 링크를 통해 제품을 구매해야 한다. 또한 팔로우를 늘리는 데도 시간이 걸린다. 몇 달이 될 수도 있고 몇 년이 걸릴 수도 있다. 이러한 수동적 소득 흐름은 초기에 시간 투자가 필요하다는 사실을 기억하라.

온라인 광고

수동적 소득을 창출하기 위한 또 다른 방법은 광고를 올리는 것이다. 광고는 제휴 마케팅보다 더 충실한 대규모의 팔로우 군단이 필요하다. 광고를 싣는다는 것은 블로그나 웹사이트처럼 광고를 게재할 공간이 필요하다는 뜻이기 때문이다. 하겠다고 결심하면 바로 광고 수익을 창출할 수 있는 것이 아니다. 이미 플랫폼이나 팔로우가 있는 사람이라면 키워드, 트래픽 유도, 검색엔진 최적화SEO 같은 내용을 잘 알 것이다.

광고는 말 그대로 모든 형태와 크기로 제작할 수 있으니 자신이 생각하는 최상의 방식을 결정하면 된다. 어떤 광고는 형형색색의 배너로 홈페이지에 올릴 수 있고 어떤 광고는 포스팅한 글 속에 작은 텍스트 형태일 수 있으며, 또 어떤 광고는 홈페이지 한쪽에 중간 크기의 사진 형태로 올릴 수 있다. 하지만 시선을 어지럽힐 수 있으니 너무 많은 광고로 도배되지는 않도록 주의하라.

구글은 현존하는 최대 광고회사 중 하나다. 다행히도 구글은 블로거나 웹사이트 담당자가 그들과 쉽게 협력할 수 있도록 구글 애드센스Google AdSense를 만들었다. 구글 애드센스는 자신의 웹사이트나 블로그에 광고를 게재하고 돈을 받도록 해주는 프로그램이다. 구글은 광고구글 블로에 사이트 키워드와 연관성이 있는 광고를 매칭시키는 일을 한다. 이게 어떤 의미냐고? 간단히 말해 손 안 대고 코 풀 수 있는 것이다.

일반적으로 클릭 수, 판매량 혹은 조회 수에 따라 가격이 달라진다. 제휴 마케팅은 링크를 클릭해 물건을 구매할 때만, 그러니까 판매량에 따라 광고비가 지급될 수도 있고 클릭 수에 따라 지급될 수도 있다.

예를 들어, 당신 블로그의 방문자 수가 매달 10만 명이라고 하자(이는 상당한 숫자이며, 이렇게 되기까지 시간이 오래 걸린다). 블로그 방문자의 1퍼센트가 링크나 사이트에 올라온 광고를 클릭한다고 해보자. 그럼 천 명인 셈이다. 만약 광고주가 클릭 1회당 0.01달러를 지급한다면 10달러다. 클릭 1회당 1달러라면(너무 높아 그럴 가능성이 거의 없다) 1,000달러다. 대규모 플랫폼은 이런 식으로 상당한 소득을 만들어낸다. 이처럼 광고를 통해 창출되는 특별한 수동적 소득은 이미 상당한 팔로우를 보유한 사람들에게 적합하다.

여기서 까다로운 부분은 역시 이 소득을 수동적 흐름으로 바꾸는 것이다. 블로그 운영과 웹사이트에서 콘텐츠 개발 등의 활동은 전혀 수동적이지 않다. 많은 일을 해야 한다. 그런데 기초를 잘 닦아 강한 추진력을 얻게 되면 시간을 줄이거나 외주를 줄 수 있을까? 그 가능성을 타진해보기 위해 다음 사례 연구를 살펴보자.

파워 블로거 샤비 아가왈

샤비 아가왈Chhavi Agarwal은 온라인에서 돈 벌기와 재택근무에 관한 내용을 다루는 블로그 '미세스 다아쿠 스튜디오Mrs. Daaku Studio'를 운영하고 있다. 샤비는 변호사 출신으로 인도에 적을 둔 블로거다.

> **샤비:** (변호사로 일할 때) 나는 미친 듯이 일하느라 가정과 취미, 여행에 집중할 시간이 전혀 없었다. 여기서 영감을 얻은 나는 물리적 위치와 상관없이 일할 수 있는 삶을 추구하게 되었다. 수동적 소득 아이디어는 중독성이 있다.

샤비는 2018년 중반에 블로그를 시작했다. 초기 목표는 페이지뷰 1만 명에 100달러를 버는 것이었다. 그녀는 1년 만에 그 목표에 도달했을 뿐만 아니라 블로그를 통해 매달 3,000달러씩 꾸준히 벌 수 있었다. 샤비의 장기 목표는 소득 흐름을 늘려 그녀와 남편 모두 일하지 않고도 여행을 다닐 수 있는 삶이다. 그녀는 일주일에 10시간 정도 일하고 매달 1만 달러를 번다.

샤비가 블로그를 처음 시작했을 당시에는 수동적이지 않았다고 한다.

샤비: 블로그를 운영하는 데는 시간이 든다. 또한 어떤 결과가 나오기까지 몇 시간씩 일해야 한다. 하지만 2년 정도 지나면 모든 일이 수동적으로 될 수 있다. 자는 동안 돈을 벌 수 있는 것이다. 매달 10만 달러 이상을 버는 블로거도 있다. 잠재력이 무궁무진하다.

이 길을 가고자 하는 사람에게 샤비가 해주고 싶은 조언은 무엇일까? 그것은 바로 지금 시작하라는 것이다. 또 다른 조언은 관련 강좌를 수강하는 일이다. 전문가의 도움을 받으면 처음부터 실수하지 않고 일을 진행할 수 있다.

10장에서 언급한 '밀레니얼 머니맨' 바비 호이트를 기억하는가? 바비는 온라인 강좌뿐만 아니라 블로그와 웹사이트도 운영한다. 그는 웹사이트 광고를 통해 매달 1,000달러 이상을 버는데 모든 과정이 완전히 수동적으로 이뤄진다. 다음은 바비의 말이다.

"몇 달 전에 실제로 수익을 내는 콘텐츠 대부분을 다 만들었기 때문에 이제는 완전히 수동적으로 이뤄지는 것 같다. 돈은 매달 내 은행 계좌로 입금된다."

이제 그는 팀과 함께 계속 콘텐츠를 생성해내며 수입을 유지하고 있다. 초기에 시간을 많이 투자한 결과 광고 수익은 수동적이 되었다.

지금까지 수동적 광고 소득의 두 가지 큰 영역을 다루었다. 제휴 마케팅이나 온라인 광고에 뛰어드는 것을 주저하지 마라. 주변을 둘러보라. 어디서 광고를 보았는가? 즐겨 듣는 팟캐스트인가? 팟캐스트를 운영하거나 아니면 시작할 계획이 있는가? 유튜브 영상에서 광고를 보았는가? 영상 만들기를 좋아하거나 운영하는 유튜브 채널이 있는가? 스마트폰 앱은 어떨까? 광고 수익을 창출할 앱 개발 아이디어가 있는가? 가능성은 무한하다.

Chapter 18

위탁판매 시장에서 살아남기

나는 엠제이 드마코MJ DeMarco가 쓴 책《부의 추월차선The Millionaire Fastlane》에서 처음으로 위탁판매에 대해 배웠다. 이 책을 진심으로 추천한다. 또한 쇼피파이Shopify에서는 위탁판매가 무엇인지 기가 막히게 잘 설명해줄 뿐 아니라 위탁판매를 위한 모든 것을 제공한다.

위탁판매는 상품을 매장에 재고로 쌓아두지 않고 판매하는 소매 방식이다. 대신 판매자는 물건을 팔 때 제3자에게 물품을 구입해 고객에게 직접 배송하도록 한다. 결과적으로 판매자가 상품을 직접 보거나 취급하지 않는다.

위탁판매와 기존 소매 방식의 가장 큰 차이점은 판매자가 상품 재고를 쌓아두지 않는다는 점이다. 대신 판매자는 주문을 받고 필요에 따라 제3자 (일반적으로 도매업자나 제조업자)에게 재고를 구매한다.[41] 일반적으로 상품 생산과 판매 과정에 참여하는 당사자는 모두 4명이다.

소비자 소비하기 위해 제품을 사는 마지막 사람이다. 아마존에서 청바지를 산 당신이 바로 소비자다.

소매업자 소비자에게 물건을 판매하는 당사자다. 위의 예에서 아마존이 소매업자가 된다.

도매업자나 유통업자 소매업자는 일반적으로 도매업자나 유통업자라고 하는 중간상인을 통해 제조업자로부터 제품을 구매한다. 이들의 존재는 주로 가시적이지 않다.

제조업자 제품을 실제로 만드는 당사자다. 미국에서 판매되는 제품은 주로 중국이나 해외 다른 국가에서 만들어진다.

기본적으로 제품 판매 과정은 다음과 같다.

제조업자 → 도매업자 → 소매업자 → 소비자

위탁판매를 하면 적어도 한두 명의 중간상인이 빠지게 된다. 당신이 이 사업에 뛰어들면, 소비자가 어떤 제품을 사도록 유도하는 일을 하게 된다. 그다음 위탁판매를 해줄 제조업자를 발굴해 당신이 판매한 소비자에게 직접 그 상품을 배송하도록 하면 된다. 당신은 판매 촉진을 책임지고 제조업자는 나머지 일을 담당한다.

위탁판매 제조업자 → 소비자

주로 위탁판매를 하는 도매업자나 유통업자와 일하는 경우가 더 일반적이다. 이 경우 소매업자가 빠진다.

제조업자 → 위탁판매 도매업자 → 소비자

위탁판매를 하게 되면 수천 달러를 투자해 재고품을 쌓아둘 필요 없이 상품을 판매할 수 있다. 물리적 재고품이 없기 때문에 포장이나 배송, 창고나 저장공간 찾기, 재고품 관리, 반품 처리, 경상비 처리 등 모든 귀찮은 일들을 다룰 필요가 없다. 9장에 나온 티셔츠 주문형 인쇄를 생각해보자.

이렇게 되면 초기에 자금투자를 하지 않아도 될 뿐만 아니라 리스크를 크게 줄일 수 있다. 당신 역시 안 팔릴 수도 있는 제품을 구매하느라 수천 달러를 투자하고 싶지는 않을 것이다. 그렇다고 이 수동적 소득 흐름을 구축하는 데 돈을 한 푼도 투자할 필요가 없다는 말은 아니다. 1단계에서 웹사이트를 만드는 데 시간을 들여야 하고 또 쇼피파이를 이용한다 할지라도 자금을 어느 정도 투자해야 한다. 소프트웨어와 코딩 기술이 없다면 경비 지출에 변화가 있을 것을 예상하라. 보기 좋은 웹사이트가 얼마나 중요한지 절대로 간과해서는 안 된다.

요즘 위탁판매 경쟁이 치열하다. 이 퍼즐에서 맞추기 가장 어려운 조각은 팔릴 만한 상품을 찾는 것이다. 위탁판매로 물건을 판매할 수 있는 방법은 두 가지다.

1. 위탁판매 도매업자가 갖고 있는 상품 판매하기

2. 직접 제품을 개발해 제조한 다음 위탁판매하기

둘의 차이를 이해하는 것은 중요하다. 좀 더 일반적인 형태인 첫 번째 위탁판매 방식은 두 번째 방식보다 덜 수동적이고 수익성이 낮다. 이 둘을 비교하여 살펴보자.

도매업자 상품으로 위탁판매하기

첫 번째 방법은 대부분의 위탁판매업자가 하는 방식이다. 그들은 기존의 물건들을 찾아 마케팅하고 판매한다. 즉, 도매업자가 제공하는 제품을 위탁판매하는 것이다. 도매업자와 협력했을 경우 장단점이 있다. 재고를 처리하지 않아도 된다는 점은 좋지만 재고와 배송을 관리하기 위해 도매업자에 대한 의존도가 커진다. 이 말인즉, 당신이 컨트롤할 수 있는 부분이 상대적으로 줄어든다는 뜻이다. 다른 사람들이 실수를 할 수 있지만, 결과적으로 당신의 사업이기 때문에 당신이 책임을 져야 한다.

이것이 어떻게 작동하는지 알아보기 위해 몇 가지 변수를 가정해보자. 매달 방문자수가 1,000명인 웹사이트에서 상품을 판매한다고 해보자. 방문자 중에서 실제로 제품을 구매한 사람의 수를 의미하는 전환율은 2퍼센트이다. 그러니까 매달 1,000명 중에서 20명이 주문을 하는 것이다. 만약 평균 주문 금액이 50달러고 이익률이 20퍼센트라면 물품 1개당 평균 수익이 10달러다. 20개를 판매해 하나당 10달러씩 벌었다면 한 달에 200달러를 번 셈이다. 월별 방문자, 전환율, 평균 주문 금액, 이익률이 얼마인지 안다면 그 사업으로 얼마를 벌 수 있는지 역시 예상할 수 있다.

많은 도매업자는 가격이 저렴한 중국으로부터 물건을 공수하고 있지만, 이 모든 것은 다른 국가와의 최근 무역협정에 달려 있다. 최근 들어, 위탁 판매 참여자가 크게 늘면서 수익이 많이 줄어들었다. 이익률이 낮기 때문에 수익을 어느 정도 내려면 매출이 커져야 한다. 위탁판매는 창업 비용이 적고 경쟁이 치열하기 때문에 이 사업에 뛰어든 사람들은 가격을 최대한 낮춰 사람들의 눈길을 사로잡으려고 한다. 이는 경쟁력을 확보하기 위해 가격을 떨어뜨려야 한다는 뜻으로, 결과적으로 이윤이 줄어든다.

수동적 위탁판매 사업을 시작하기 위해서는 장기적으로 시장성을 갖춘 독특한 제품을 찾는 것이 관건이다. 위탁판매업자들은 사람들이 원하거나 필요하거나 아니면 문제를 해결해주는 상품을 잘 포착해야한다. 이를 위해서는 최신 트렌드를 계속 연구해야 한다. 신곡을 계속 발표해야 하는 뮤지션처럼 말이다. 어떤가? 수동적이지 않다.

(지나친 예이긴 하지만) 만약 당신이 금광을 발굴해 시장을 독점할 수 있는 제품을 지속적으로 판매한다면, 이런 유형의 위탁판매는 수동적이다.

염두에 둔 제품이 있다면 시장 조사를 해보라. 가능성이 있다면 실제로 사람들에게 테스트해보고 경쟁 업체가 어떻게 하고 있는지, 가격은 얼마로 책정해야 하는지 알아보라. 그 과정에서 함께 일할 도매업자를 발굴할 수 있다. 위탁판매를 해주는 도매업자를 찾는 몇 가지 방법이 있는데, 인터넷 검색, 공급업체 리스트 구매, 제조업자와 연락해 추천받기 등이다. 업체들을 다시 한번 조사해보라. 위조 방지 서비스를 제공하는가? 보험에 가입

되어 있는가? 믿을 만한 업체인가? 당신에게 증명서를 발급해줄 수 있는 가? 구매자 리뷰가 좋은가?

그다음 어디에서 팔 수 있을까? 위탁판매 플랫폼인 이베이, 아마존, 특히 쇼피파이에서 위탁판매할 수 있다. 쇼피파이는 사업 전체를 세팅할 수 있는 오벨로Oberlo 서비스를 제공한다. 쇼피파이 웹사이트에 들어가 보고 오벨로 서비스를 직접 활용해보면 시스템을 얼마나 쉽게 만들었는지 깜짝 놀랄 정도다. 위탁판매 사업이 어떻게 이뤄지는지에 대해 배울 수 있고 궁금증을 해소할 수 있는 좋은 사이트다.

기존의 위탁판매 사업체를 인수함으로써 위탁판매 사업에 뛰어들 수도 있다. 최근에 인터넷에서 쇼피파이 상점을 8,000달러에 인수해 지금은 거의 일하지 않고 2,500달러의 수익을 내고 있는 사람의 글을 읽은 적이 있다.[42] 당신에게 돈이 있고 어떤 사업을 시작하기에 앞서 조사하고 있다면, 위탁판매 역시 재미있는 선택이 될 수 있다.

직접 제조한 제품 위탁판매하기

위탁판매 사업을 시작하기 위해 장기적으로 시장성이 높은 독특한 제품이 필요하다면 직접 제품을 개발하는 것은 어떨까? 일반적인 위탁판매 사업과 비교했을 때, 자신만의 독특한 제품을 개발하는 것이 더 낫네, 나쁘네, 어렵네, 쉽네, 하며 의견이 분분할 수 있다. 당신이 제품을 개발했다면 특허를 내고 시제품을 개발하며 주문에 따라 생산할, 다시 말해 맞춤 제작해줄 제조업자를 찾아야 한다. 이 과정은 어렵고 또 돈이 더 많이 든다. 게다가 기존에 없는 제품을 어떻게 생각해낼 수 있을까?

만약 당신이 창의적인 사람이나 발명가가 아니라면 그런 사람을 찾아보아라. 그들의 두뇌를 빌려라. 새로운 아이디어가 떠오를 수 있고 또 그들과 협력해 그들의 아이디어가 현실이 되도록 도울 수 있다. 일상생활 속에서 번거로웠던 점들을 떠올리고 어떻게 개선할지 고민해보라. 세수할 때 물이 팔꿈치를 타고 흘러내리는 짜증나는 문제를 해결할 새로운 제품은 없을까?(출시만 되면 나부터 살 의향이 있음)

얼마 전 나는 한 부부와 이야기를 나누었다. 15년 전에 조이스 빌러Joyce Miller는 그의 남편 빌Bill에게 전기레인지 커버를 만들어달라고 요청했다. 그녀는 공간이 쓸데없이 버려지는 게 싫어 보기에도 예쁘고 작업 공간으로도 활용할 수 있는 단순하고 평평한 전기레인지 커버를 원했다. 직업이 엔지니어인 빌은 아내를 위해 무언가를 뚝딱 만들어주었다. 나중에 부부가 저녁 파티를 열었을 때 손님들이 그것을 보고 다들 하나씩 갖고 싶어 했다. 조이스와 빌은 주문을 받기로 했다. 전기레인지 커버를 만들어줄 현지 제조업자를 발견했고, 그것으로 사업을 시작했다. 그들은 지금까지 50만 달러 이상의 수입을 올렸다(그 독특한 제품이 궁금하다면 웹사이트를 방문해보라. www.cooktopcover.com).

새로운 제품을 생각해내는 것은 어렵지만 가장 보람찬 일이기도 하다. 기존의 제품을 개선하는 것 역시 효과가 있다. 당신이 직접 개발했기 때문에 직접 통제할 수 있다는 점만 제외하고, 나머지는 모두 일반적인 위탁판매와 같은 방식으로 진행된다. 이 사업을 하려면 다음 두 가지 중 하나를 택하면 된다.

1. 위탁판매도 같이 하는 맞춤제작 제조업자를 찾기
2. 당신 제품을 가지고 당신과 함께 일하기를 원하는 제조업자와 위탁판매 도매업자 찾기

위탁판매 사업이 성공하기 위해서는 시장성을 갖춘 탁월한 제품이 있느냐가 중요하다. 그다음 제품을 만들거나 공급해줄 사람을 찾고 판매를 위한 온라인 플랫폼을 구축해야 한다.

제휴 마케팅, 광고, 그리고 위탁판매는 이미 플랫폼이 있는 사람이나 인터넷에 능통하고 전자상거래 세계를 탐험하고 싶은 사람에게 딱 맞는 수동적 소득 아이디어다. 다른 수동적 소득 흐름과 마찬가지로 당신이 어떻게 하느냐에 따라 수동성 정도가 달라진다. 기반을 닦고 추진력을 얻는 데 시간이 필요하지만 손대지 않고서도 소득을 계속 창출해내는 일은 정말로 흥미진진하다. 최종 목표는 결국 소셜미디어 관리자를 채용해 사업 관련 대부분의 일을 처리하도록 하는 것이다.

이제 당신에게 내가 가장 좋아하는 수동적 소득 흐름을 추천해주고자 한다.

Part 6

부의 자동화를
완성하다

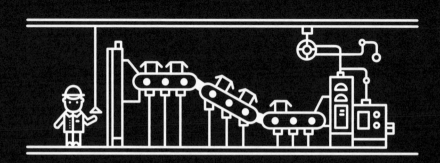

Chapter 19

부동산 부자들의 사고방식

드디어 내가 가장 좋아하는 수동적 소득인 임대 소득까지 왔다. 임대 소득은 소유한 부동산을 임대할 때 발생한다. 임대 소득의 가장 일반적인 유형은 소유하고 있는 주택, 트리플렉스triplex◆, 아파트, 사무실 등을 임대하는 것이다. 부동산을 매입하고 담보대출을 갚고 기타 비용을 지급한 다음 시세에 따라 현금 수익을 창출할 수 있는 적정 수준에서 임대한다. 또한 창고, 남는 방, 광고를 부착할 수 있는 자동차나 주차공간을 임대함으로써 창의적으로 임대 소득을 창출할 수 있다.

이러한 아이디어는 모두 직접적인 임대 소득 범주에 들어간다. 앞서 3부에서 자본 소득을 얘기할 때 나왔던 리츠나 펀드라이즈 같은 플랫폼을 통

◆　복도를 연결지점으로 삼아 각 세대가 3개 층을 이루는 복층형주택을 의미한다.

해 간접적으로 임대 소득을 창출할 수도 있다. 간접 임대 소득에 대해 좀 더 이야기하면서 직접 임대 소득이 더 나은 이유를 설명하겠다.

임대 소득의 체크포인트

다섯 가지 변수를 바탕으로 임대 소득을 분석해보자. 특별히 주거용 부동산 직접 임대 소득에 대해 알아보겠다.

확장성 낮다. 코인 기계와 마찬가지로 임대 소득은 반드시 물리적 대상을 소유해야 한다. 부동산은 지리적 위치의 제한을 받을 수도 있고 그렇지 않을 수도 있다. 여러 부동산을 보유한 임대 소득자로 금세 발전하기란 상당히 어려운 일이다. 즉, 임대 소득은 확장성이 크지 않다.

통제와 규제 중간. 당신은 부동산을 완전히 통제하고 있으면서 법과 규제의 지배를 받는다. 예를 들어 현지 규정을 위반하거나 돈을 내지 않는 세입자를 내쫓는 것은 쉬운 일이 아니다.

투자 상황에 따라 다르다. 대부분의 사람들이 부동산을 사려면 많은 자금이 필요하다고 생각한다. 하지만 꼭 그렇지만은 않다. 수천 달러를 저축해 임대 부동산을 매입할 수도 있고 아니면 다른 방법을 찾을 수도 있다. 부동산 투자를 할 때 부동산 찾기, 매입, 리모델링, 좋은 세입자 찾기 등 사전에 시간을 투자해야 한다.

시장성 임대 부동산의 가격이나 건물 상태 등에 따라 달라진다.

수동성 높다. 부동산 관리인이 있다고 가정해보자. 이것은 정말로 중요한 가정이다. 임대 소득 창출의 목표는 부동산 관리인을 고용해 당신은 실제로 관리할 필요가 없도록 하는 것이다. 부동산 관리인이 있다면, 임대 소득은 매우 수동적이다. 그렇지 않다면 임대업을 전업으로 삼아야 할 수도 있다.

간접 vs 직접

먼저 간접 임대 소득인 리츠와 부동산 크라우드소싱의 장점을 간단히 정리해보자. 14장에 나온 자본 소득의 정의와 작동 원리에 대한 설명을 참조하라. 이러한 간접 투자는 자본 소득에 속하지만, 실제적인 실물 부동산 투자와 비교해볼 필요가 있다.

첫째, 간접 임대 소득은 창업 비용이 적게 든다. 리츠나 펀드라이즈에 최소 금액을 투자하는 것이 임대 부동산 다운 페이먼트down payment◆를 마련하느라 돈을 저축하는 것보다 훨씬 쉽다. 또한 간접적으로 부동산에 투자하면 투자가 훨씬 다각화된다. 부동산 몇 개에 많은 돈을 투자하는 대신에

◆ 주택담보대출을 제외한 매도인에게 주는 선금 총액을 의미한다.

많은 부동산에 약간의 돈을 투자할 수 있다. 리스크가 낮다는 것은 보상이 적다는 의미로 해석된다.

간접 임대는 실제로 임대 관리를 하는 것이 아니기 때문에 임대 소득에 대한 통제력이 약하다. 당신은 그저 다운 페이먼트를 낸 투자자인 것이다. 또한 간접 임대 소득은 정말로 수동적이어서 부동산을 관리할 필요도, 시간을 투자할 필요도 없다. 그렇지만 직접 임대 소득은 부동산 관리인이 없다면 어느 정도 직접 일을 해야 한다.

직접이든 간접이든 임내 소득에는 여러 장단점이 있다. 나는 개인적으로 직접 임대 소득이 더 낫다고 생각한다. 하지만 다른 사람들은 간접 임대 소득이 자신의 상황에 더 적합하다고 생각할 수 있다. 상관없다. 어떤 식으로든 부동산에 투자하는 것이 중요하다.

소득 창출 방법

이제 실제로 소유한 부동산을 임대하는 직접 임대 소득으로 넘어가보자. 직접 임대 소득은 그 형태와 규모가 다양하다. 에어비앤비나 VRBO(익스피디아의 자체 숙소 임대 플랫폼)를 통해 며칠 또는 몇 주를 단기 임대할 수도 있다. 보관용 창고나 자동차 측면 등의 공간을 임대할 수도 있다. 규모를 더 확장해본다면 주차장이나 창고 등을 매입해 공간을 임대할 수 있다. 또한 전통적인 장기 임대 부동산 투자가 가능하다. 이 경우 주거용(단독주택)일 수도 있고, 상업용(사업주나 회사에 사무실을 임대하는 것)일 수도 있다.

하나씩 놓고 실행 계획을 얘기해보자. 에어비앤비를 하거나 휴가 때 집을 임대하는 일은 전통적인 임대 부동산 투자 방식과 동일하다. 임대기간만 기존의 1년보다 짧을 뿐이다. 단기 임대에 대한 규제는 상당히 많고 에어비앤비처럼 운영하기 위해서는 관련 허가를 받아야 한다. 멋진 점은, 필요한 허가증이 있고 적절한 곳에서 부동산을 매입했으며 법규를 준수하기만 한다면 누구든지 에어비앤비에 소유 부동산을 올릴 수 있다는 것이다. 집 전체를 올릴 필요가 없다. 주말에 남는 방 하나, 혹은 휴가기간 동안 집을 비울 예정이라면 그동안 방을 제공할 수도 있다.

단기 임대를 할 때에는 일을 더 많이 해야 한다. 에어비앤비는 투숙객에게 전문적으로 청소 서비스를 제공해줘야 하며 침대 시트에서 화장지에 이르기까지 모든 비품을 제공해야 한다. 좋은 점은 일이 많을수록 대개 수익이 높다는 것이다.

일반적으로 단기 임대의 경우 사람들은 에어비앤비나 VRBO 같은 플랫폼을 이용해 집을 올리는데, 플랫폼은 투숙객 선정에서 비용 지급에 이르기까지 모든 과정을 지원한다. 다시 말해 임대 문서나 계약서를 직접 작성하는 것보다 훨씬 간단하고 쉽다.

공간 임대는 또 다른 창의적인 발상의 수동적 소득이다. 사람들은 가진 것을 보관할 곳이 필요하다. 차고가 있는가? 어떤 사람들은 당신 차고에 차를 주차하기 위해 매달 40달러를 지불할 용의가 있을 것이다. 지하실이나 창고 등 남는 저장 공간이 있는가? 창고회사에 월 125달러를 내는 대신에, 매달 50달러를 내고 당신 집에 있는 창고를 임차하려는 사람이 있을 수도 있다.

또한 차에 광고를 붙이고 돈을 받을 수도 있다. 구글에서 '차에 광고물 부착하고 수수료 받는 법'이나 이와 비슷한 내용을 검색해보라. 사기를 칠 수 있으니 가짜 자동차 광고회사를 조심하라. 괜찮다는 생각이 들어도 너무 큰 기대는 하지 말기 바란다. 회사 차원에서는 보통 대도시에 살면서 운전을 많이 하는 사람들에게 돈을 주고 싶어 한다. 요점은 임대 소득을 올릴 수 있는 다양한 방법이 있다는 것이다.

임대 소득의 가장 전형적인 유형은 상업용이나 주거용 부동산에 투자하는 것이다. 상업용 부동산은 사무실, 창고, 쇼핑몰 등이 포함된다. 이를 소유하고 있다면 사업체를 운영하거나 가게를 개업하기 위해 장소가 필요한 사업주들에게 임대할 수 있다. 오피스 빌딩에 비하면 단독주택을 매입하는 것은 비용은 적게 들지만, 단독주택 투자도 적은 돈이 드는 것은 아니기에 더 이상 자세히 설명하지 않겠다. 큰 빌딩은 매매가가 보통 수백만 달러를 호가한다.

모든 아이디어는 고민해볼 만한 가치가 충분히 있다. 설명은 이쯤에서 접고 이제 이번 장의 핵심인 주거용 부동산 투자로 들어가 보자.

주거용 부동산

주거용 부동산 임대는 어떻게 하는 걸까? 간단한 예를 들어보겠다. 10만 달러짜리 단독주택(내가 사는 중서부 기준으로)을 매입했다고 가정해보자. 대출을 받아 실제 투자액은 3만 달러이고, 여기에는 다운 페이먼트, 부동산 수수료, 수리비 등이 모두 포함된다. 한 달에 1,200달러에 그 집을 임대한다. 매달 담보대출, 보험, 세금, 집주인이 내야 하는 공과금, 공실비, 유지보수비, 부동산 관리비, 그리고 기타 등으로 지출된 금액이 870달러다. 이 말은 한 달에 330달러를 번다는 뜻이다. 수동적 소득으로 매년 3,960달러를 버는 셈이다.

임대 부동산 투자로 얻을 수 있는 막대한 경제적 혜택은 다음 세 가지다.

현금흐름이나 수동적 소득 위의 예에서 현금흐름은 매달 330달러 혹은 매년 3,960달러로, 투자 대비 현금수익률이 13.2퍼센트다.

자기 자본 구축 세입자가 담보대출을 갚아주니 사실상 당신은 30년 동안 담보대출금을 한 푼도 갚지 않고 빚 없이 내 집을 소유하게 된다(2008년 세계 경제 위기 때 경험했던 것처럼 어느 것도 보장할 수 없지만). 그리고 30년이 지난 시점에서 그 집의 가치는 훨씬 높아질 것이다.

그런데 위의 예에서 초기 투자금이 3만 달러라는 얘기에 이미 의기소침했다면 그럴 필요 없다. 이번에는 당신이 거주하는 곳이 부동산 가격이 높은 지역인지 아닌지와 무관하게, 일반적으로 내는 다운 페이먼트의 부담을 줄이기 위해 하우스해킹 house hacking ◆과 BRRRR 방식 ◆◆ 등 몇 가지 전략을 알려주겠다. 이 방법들을 사용하면 훨씬 적은 돈으로도 시작할 수 있다.

◆ 　다세대 주택을 사서 그중 한 곳에서 살고 나머지는 임대하는 방법을 말한다.
◆◆ 　집을 사서(Buy), 고치고(Rehab), 렌트하고(Rent), 재융자를 받아서(Refinance), 남은 금액으로 다시 이를 반복하는 것으로(Repeat), 투자할 자본이 없을 때 남의 돈으로 미국 부동산에 투자하는 비법이다.

나는 부동산 투자에 관해 책 몇 권을 쓸 수 있을 경지에 도달했다. 이 글을 쓸 당시, 나와 앤드류는 다섯 채의 임대 부동산(방 35개)을 소유하고 있으며, 여기에서 나온 소득만으로 우리 두 사람이 원하는 삶을 살기에 충분하다. 또한 나는 부동산 중개인 자격증을 가지고 있고 부동산 매매와 관련해 모든 맥락을 잘 알고 있다. 먼저, 부동산 재벌인 데이비드 오스본David Osborn의 이야기를 잠깐 들어보자.

부동산 재벌 데이비드 오스본

데이비드 오스본은 정말 대단한 사람이다. 그는 세계에서 가장 성공한 부동산 프랜차이즈 사장으로, 부동산으로 수천만 달러를 벌었고 단독주택 1,000여 채를 매매했다. 또 그는 베스트셀러《인생에 승부를 걸 시간Wealth Can't Wait》의 저자이자《미라클 모닝 밀리어네어》의 공동 저자다. 그의 이야기를 나눌 수 있어 너무나도 기쁘다. 여기서 그의 멋진 행보를 직접 확인할 수 있을 것이다.

데이비드는 '고번던스GoBundance'라는 마스터마인드 그룹을 운영하는데, 그들은 '100퍼센터'라는 개념을 갖고 있다. 이는 경제적으로 필요한 부분을 100퍼센트 수동적 소득으로 충족시키는 사람을 뜻한다. 만약 당신의 한 달 생활비가 5,000달러라면, 매달 5,000달러의 수동적 소득을 벌어들인다는 말이다.

데이비드는 100퍼센터라는 개념이 얼마나 멋진지 설명했다.

"당신이 경제적으로 자유롭다면 원하는 것은 무엇이든 할 수 있다. 당신은 세상을 바꿀 수 있다. 그것은 게임이다. 물론 수동적 소득이 쉽지만은 않다. 그렇다고 아이폰 후속 모델을 디자인하는 것처럼 어렵지 않다."

대학을 졸업하고 1년을 일한 다음, 데이비드는 2년 동안 히치하이크를 하며 세계를 돌아다니느라 가진 돈을 모두 써버렸다. 1990년대 중반에 미국으로 돌아올 때 그는 신용카드로 비행기표를 사느라 자산이 마이너스 상태(-1,500달러)였다. 그때 그의 나이는 스물여섯이었다. 다음 대화를 읽어보라.

나: 당신은 스물여섯에 이 일을 시작했다고 들었다. 당시 빈털터리였고 실업자였는데, 어떻게 시작하게 되었는가?

데이비드: 그때 나는 해외에서 부모님 댁으로 돌아왔다. 어머니는 당시 부동산 중개업을 하셨고 아버지는 전역한 군인이셨다. 어머니가 '부동산 일을 한번 해볼래?'라고 하셨다. 그때만 해도 내가 부동산 중개업자가 되리라고는 전혀 생각하지 못했다. 하지만 그 일에 뛰어들어 어머니와 함께 일했고 3년이 지나자 한 해에 2,600만 달러를 벌어 미국에서 가장 큰 규모의 컴퍼니인 켈러 윌리엄Keller Williams에서 1위를 했다. 그렇게 부동산을 팔면서 나는 내 자산을 마련하기 시작했다. 역사적으로 벤처사업으로 부자가 된 사례보다 부동산 재벌이 훨씬 더 많았다는 사실이 마음에 들었다. 부동산은 그 어떤 사업보다 더 많은 부를 창출한다. 나는 페이스북이나 아이폰의 후속 모델을 디자인할 수는 없지만, 집을 사는 데 매달 1,000달러를 내고 매달 1,100~1,200달러에 그 집을 임대하는 법은 잘 알고 있다. 나는 경제

적 자유를 원했다. 나에게 자유는 아주 중요했고, 자유에 도달하기 위한 방법으로 집을 샀다.

데이비드는 1995년에 7만 7,000달러에 처음으로 집을 샀고 다운 페이먼트로 2만 달러를 냈다. 그는 지금도 그 집을 보유하고 있다. 그 집에서 2년을 산 다음 다른 곳으로 이사 간 뒤 그 집은 임대했다. 2001년 집값이 많이 올라 대출금을 상환하고 6만 달러가 남았다. 그 6만 달러를 가지고 그는 세 채의 집을 더 샀고, 네 채의 집이 지금은 60만 달러의 가치를 지닌다. 이 네 채에서 매달 들어오는 순현금흐름은 2,800달러다. 그 돈은 모두 15년짜리 국채에 투자했다. 1995년에 시작해 2019년까지 데이비드의 자산은 집 네 채만 놓고 보았을 때 2만 달러에서 60만 달러로 불었다.

나: 첫 번째 집을 살 때 다운 페이먼트가 2만 달러였는데, 그 돈은 집을 매매해 받은 수수료를 모아 마련한 건가?

데이비드: 주택 매매의 좋은 점은 상한선이 없다는 것이다. 그 덕분에 내 수입이 빠르게 증가했다. 부모님 집에서 살면서 저축해 돈을 모았다. 나는 절대로 돈을 함부로 쓰지 않았다. 차는 중고차 한 대가 있었다. 구찌 신상 로퍼를 사야겠다는 생각은 한 번도 안 들었다. 메르세데스 신차에 관심이 없었다. 나는 그런 것들이 전혀 필요하지 않았다.

데이비드와 나는 정(+)의 레버리지 효과에 관해 이야기를 나눴다. 정(+)의 레버리지란 타인의 자본을 빌리면 그렇지 않았을 때보다 더 많은 돈을 벌 수 있다는 생각이다. 데이비드는 2008~2009년에 기회를 아주 잘 포착했다. 레버리지를 잘한 덕에 그는 현재 대략 101채의 집을 보유하고 있다.

데이비드: 101채에서 한 해에 나오는 순현금소득은 55만 달러다. 모두 자동으로 굴러가고, 나를 대신해 부동산을 관리해주는 훌륭한 사람이 있다.

나: 어느 시점이 되었을 때 부동산 관리인을 고용했나?

데이비드: 초기에는 내가 알아서 다 해보려고 했는데 그 일이 너무 싫었다. 부동산을 관리하는 게 힘들어 이 일을 하지 않겠다는 사람이 많은데, 나도 그 논리에 설득당할 뻔했다. 왜냐하면 누군가 전화해서 파이프가 새서 온 집에 물난리가 났다고 하면 토요일 새벽 4시라도 벌떡 일어나 침수된 집을 수리해줘야 하기 때문이다. 그런데 그렇게 해도 한 달에 고작 100달러 아끼는 거라는 사실을 알면 더는 하고 싶지 않을 것이다. '잠깐만, 한 달에 100달러 더 쓴다고 내 인생이 망하는 것도 아니잖아?'라는 생각이 들 것이다.

난 운이 좋게도 주변에 부동산과 관련된 사람들이 많이 있었다. 그중 한 명이 왜 부동산 관리인을 고용하지 않느냐고 물었다. 그는 웨이터에게 15퍼센트의 팁을 주는데, 부동산 관리인은 8퍼센트만 요구한다고 말했다. 이 말을 한 사람은 로버트 기요사키Robert Kiyosaki였다. 그당시 집이 다섯 채가 있었던 것 같다. 나는 그의 조언대로 부동산 관리인을 고용했다. 집 관리에서 해방된 나는 이렇게 말했다. '와. 정말 좋은데? 아무것도 안 해도 되잖아.' 그냥 돈만 관리하면 되었다. 그후 이런저런 우여곡절이 있었고 또 이를 보완해야 하는 과정도 있었지만, 결과적으로 부동산 관리인을 두었기 때문에 한 달에 한 시간 정도만 시간을 내어 일을 하면 된다.

나: 부동산 관리인을 고용하지 않고 집을 다섯 채 보유하고 있을 때한 주에 혹은 한 달에 몇 시간씩 일했는지 기억나는가?

데이비드: 때에 따라 달랐다. 어떤 주는 정말 아무것도 하지 않아도되었고, 또 어떤 수는 수리하러 두세 번 간 적도 있었다. 거의 20시간쯤 될 것이다. 정규직처럼 온종일 일하는 것은 아니었다.

나: 부동산 다섯 채에서 나오는 현금흐름은 얼마였는가?

데이비드: 처음 다섯 채만 있을 때는 모든 경비를 지출하고 100달러가남을 것으로 기대했는데, 한 달에 500달러 정도 들어왔다. 내가 2만달러를 투자했다는 사실을 기억하라. 어쨌든 그렇게 해서 1년에 현금으로 6,000달러가 들어왔으니, 현금 수익률은 33퍼센트였다. 그리고원금도 있다. 현금 수익이 크지는 않았지만, 그 돈으로 단독주택 한 채를 더 살 수 있었다. 그때에는 다세대 주택은 많이 투자하지 않았다.

나: 배우는 과정에서 나왔던 최대 실수가 무엇인가? '욕'이 나올 정도로 심각했던 일이 있었나?

데이비드: 가장 흔하게 범하는 실수는 세입자에게 관대한 것이다. 이혼한 지 얼마 안 된 한 여자가 아이 둘과 개 한 마리를 데리고 왔다.

나는 개는 안 된다고 말했고, 그녀는 개를 안으로 들인 다음 정말 눈물 없이 들을 수 없는 이야기를 계속했다. 그 이후로 1년이 흘렀고 나는 8,000달러를 손해 보고 그녀를 내보내야 했다. 그런데 그녀는 내가 자신에게 나쁜 짓이라도 한 것처럼 나가면서 집을 엉망으로 만들었다. 나는 그녀가 고달픈 삶을 살았고 그녀의 남편이 다른 여자와 도망간 것을 알고 있었다. 하지만 그렇다고 내가 하는 주택임대가 자선사업은 아니었다. 나는 이 사실을 어렵게 배웠다.

또 다른 한 가지는 과도한 레버리지는 금물이라는 점이다. 다른 사람을 보며 이 교훈을 얻었다. 90~100퍼센트 대출로 집을 사는 사람들이 있다. 두 번의 경기 침체를 겪으면서 정말 부유했던 사람들이 부동산을 매입할 때 사용한 과도한 레버리지와 부채로 빈털터리가 되는 것을 보았다. 그래서 나는 부채비율을 8대 2나 7대 3을 유지하려고 늘 노력한다. 다만 시작 단계라면 레버리지가 좀 더 높아도 괜찮을 것 같다. 이 길로 처음 들어서는 사람이라면 어느 정도 공격적으로 투자하는 것이 현명하다.

자산은 당신을 먹여 살리고 부채는 당신을 잡아먹는다. 현금흐름이 절대로 마이너스가 되어서는 안 된다. 매달 순현금흐름이 적어도 100달러는 되어야 한다. 나는 요즘 200달러를 목표로 한다. 공실, 부동산 관리, 담보대출 상환 등을 지출하고 난 후의 금액을 말한다. 난 절대로 마이너스 현금흐름을 만들지 않는다.

나: 모든 사람이 부동산에 투자해야 할까? 그렇다면 왜일까? 아니라

면 그 이유는?

데이비드: 누구나 부동산에 투자해야 하는데, 그 이유는 평범한 사람들이 경제적 자유로 나아가는 길이 바로 여기에 있기 때문이다. 그렇다. 석유를 파는 억만장자가 있고 신기술에 투자하는 억만장자가 있지만, 일반 사람에게는 불가능한 일이다. 반면에 부동산 투자는 누구나 할 수 있다. 부동산을 합산하는 데는 고등학교 교육 수준이면 충분하다. 땀을 흘려 자산 가치를 높일 수 있다. 만약 내가 IBM 주식을 샀다면 주식 가지에 넝이를 구기 위헤 할 수 있는 일은 아무것도 없다. 하지만 집을 샀는데 그 집이 수리나 관리가 잘 안 된 집이라면, 시간을 들여 그 자산의 가치를 올릴 수 있다. 열정 가득한 끈기와 약간의 지능이 필요할 뿐이다.

부동산은 중산층을 위한 현금 유동화 전략이다. 경찰로 30년 동안 일하며 집 10채를 사서 지금은 경제적으로 자유로운 사람들을 여럿 안다.

나: 많은 사람들에게 가장 큰 장애물은 자금이 충분하지 않다는 것이다. 자금이 2,000달러밖에 없는 사람도 부동산 투자를 할 수 있을까?

데이비드: 가장 먼저 해야 할 일은 책을 읽고 강의를 듣는 것이다. 그리고 거래가 돈보다 더 중요하다는 사실을 이해하라. 정말 좋은 거래를 찾았다면, '화이트 나이트white knight◆'를 찾을 수 있을 것이다. 나

◆ M&A용어로 적대적으로 매수하려는 매수자보다는 유리한 조건으로 매수할 것을 희망할 경우, 그 우호적인 회사를 말한다.

는 이런 일들이 여러 번 있었다. 누군가 와서 '내가 같이 살게'라고 말했다.

수동적 소득으로 매년 70만 달러 이상을 버는 사람을 알고 있다. 그는 투자자의 돈을 활용해 돈을 벌고, 투자자에게 8~10퍼센트의 수익을 돌려준다. 그는 사람들에게 가서 이렇게 얘기한다.

'이봐, 다운 페이먼트 20퍼센트가 필요해. 나에게 2만 달러를 빌려주면 내가 매년 2,000달러를 주겠네. 그리고 언제든 원하면 원금을 갚겠네.'

이렇게 하는 것도 한 방법이다. 물론 아주 공격적인 방법이다. 부동산 투자를 처음 하는 사람에게 가장 좋은 방법은 12~24개월 내에 임대로 돌릴 목적으로 집을 직접 사는 것이다.

데이비드는 다음과 같이 결론을 내렸다.

데이비드: 누구나 경제적 자유를 누릴 수 있다. 나는 평균 C학점으로 대학을 5.5년 만에 간신히 졸업했어도, 부동산을 통해 경제적 자유를 누리고 있다. 누구든지 가능하다. 그리고 내가 도와주겠다. 성공의 일정 단계에 도달하면, 가장 큰 성취는 다른 사람들의 꿈을 돕는 것이다. 그리고 그것이 바로 진정한 유산이다. 그것으로 충분하다.

이제 첫 번째 임대 자산을 위한 창의적인 자금 마련 방법을 알아보겠다. 하우스 해킹과 BRRRR 방법의 이모저모를 배우게 되고 이 전략들을 성공

적으로 수행한 사람들의 이야기를 들어볼 예정이다. 또한 부동산 가격이
비싼 지역에 거주한다면 어떻게 투자해야 하는지에 대해서도 배워보도록
하자.

Chapter 20

초보자가 투자 자금을 만드는 방법

　'돈이 많지 않은데 어떻게 시작할 수 있을까?' 이는 부동산 투자를 해보려는 사람들이 가장 많이 하는 질문이다. 이번 장에서는 이 문제를 주로 다뤄보고자 한다. 현금과 대출 중 어느 것이 더 나은지 따져보고, 그다음에 거액의 다운 페이먼트 부담을 줄이는 구체적인 전략, 즉 하우스 해킹과 BRRRR 방법을 함께 논의해보자. 더불어 물가가 비싼 지역 거주자들이 할 수 있는 방법도 다뤄보자.

현금 vs 대출

　어떤 사람은 현금으로 집을 사야 한다고 말하고, 또 어떤 사람은 담보대출을 받아 자산을 레버리지해서 집을 사야 한다고 주장한다. 둘의 장단점을 이야기해보자.

현금으로 사는 경우 매매가가 33만 달러라면 33만 달러의 현금 유동성이 필요하다. 대출은 포함하지 않는다. 분명한 단점은 다운 페이먼트와 대출 대신에 현금으로 바로 사기 때문에 훨씬 더 많은 자본이 필요하다는 점이다.

담보대출을 받아 자산을 레버리지할 수도 있다. 레버리지란 대출을 받아 수익을 훨씬 높게 창출하는 것을 뜻한다. 즉, 다운 페이먼트를 내고 나머지는 대출받아 초기 투자비용을 낮추는 것이다. 문제는 레버리지에 리스크가 뒤따른다는 사실이다. 2008년 많은 사람이 이를 경험했다. 10만 달러짜리 부동산을 살 때 다운 페이먼트 1만 달러만 투자하고 9만 달러는 대출로 구매했다고 가정해보자. 그런데 주택 거품이 꺼져 집값이 갑자기 8만 달러까지 떨어졌다. 그런데도 대출금은 여전히 9만 달러다. 이 말은 집값이 담보대출금보다 낮다는 뜻으로, 다시 말해 빚이 집값보다 많다는 뜻이다. 아무도 이런 상황을 기대하지 않았을 것이다. 2008년 이후 대출 조건이 훨씬 더 엄격해진 이유는 바로 이 때문이다(물론 실제로 그렇게 엄격해졌는지 사실 여부에 대한 판단은 제각각이다). 결론적으로 말하자면, 현금으로 사는 것보다 레버리지를 하게 되면 더 위험하다.

현금으로 집을 사면 담보대출이 없어 최대 '지출'이 사라진다. 지출을 강조하는 이유는, 엄격히 말해 임대 소득을 평가할 때 담보대출 원금 상환은 지출로 처리해야 하는데 투자자가 자기 자본으로 간주하기 때문이다. 많은 투자자가 수익에서 주택담보대출을 제외한 모든 비용지출을 뺀 금액, 순운영소득NOI, Net Operating Income에 집중한다. 그렇지만 나는 임대 부동산의 경우 결론적으로 담보대출금 상환 후 월별 현금흐름이 얼마인지가 궁금하다. 레버리지를 하게 되면 보통 20년, 25년 혹은 30년 만기 담보대출을 매달 상환해야 하는데, 이렇게 되면 현금흐름이 잠식당한다.

나는 자산을 레버리지해야 한다고 확신한다. 특히, 전체 투자금액의 25퍼센트를 다운 페이먼트로 투자했을 때 가장 안전하다고 느낀다. 나는 장기간 보유할 생각으로 투자한다. 즉, 부동산 가격이 떨어졌을 때 손해를 보고 정리하는 대신에 다시 회복될 때까지 그 기간을 견디어야 한다는 뜻이다. 내가 만일 전액 현금으로 부동산을 샀다면 지금 위치에 도달하지 못했을 것이다. 사실상 집 한 채도 갖지 못했을 것이다. 20대 중에서 투자 목적으로 10만 달러를 내놓을 수 있는 사람은 많지 않다. 레버리지를 통해 더 많은 사람이 부동산을 소유할 수 있다.

부동산 투자의 경우 대출 기관에서는 일반적으로 당신에게 20~25퍼센트의 다운 페이먼트를 요구한다. 하지만 2만 달러가 없다고 해서 이 수동적 아이디어를 폐기하지 말라. 하우스 해킹과 BRRRR 방법을 통해 그 요구조건을 우회해갈 수 있기 때문이다.

하우스 해킹

하우스 해킹은 듀플렉스, 트리플렉스 혹은 쿼드플렉스 등 공동주택을 살 때 가능하다. 당신이 직접 한 채에 살고 나머지 집을 임대해 담보대출을 충당하고 그 외에도 잠재적으로 능동적 현금흐름을 창출해낼 수 있다.

이 방식의 장점은 무엇일까? 개인 주거공간으로 집을 사용하기 때문에 당신은 집주인이자 실거주자다. 집주인이 실거주자가 되면 금리가 낮아지고 지급해야 할 계약금 조건도 낮아진다. 만약 당신이 그 집에 직접 거주한다면, 보훈청VA이나 연방주택국FHA 대출상품에서 다운 페이먼트가 0~5퍼센트로 낮아질 수 있다.

예를 들어 한 부부가 20만 달러에 트리플렉스를 샀다. 부부는 생애 첫 내 집 마련이고 연방주택국 대출 자격을 갖추었기 때문에 다운 페이먼트로 3.5퍼센트, 그러니까 7,000달러만 납부하면 된다.

자, 좀 전에 나왔던 레버리지가 높으면 리스크도 높다는 이야기를 기억하라. 주택 구매시 다운 페이먼트가 적을수록 변동성이 큰 시장에서 리스크는 커진다. 최악의 상황은 집이 담보대출에 넘어가는 것이니, 이 위험성을 충분히 고려해야 한다.

20만 달러짜리 트리플렉스를 놓고 부부는 판매자와 매매 수수료 및 선납금 협상을 한다. 트리플렉스는 수리가 좀 필요하지만 바로 이사할 수 있다. 검사, 감정, 기타 잡비를 모두 포함해 초기 투자금액이 8,700달러라고 하자. 집 세 채 가운데 두 채는 이미 각각 1,000달러 혹은 전체 2,000달러에 임대했다. 부부는 세 번째 집에 입주할 예정이다.

여기서 중요한 점은, 매달 2,000달러의 임대 소득이 들어오면 모든 지출을 충당할 수 있을 뿐만 아니라 매달 50달러라는 능동적 현금흐름이 생긴다는 사실이다. 앞으로 2년 동안 부부는 다음 두 가지 중 하나를 할 수 있다.

1. 트리플렉스에서 공짜로 살고 공격적으로 저축한다. 임대료나 담보 대출 상환에 쓰였을 돈을 저축한다. 2년 동안 1만 9,000달러를 저축한다. 그다음 그 돈을 가지고 다른 임대 부동산을 사서 더 많은 임대 소득을 창출한다.

2. 생활비에서 저축해온 돈에 매달 50달러를 합해 부동산을 수리하고 자산 가치를 높인다. 트리플렉스에 있는 오래된 가전을 새것으로 교체한다. 낡은 곳에 페인트를 다시 칠하거나 카펫을 새로 깐다. 낡은 욕실 두 개를 리모델링하고 진입로와 주차장의 움푹 파인 곳을 메운다. 2년 동안 임대료와 대출금으로 나갔을 1만 9,000달러를 주택 리모델링에 투자한다. 리모델링한 덕에 20만 달러에 산 트리플렉스의 가치가 이제 25만 달러가 되었다.

다양한 방법으로 하우스 해킹이 가능하다. 위의 예에서 부부는 하우스 해킹을 통해 거액의 다운 페이먼트를 지급하지 않고 임대 부동산을 살 수 있었다. 플립flip 매매도 가능하다. 플립 매매란 손볼 데가 많은 단독주택을 사서 2년 동안 그 집에 거주하면서 싹 다 고친 다음 그 집을 팔아 수익을 남기는 것이다. 이 경우에도 당신이 실거주자이기 때문에 거액의 다운 페이먼트를 지불하지 않아도 된다.

계속 2년을 말하는 이유는 무엇일까? 먼저, 대부분의 담보대출 기관이 최소 12개월에서 24개월까지 당신이 직접 거주할 것을 요구하기 때문이다. 따라서 이런 요구 조건들을 잘 파악해야 한다. 약속된 거주 기간을 다 채우지 않고 일찍 이사 가는 경우 담보대출 사기 혐의를 받을 수 있다.

또한 2년 거주 법칙은 양도소득세와도 관련이 있다. 당신이 샀던 가격보다 비싸게 집을 팔면 양도소득세를 납부해야 할 수도 있다. 다시 말해, 20만 달러에 트리플렉스를 사서 바로 25만 달러에 팔면 양도소득세를 내야 할 가능성이 크다. 양도소득세를 내지 않으려면, 최근 5년 중에서 2년을 그 집에서 거주해야 한다.

BRRRR 방법

하우스 해킹을 하거나 소유한 주택을 활용해 첫 번째 집을 마련한 다음 계속해서 임대 부동산을 쉽게 살 수 있다. 집을 사서 리모델링해 임대하고 그다음 다시 자본금을 만들기 위해 차환하는 방식이다. 이렇게 만들어진 자본은 다음 부동산을 구매하는 데 사용된다. 이 방법은 흔히 구매Buy, 리모델링Rehab, 임대Rent, 차환Refinance, 반복Repeat을 뜻하는 BRRRR 방법으로 알려졌다. BRRRR 방법은 비거포켓BiggerPockets에서 만들어낸 용어다.

오하이오에 본사를 둔 익셉셔널 홈스Exceptional Homes의 젠 리브스Jen Reeves 사장은 BRRRR 방법에 성공한 대표적인 인물이다. 젠과 그녀의 남편은 첫 번째 집을 플립 매매하는 것으로 하우스 해킹을 시작했다. 그들은 외관 리모델링이 필요한 집을 2년에 걸쳐 고쳤다. 리모델링 비용으로 1만 2,000달러가 들었다. 그리고 2년 뒤에 1만 8,000달러의 수익을 내고 그 집을 판 다음 그 돈으로 다음 주택을 샀다. 다음으로 산 주택은 소유주가 직접 내놓은 매물로 전혀 관리가 안 되어 상당한 리모델링이 필요한 집이었다. 젠은 다음과 같이 설명했다.

"리모델링을 하는 데 3개월이 걸렸는데 대부분 우리가 직접 했다. 그리고 그 일의 대부분이 담배 연기를 제거하는 작업이었다."

BRRRR 방법은 다음과 같다. 1년 후 감정가는 샀던 금액의 2배인 15만 5,000달러였고, 주택 순자산 신용한도 대출Home Equity Line of Credit은 5만 7,000달러였다. 젠 부부는 그 집을 임대해 다음 부동산에 투자할 거액의 돈을 마련할 수 있었다.

현재 젠 부부는 단독 주택 다섯 채를 임대 중이다. 그들의 목표는 매달 순소득 3,000달러이며, 내년쯤 그 목표를 달성할 수 있을 것으로 기대했다. 매달 3,000달러의 목표는 '현재 직장을 그만둘 때(그래야 할 때) 매달 들어가는 지출을 모두 충당할 수 있을 금액'을 기준으로 신중하게 설정되었다. 심지어 이 금액으로 건강보험까지 충당할 수 있다. 젠과 그녀의 남편은 오하이오에서 물가가 상당히 저렴한 지역에 거주한다. 일단 담보대출금을 모두 상환하면, 한 달에 7,000달러의 소득이 생길 것으로 예상되며, 그럼 훨씬 더 안정적일 것이다.

그렇다면 이 과정이 얼마나 수동적일까? 초기에는 돈을 절약하기 위해 젠과 그녀의 남편은 대부분의 일을 스스로 처리했다. 그러다 보니 시간을 많이 투자해야 했다. 그렇지만 그들이 BRRRR 과정을 반복함에 따라 일의 많은 부분을 다른 사람에게 맡겼다. BRRRR 방법은 시간이 많이 들지만, 돈은 적게 드는 방식이다. 자본금이 많지 않더라도 누구든지 이 방법을 통해 부동산 임대업에 뛰어들 수 있다. 젠은 일반적인 상황에서는 매달 장부 작성과 유지보수 의뢰 작업에 걸리는 시간이 두 시간도 채 안 걸린다고 추정했다.

"매달 같은 금액을 벌어들일 수 있는 그 어떤 일보다 훨씬 더 수동적이다."

젠은 다음과 같이 말했다.

"BRRRR 덕분에 지난 3년 반 동안 초기 자본을 거의 3배로 늘릴 수 있었다. 처음 시작하는 사람에게 플립 매매가 자본을 축적하는 데 좋은 방법이라고 생각한다. 그 집에 최소 2년만 거주하면 팔고 딴 데로 갔을 때 세금 혜택을 누릴 수 있다."

간단히 말해 이것이 바로 BRRRR 방법이다. 하우스 해킹을 하면 생애 첫 내 집 마련을 쉽게 할 수 있고, 그다음 BRRRR의 과정인 구매, 리모델링, 임대, 차환, 반복 과정을 거쳐 두 번째, 세 번째, 그리고 열 번째 주택을 살 수 있게 된다. 그렇지만 이 전략으로 물가가 비싼 지역에서는 부동산 투자에 뛰어들기가 쉽지 않다. 이어서 이런 환경에서 가능한 전략 한 가지를 함께 논의해보자.

고물가 지역이라면?

뉴욕, 덴버, 내슈빌, 로스앤젤레스, 샌디에이고 등지에 살거나 집값이 터무니없이 비싼 캘리포니아 어딘가에 거주하는 사람이 있을 것이다. 솔직히 말하자면, 집값이 너무 비싼 이런 지역에서 좋은 매물을 찾기란 몹시 어려운 일이다. 70만 달러짜리 듀플렉스의 다운 페이먼트가 25퍼센트일 경우 17만 5,000달러나 된다. 내가 개인적으로 알고 있는 사람 중에 그만한 돈을 은행에 가지고 있는 사람은 손에 꼽힌다.

하우스 해킹과 BRRRR 방법 외에 고물가 지역에서 시도해볼 방법으로 무엇이 있을까? 나는 장거리 임대를 추천한다. 예를 들어, 다른 도시에 살고 있는 가족이 있는가? 중서부 도시와 연관성이 있는가? 오하이오에서 뉴욕으로 이사 왔는가? 세인트루이스에서 LA로 이사 왔는가? 그 외에 다른 익숙한 도시나 가족이 사는 도시 혹은 아는 사람이 있는 도시가 있는가? 이 도시에서 장기 임대하는 방식을 고려해볼 수 있다. 또 직접 일을 처리할 수 있도록 당신이 사는 곳에서 한두 시간 떨어진 지역에 좀 더 저렴한 집이 있는가? 다양한 방법이 있다.

다른 도시의 부동산 중개인과 함께 매물을 찾아볼 수 있는가? 당신을 대신해 매물을 확인하러 가줄 사람이 있는가? 그렇지 않다면, 고향집에 방문할 계획이 있는가? 다른 도시에 있는 적당한 매물을 찾는 일이 쉽다고 말하는 것이 아니다. 그렇지만 당신이 이런 식의 수동적 소득을 만들어내길 원한다면 방법을 찾아야 한다.

멀리서 세입자를 관리하는 게 말도 안 되는 일처럼 들릴 수 있다. 하지만 좋은 사례가 있다. 하와이에 살던 나의 친구는 이사할 때 그 집을 팔지 않고 두었다가 임대했다. 그리고 바다 저편에서도 그 집을 충분히 잘 관리했다. 그러다 3년 장기로 거주한 세입자가 이사를 하겠다고 통보하자, 그녀는 비행기를 타고 하와이로 가서 일주일 동안 휴가를 보낼지 아니면 다시 임대할지를 고민했다. 그녀는 멀리서 곧 다른 임대자를 찾을 수 있었다. 그녀는 이렇게 말했다.

"집이 하루도 공실인 적이 없었고 집을 보여준 적도 없었다. 멀리 떨어진 곳에 살면서 모든 일을 처리해야 했기 때문에, 좋은 세입자를 찾아 임대하는 데 어느 정도의 시간, 매력적인 가격 제안, 디지털 마케팅 툴 등 이 세 가지가 필요했다. 결국 부동산 투자의 핵심은 전략이다. 현금흐름이나 자산가치 상승을 통해 그 효과가 입증되어야 한다. 당신이 거주하는 곳에서 그중 어느 것도 발견되지 않을 수 있다. 이 경우 유일한 선택지는 거주지가 아닌 곳에서 부동산을 찾는 것이다. 물론 근처에 있으면 금상첨화이지만, 지구 반대편에서도 충분히 자산을 관리할 수 있다. 범위를 넓히고 지리적 한계를 뛰어넘어 알아볼 것을 권한다.

장거리 임대를 할 때 가족이나 친구들에게 부탁하거나 부동산을 보여주고 임대할 누군가를 고용할 수도 있다. 이때 경력이나 전문성을 고려한다면 공인중개사가 가장 적격이다. 하지만 그 지역에 거주하는 다른 임대인이나 부동산 관리회사, 그리고 또 다른 누군가에게 맡길 수 있다.

부동산 투자로 큰 성공을 거둔 데이비드 그린 David Greene 은 장거리 임대인이다. 데이비드는 낮에는 샌프란시스코 경찰로 일하고 밤이 되면 가장 성공한 자수성가형 부동산 투자자로 변신한다. 그리고 이 모든 것은 그가 다른 지역에서 임대용 부동산을 매입했을 때부터 시작되었다. 데이비드는 BRRRR이라는 용어를 유행시켰고, 그 방법을 통해 현재 수십 채의 주택을 보유하고 있다.

여기에 만족하지 못한다면 걱정하지 마라. 다른 부동산 기업가인 더그 스킵워스 Doug Skipworth 의 이야기를 들어보자. 그는 현금을 많이 보유하지 않은 상태에서 부동산 투자를 시작할 수 있는 독특한 아이디어를 소개해주었다.

부동산 재벌 더그 스킵워스

지난 18년 동안 부동산 투자를 통해 이룬 모든 것을 고려했을 때, 더그 스킵워스는 믿을 수 없을 정도로 현실적이고 또 겸손했다. 더그는 CPA와 CFA를 모두 통과했을 뿐만 아니라 2001년 크레스트코어 부동산Crestcore Realty을 공동 창업해 부동산 투자자들을 도와 천여 채가 넘는 부동산을 거래했다. 크레스트코어는 현재 테네시 멤피스에서 주거용 부동산 2,500채 이상을 관리하고, 더그 자신도 수백 채의 부동산을 보유하고 있다. 부동산 투자에 관해 조언을 듣기 위해 더그와 인터뷰를 진행했다.

나: 처음에 어떻게 투자를 시작하게 되었나?

더그: 수동적인 임대 소득은 내 사업을 경영하고 개인적 성장을 추구하던 나에게 딱 맞았기 때문에, 부동산 투자가 답이라고 생각했다.

더그는 서른세 살이던 2007년에 투자를 시작했다(그는 더 일찍 시작하지 않은 것이 두 가지 후회 중 하나라고 인정했다). 첫 번째 집은 테네시에 있는 4만 5,000달러짜리 단독주택이었다. 더그는 살던 집에 지분이 약간 있었기 때문에 그 자산을 담보로 대출을 받아 단독주택을 모두 현금으로 샀다. 그는 자신이 이용했던 BRRRR 방법을 소개함으로써 이야기를 시작했다.

더그: 서른세 살일 때는 여유자금이 많지 않았다. 처음 임대 목적으로 매입한 집은 현금가로 4만 5,000달러였다. 그다음 인테리어와 수리를 하는 데 5,000달러가 들었다. 이렇게 첫 집을 사는 데 총 5만 달러

가 들었는데, 당시 살던 집을 담보로 그 돈 전부를 은행에서 대출받았다. 그 집을 수리한 후 다시 은행에 가서 감정을 받았는데, 감정가는 7만 달러였다. 그다음 5만 달러를 담보대출을 받아 전에 빌린 돈을 갚았다. 그리고 다시 두 번째 집을 사서 똑같이 했다. 이것이 바로 BRRRR 방법이다. 이렇게 계속 반복했다.

더그는 현재 사업파트너인 댄 버틀러Dan Butler를 만나기 전까지 BRRRR 과정을 여섯 차례 반복했다. 더그는 댄과 같은 동네에 살았고 조깅을 하면서 서로 알게 되었다. 그들은 부동산 투자라는 공통의 관심사를 나누었고 마침내 함께 투자하기로 결심했다.

나: 언제, 그리고 왜 댄과 동업하기로 했나?

더그: 우리는 한 가지 작은 실험을 해보았다. '1,000달러가 있다면, 1달러로 1,000번 해보면서 어떻게 하는지 알아내야지, 1,000달러 테이블에 가서 한 번 해봐서는 안 된다'라는 말을 들은 적이 있다. 댄과 나는 같은 방식으로 해보았다. 우리는 각자 집을 여러 번 사봤지만, 세금 혜택을 받아본 적이 없었다. 그래서 우리는 '이번에 리스크를 분담해 같이 한번 해보면 어떨까?'라는 생각이 들었다. 집값이 1만 2,000달러였고 각자 6,000달러씩 냈다.

나: 남편이나 아내 혹은 파트너와 함께 이 일을 하고 싶어 하는 사람들에게 해줄 수 있는 조언이 있을까?

더그: 나는 파트너와 함께 일할 것을 전적으로 추천한다. 사업을 하며 내렸던 결정 중에 최고의 결정이었다. '왜'라는 큰 틀에서 같은 생각을 하기 위해서, 파트너 역시 같은 비전을 가져야 한다고 말해주고 싶다. 나는 언제나 댄을 선배로 대했고 나 스스로를 후배로 여겼다. 댄 역시 그렇게 했다. 이는 일종의 결혼과 같은 것으로, 장기적인 관계로 발전시키기 위해서는 서로를 섬겨야 한다. 당신 혼자만의 문제는 아니다.

나: 당신은 이 사업을 시작할 때 모든 것을 스스로 다 관리했는가?

더그: 그렇다. 다른 사람들은 돈을 주고 관리인을 썼지만, 나는 돈을 아끼기 위해 아침이나 밤, 주말 시간을 포기했다. 당신 역시 어느 쪽이든 선택하면 된다. 돈을 쓸지, 아니면 시간을 쓸지 말이다. 서른세 살이었을 때 나는 시간을 쓰기로 선택했다. 나는 관리인을 고용하기 전에 내가 하는 일이 무엇인지 배우고 직접 해보고 잘 알고 싶었다.

나: 첫 번째 혹은 두 번째 부동산을 매입했을 때 부동산을 관리하는 데 일주일에 몇 시간을 투자했는가?

더그: 줄잡아 일주일에 1시간 정도인 것 같다. 한 주에 3시간일 때도, 2주 동안 아무 일도 하지 않을 때도 있었다. 그렇지만 다음 매물을 찾고, 내가 할 수 있는 것을 모두 배우며, 강의를 듣고, 사람들과 연락하는 등의 일을 하면서 주당 적어도 3시간에서 5시간 정도는 투자했다. 따라서 표면적으로는 1시간이었지만, 실제로 나는 계속 관련 일

을 하고 있었다.

나: 부동산 관리인을 고용하기 시작한 때가 언제인가?

더그: 250채 정도 되었을 때다.

나: 세상에나. 250채를 직접 관리했단 말인가?.

더그: 그렇다. (웃음) 댄과 내가 같이 말이다. 우리 두 사람 모두 종일 그 일을 했다. 댄은 다른 상근직 일이 있었음에도, 임대사업을 위해 일주일에 40시간씩 일했다. 나와 댄은 시간을 어마어마하게 투자했다.

나: 이제는 사람을 고용해서 더 이상 직접 관리하지 않는 건가? 부동산 투자는 정말 수동적이 될 수 있다고 생각하는가?

더그: 연금, 로열티와는 달리 '관리자를 관리해야' 하는 측면이 있기는 하지만, 그럼에도 수동적이라고 말할 수 있다. 이를 메일박스 머니Mailbox Money◆라고 부른다.

나: 부동산 투자는 재산을 형성하는 데에 중요한 수단이다. 나는 모두가 임대 부동산을 소유해야 한다고 믿는다.

더그: 전적으로 동의한다. 우리는 고객 750명의 부동산을 관리한다. 그들이 임대 부동산을 굴리는 이유는 각양각색이다. 어떤 사람은 재

◆ 노력하지 않아도 수동적인 수입이 우편함에 도착하는 뜻으로 닙시 허슬(Nipsey Hussle)의 노래에서 대중화된 용어이다.

산 형성이 목적이고, 어떤 사람은 현금흐름이 목적이며, 또 어떤 사람은 경제적 자유가 목적이다. 이렇게 사람들 대부분이 자신만의 목표가 있다. 나에게 있어 부동산은 사람들이 자신들의 꿈을 이룰 수 있도록 도와주는 좋은 수단이다. 우리는 언제나 사람들에게 이렇게 말한다.

"부동산 살 때를 기다리지 마라. 부동산을 사고 나서 기다려라."

우리가 사람들에게 전하는 만트라다.

나: 돈이 많지 않거나 당신처럼 집을 가진 사람이 아니라, 몇천 달러만 있는 사람이라면 어떻게 부동산 투자에 뛰어들 수 있을까?

더그는 그런 사람을 위해 여러 재미있는 제안을 했다. 이해를 돕기 위해 여기 목록을 만들어 나열해보겠다.

- **리츠** 리츠를 통해 언제나 부동산 투자를 할 수 있다.
- **루프스탁**Roofstock[43] 어떤 사람들은 제대로 된 실물 부동산 소유와 불특정의 이름 없는 리츠 사이의 간극을 줄이고자 노력한다. 거기에서 나온 하이브리드 방식이 있는데, 그중 하나가 바로 루프스탁이다. 이는 임대주택 지분의 아주 일부를 판매하는 것이다.
- **동업** 파트너를 찾아라. 파트너가 자금력이 있어 돈을 더 많이 투자한다면, 당신은 땀을 더 많이 흘리는 식으로 노동력을 투자할 수 있다. 당신이 파트너에게 없는 부분을 기여할 수 있다.
- **패니메**Fannie Mae[44] 패니메는 투자자 대출 프로그램이다. 이것이 나

의 두 번째 후회다. 내가 첫 번째로 후회하는 것은 서른셋 전에 더 일찍 시작하지 않은 것이고, 두 번째 후회는 초기에 감정을 받아 30년 상환으로 자금을 조달해 주택 열 채를 사서 포트폴리오를 구축할 때 패니메 투자자 대출을 이용하지 않은 것이다. 다들 알다시피 이는 정말 좋은 프로그램이다.

- **지역은행 방문** 계획을 세웠다면 지역은행을 찾아가라. 지역은행은 당신의 이야기를 들어줄 것이다. 그 이야기가 꽤 괜찮다면, 은행은 당신을 지시해 사람을 지원하고, 가이드라인이라는 신용한도를 알려줄 것이다.

- **오너 파이낸싱** 우리가 그동안 했던 많은 일 중 하나가 오너 파이낸싱Owner-Financing◆이다. 사람들이 부동산 투자에 뛰어들 때 좋은 방법 중 하나는 담보대출을 받을 위치에 있는 집주인에게 접근하는 것이다. 그래서 그 집주인이 부동산에 재원을 조달하도록 하는 것이다. 그러면 우리는 돈을 낼 필요가 전혀 없다. 집주인 역시 0퍼센트 이자로 자금을 대출해 거래한 적도 많았다.

나: 독자들에게 당신과 당신 사업에 대해 더 알려주고 싶은 내용이 있는가?

더그: 나는 목표 세우는 것을 좋아하고 또 사람 만나는 것을 좋아한다. 나는 할 수 있는 한 많은 사람을 돕고 싶다. 고등학교에서 농구를

◆　사업체나 부동산 매매 시 매도자가 매매 대금의 일부를 융자를 주는 형태이다.

할 때 나는 포인트 가드를 주로 맡았다. 나는 다른 팀원에게 공을 넘겨주는 일이 너무 좋았다. 우리에겐 훌륭한 팀이 있다. 누군가 부동산을 사거나 임대할 때 도움이 필요하다면 충분히 도와줄 수 있다.

임대 부동산을 위한 자금을 마련하는 법은 다음과 같다. 통상 20~25퍼센트의 다운 페이먼트를 준비해야 하는데, 이번 장에서 우리는 하우스해킹, 플립 매매, BRRRR 방법, 장거리 임대 등 다양한 제안들을 논의해보았다. 데이비드와 더그는 모두 돈이 많지 않은 사람들을 위해 여러 좋은 제안을 해주었다. 부동산 투자 자금을 마련하는 법을 알았으니, 이제 부동산 찾는 법을 배울 차례다.

Chapter 21

투자를 결정짓는
세 가지 지표

임대 부동산 투자에 발을 들여놓고 싶을 때 가장 걸림돌이 되는 것은 자금이다. 지금까지 자금 조달 방법에 대해 자세히 배웠다. 이제 첫 번째 임대 부동산 매물을 찾는 법에 대해 배울 시간이다.

부동산 찾기

가장 먼저 어떤 종류의 부동산에 투자하고 싶은지에 대해 생각해봐야 한다. 다음 4가지 변수를 고려해보라.

위치 가장 결정적인 요인이다. 치안이 어느 정도인지 또 운전해서 몇 시간 거리인지 등도 고려해야 한다. 내가 임대한 주택들은 모두 운전해서 30분 이내에 있다. 나는 개인적으로 그보다 먼 거리에 위치한 곳을 원하지 않는다. 당신의 목표는 지도상 당신이 투자할 수 있는 특정 지역으로 범위를 좁히는 것이다.

부동산 종류 고려해야 할 주된 유형은 단독주택, 듀플렉스, 트리플렉스나 쿼드플렉스다. 초보자라면 네 가구 이하의 주택을 원할 것이다. 네 가구를 초과하면 기업 대출commercial loan을 받아야 하기 때문이다. 뿐만 아니라 뛰기 전에 걷기부터 배우듯이 기본부터 습득해야 한다. 다세대 주택의 장점은 집 한 채가 비어 있을지라도 다른 집에서 임대료를 내고 있어 현금흐름을 유지할 수 있다는 것이다. 또 다른 장점은 단독주택보다 다세대 주택 시장의 변동성이 적다는 점을 꼽을 수 있다.

가격 때에 따라 20~25퍼센트의 다운 페이먼트를 내야 할 수도 있다. 대출 기관은 투자 목적인 경우 직접 거주할 때보다 더 엄격한 조건을 요구한다. 이 과정에서 당신에게 맞는 현실적인 목표가 무엇일지 생각해보라. 다운 페이먼트로 낼 자금을 충분히 저축하지 못했다면, 20장에서 논의했던 전략 중 하나를 고려해보는 것도 좋은 방법이다.

조건 이미 임대가 나갔고 상태가 좋은 집을 원하는가, 아니면 리모델링을 해서 임대할 집을 사기 원하는가?(후자의 경우 사용할 돈이 있는가?)

당신도 팀을 꾸려야 할 수 있다. 적어도 신뢰할 만한 공인중개사, 대출기관, 보험설계사를 찾아야 한다. 이들은 당신이 제안을 넣기 전, 처음 시작 단계부터 당신을 도와 일할 사람들이니, 누구와 함께 일할 것인지 지금 선택하도록 하라.

부동산을 찾을 때 여러 가지 시도를 해볼 수 있다. 가장 명확한 방법은 공인중개사와 함께 MLSMultiple Listing Service에 올라온 목록을 살펴보는 것이다. 공인중개사는 가장 시기적절한 정보를 가지고 전체 거래를 조율할 수 있다.

이 외에도 다른 방법이 있다. 사실 MLS 목록을 훑는 식으로 매물을 찾기가 쉽지 않다. 접근하기 쉬워 경쟁도 가장 치열하기 때문이다. 남들보다 빨리 매물을 찾으려면 창의적인 접근이 필요하다. 시장에 매물로 나오지 않은 부동산을 찾는 다른 방법 몇 가지를 알려주겠다.

공매도와 사전 압류

집값보다 대출금이 더 많을 때 공매도가 발생한다. 이때 대출기관은 경제적으로 어려움을 겪는 소유주가 부동산을 매각해 상환해야 할 돈보다 적은 금액으로 담보대출 상환하는 것에 동의한다. 은행 입장에서는 더 큰 손실을 막기 위해 작은 손실을 받아들이는 것이다. 이를 가리켜 공매라고 한다. 이 경우 집주인은 신용이 깎일 수 있지만, 압류가 더 안 좋은 상황이기에 공매를 한다. 매수자는 시세보다 낮은 가격에 부동산을 살 수 있다.

경제적인 어려움으로 부동산이 압류된 소유주 중에 공매도를 할 수 있다는 사실을 모르는 사람이 있을 수 있다. 이런 상황에 놓인 집주인을 안다면 그에게 공매 제안을 해볼 수 있다. 일단 대출기관의 동의를 얻었다면 낮은 가격에 살 수 있는 좋은 방법이 된다. 불행히도 일부 비도덕적인 사람들은 최선의 선택이 아닌 상황에서 공매도를 제안해 주택 소유주의 이익을 취하는 사례도 물론 있다. 그렇기 때문에 이런 관행을 부정적으로 보는 시각도 분명 존재한다. 그러나 관련된 사람들 모두에게 적합한 길이라면, 이 역시 좋은 선택이 될 수 있다.

담보대출 상환이 늦거나 사전 압류 상태에 있는 집주인을 찾기 위해 명단을 사거나 계약 대리자 혹은 담보대출 기관에 연락해볼 수 있다. 그렇게 집주인과 접촉해 대화를 나눈 다음 공매도 전문가의 도움을 받으면 된다.

경매

공매도하기에 시기적으로 너무 늦었을 때 집이 압류당해 경매로 넘어갈 수 있다. 집주인이 재산세를 내지 않았을 때에도 경매로 넘어갈 수 있다. 경매에서 집을 사는 것은 리스크가 더 크고 사전에 집을 볼 수 없다. 또 전액 현금으로 지급해야 할 때가 있어, 사전에 자금을 준비해야 할 수 있다.

지방정부, 관할 경찰관, 담당 공무원에게 문의하면 압류 경매나 세금경매처분으로 나온 매물을 찾을 수 있다.

은행차압

압류주택이 경매에서 팔리지 않으면 일반적으로 소유권이 은행으로 넘어가고, 그런 부동산을 가리켜 은행차압Real Estate Owned 부동산이라고 한다. 이후 대출기관은 스스로 그 매물을 팔려고 노력한다. 은행이나 REO

거래를 하는 에이전트를 통해 이런 정보를 얻을 수 있다면, 은행이 MLS에 매물을 올리기 전에 매수 제안을 할 수 있다. 이때 은행은 매각이 절실하기 때문에 좋은 가격에 거래가 성사될 수 있다.

유산 상속

집 소유주가 사망했을 때, 부동산은 소유주가 유언장에 명시한 사람에게 양도되거나 유언검증 법원에서 판매하도록 양도된다. 상속 정보를 얻으려면 보통 법원에 가서 목록을 구하거나 관련 일을 하는 사람에게서 목록을 살 수 있다. 이때 부동산을 상속받은 사람이 멀리 거주하거나 부동산 관리에 부담감을 느껴 이를 빨리 처분하고 싶을 수 있다. 이때 당신의 제안이 그들에게 도움이 될 것이다.

드라이빙 포 달러스

드라이빙 포 달러스Driving for Dollars는 재밌는 말로, 차를 타거나 걸어서 동네를 돌아다니며 빈집이나 압류 부동산이 있는지 찾아보는 것을 뜻한다. 집에 전단을 남기거나 주소를 적은 쪽지를 남겨둘 수 있고 또 집주인을 찾아가는 식으로 직접 접촉해볼 수 있다. 또 다른 지역에 거주해서 부동산을 유지하는 데 어려움을 겪는 집주인을 우연히 발견하면, 그에게 집을 팔라고 권유할 수 있다.

옥외광고물

옥외광고물은 동네 주변에서 볼 수 있는 광고판으로 전화번호와 함께

'집 삽니다'라고 쓰여 있다. 먼저 이런 광고물을 설치해도 되는지, 어디에 설치할 수 있는지 관련 법률을 확인하라. 불법이 아니라면 목표 지역에 광고물을 설치하고 의향이 있는 매도자에게 전화가 많이 오기를 기다리면 된다.

네트워킹

네트워크의 역량을 절대로 과소평가하지 말라. 아는 사람이 많을수록, 좋은 정보를 건네는 사람이 많아진다. 공인중개사, 부동산 관리회사, 임대주, 그리고 투자자들과 연락하며 지내야 한다. 사는 지역의 투자자 모임에 참석해 사람들을 만나라. 모임에 참여하면 부동산 중개업자들을 만날 수 있다. 그들은 좋은 매물을 발견하면 사전에 계약한 다음 당신처럼 계약을 넘겨받기를 원하는 사람들에게 수수료를 받고 계약을 성사시킨다. 중개 판매는 돈 한 푼 들이지 않고 부동산 투자에 뛰어들 수 있는 좋은 방법이다. 매물을 찾아 다른 투자자에게 소개해주고 발품을 판 수고비로 몇천 달러를 받는 것이다.

직접 판매하는 집주인에게 전화하기

직접 판매하길 원하는 집주인 명단과 웹사이트를 보고 판매자에게 연락해볼 수 있다. 빠른 거래가 가능하거나 집주인이 원한다면 시세보다 낮은 가격에 거래가 성사될 수 있다.

기한이 만료된 목록

나는 MLS에서 검색해 에이전트에게 연락하여 내 생애 첫 번째 듀플렉스를 계약했다. 알고 보니 내가 했던 계약 중 가장 잘한 것이었다. 그 목록은 기한이 끝났지만 잠시 남겨져 있던 것으로, 목록을 재작성하기 전에 나는 판매자와 바로 연락을 취할 수 있었다. 이런 식으로 부동산 중개인과 함께 기한이 만료되었거나 취소된 목록을 검색해볼 수 있다.

부동산 분석하기

이제 해야 할 일을 어느 정도 다 마쳤다. 위치, 부동산 종류, 가격, 조건 등에서 가능한 범위를 결정했고, 공인중개사, 대출기관, 보험대리인이 준비되었으며 매물 검색도 시작했다.

괜찮은 매물을 발견했다면 이제 무엇을 해야 할까? 나는 매물을 직접 확인하기 전에 먼저 계산부터 해본다. 애당초 좋은 투자가 되지 않은 일에 시간을 쓰고 싶지 않기 때문이다. 계산은 어떻게 하는 걸까? 먼저 수익이 얼마인지 계산하고 거기에서 지출을 뺀 다음, 최종 값을 도출하기 위해 몇 가지를 가정하고 계산을 더 해보면 된다.

처음부터 한눈에 빨리 들어오도록 나는 1퍼센트 법칙을 사용한다. 1퍼센트 법칙은 부동산 가치가 10만 달러일 때마다 매달 1,000달러의 임대수익을 창출해야 한다는 것이다. 여기서 주의할 점은, 1퍼센트 법칙을 일반적인 지침으로 참조할 수 있지만, 결정을 내리기 위한 절대적 기준으로 삼아서는 안 된다는 사실이다.

1퍼센트 법칙은 나에게 상당히 유용하다. 어떤 매물을 봤을 때, 판매가는 27만 5,000달러인데 임대 소득은 한 달에 1,800달러밖에 안 된다면 한 번에 좋은 매물이 아니라는 계산이 되기 때문이다. 만약 가격이 너무 높게 책정되어 있다면 어떻게 해야 할까? 바로 버리면 될까? 그렇지 않다. 가격을 내린 후 다시 내놓을 수도 있기 때문이다.

앞으로 임대할 수 있을 것으로 보이는 매물을 찾는 것이 중요하다. 그 매물이 현재 임대되었다면, 현재 임대료를 고려해야 한다. 임대료가 싼 편이라는 생각이 들어 상향 조정한 가격을 적을 수도 있겠지만, 실제 임대료는 기대하는 임대료보다 훨씬 더 믿을 만하다. 만약 임대되지 않은 부동산이라면, 부동산 사이트에 올라온 비슷한 조건의 부동산을 검색해보면 된다. 이렇게 하면 백 퍼센트 정확하지는 않지만 어느 정도의 견적을 낼 수 있다. 보수적으로 추산해야 한다는 사실을 잊지 말자. 이어서 다음 항목을 포함해 매달 지출 명세를 모두 계산하라.

- 담보대출금: 대출기관이 얼마인지 알려주거나 직접 인터넷 계산기로 알아볼 수 있다.
- 재산세: 현 소유주가 낸 세금 기록을 확인해 얼마인지 추정할 수 있다.
- 보험: 보험 대리인이 알려줄 것이다.
- 집주인이 내야 하는 경우의 공과금: 수도세, 하수도세, 가스비, 전기세 등.
- 공동 관리비
- 조경비나 제설비
- 방역비

- 유지보수비
- 장기수선충당금: 새로 지붕을 설치하는 등 오래되어 대규모 공사를 하기 위해 매달 얼마씩 따로 적립하는 금액이다.
- 공실비: 집이 항상 임대되는 것은 아니기 때문에 임차인 간의 공백을 고려해야 한다. 합리적인 추정치는 8퍼센트다.
- 부동산 관리비용
- 기타

여기 나온 모든 지출 명세가 당신에게 다 적용되는 것은 아니겠지만 고려해볼 만한 항목들이다. 이 모든 것이 월별 지출 추산이라는 사실을 기억하라. 모든 비용을 보수적으로 추산하고 싶을 것이다. 말 그대로 이것을 바탕으로 결정을 내려야 하니, 스스로 보완하고 또 보완해야 한다. 최악의 상황은 계산을 잘못했다는 사실을 부동산을 산 후 뒤늦게 깨닫는 것이다. 계산이 끝나면 예상 지출을 모두 합산하고 임대 소득에서 지출을 뺀다. 이렇게 현금흐름을 추산할 수 있다.

재무지표

이야기를 좀 더 진행하기에 앞서 이 매물이 좋은 투자인지 여부를 판단하기 위한 세 가지 지표를 이해할 필요가 있다.

- 월별 현금흐름

- 부동산 투자 실질 수익률

- 자본환원율

현금흐름은 지출을 제외하고 남은 수익을 뜻한다. 임대료에서 모든 지출(담보대출 상환까지 포함)을 뺀 값이다. 사람마다 현금흐름 기대 수준이 다르다. 우리의 목표는 수동적 소득을 창출하는 것이므로 우리가 받아들일 수 없는 현금흐름은 제로나 마이너스가 아니다. 물론 지금은 현금흐름이 제로인 부동산이 장기적으로 좋은 투자가 될 수도 있지만, 우리는 가치가 상승할 자산을 사려는 것이 아니라 소득을 창출하는 데 초점을 두고 있다. 따라서 긍정적인 현금흐름을 추구한다.

나는 처음에 적어도 매달 200~300달러를 벌 수 있는 매물을 원했고, 처음에 산 부동산으로 그보다 많은 500달러를 벌었다. 그리고 지금 포트폴리오를 키우면서 기대치도 높아졌다. 나에게 맞는 것이 당신에게는 맞지 않을 수도 있다. 월별 소득으로 얼마를 원하는지 스스로 물어보라. 은퇴하려면 매달 4,000달러가 필요하고 현금흐름으로 매달 적어도 100달러가 필요하다면, 마흔 채의 부동산이 있어야 한다. 현금흐름으로 매달 800달러가 필요하다면 다섯 채가 필요하다. 부동산 한 채에서 매달 2,000달러의 현금흐름을 원한다고 해서 현실적이지 않다는 말이 아니다. 다만 시장에 따라 최저치를 낮게 조정해야 할 수도 있다.

부동산 투자 실질 수익률은 투자 대비 수익률이 얼마인지를 나타낸다. 공식은 다음과 같다.

부동산 투자 실질 수익률 = 연간 현금흐름 / 총 초기투자액

연간 현금흐름은 간단히 월별 현금흐름을 열두 배하면 된다. 총 초기투자액에는 다운 페이먼트, 점검비, 감정비, 매매 수수료, 리모델링 비용 외에 임대하기 위해 부동산에 들어간 기타 비용이 포함된다. 사금을 레버리지하고 담보대출을 받았다면, 실제로 당신은 다운 페이먼트만 낸 셈이다. 전액 현금으로 샀다면 초기 투자액은 전체 매매가가 될 것이다. 레버리지를 했을 때 ROI가 훨씬 더 높아지는 것을 확인할 수 있다.

예를 들어 16만 달러짜리 듀플렉스를 샀다고 가정해보자. 25퍼센트의 다운 페이먼트 4만 달러를 냈고, 다른 비용으로 5,000달러가 들어갔다. 그럼 초기 투자금액은 4만 5,000달러다. 현금흐름을 분석한 결과 매달 400달러, 매년 4,800달러의 수익이 발생한다고 가정해보자.

부동산 투자 실질 수익률 = 4,800 / 45,000 = 10.7%

좋은 걸까 나쁜 걸까? 내 주관적인 견해를 밝힐 수도 있겠지만, 오직 당신 자신만이 이 수익률이 충분한지 아닌지를 판단할 수 있다. 나는 처음에 이런 마음으로 시작했다.

'적어도 주식 투자보다 더 많이 벌었으면 좋겠다. 그렇지 않다면 주식에 투자하는 게 더 나을 거야.'

생각하기 나름이고 누구에게 묻느냐에 따라 달라지겠지만, 장기적으로 주식시장의 평균 수익률은 10퍼센트 정도다. 그래서 나는 임대 부동산 투자 수익률이 적어도 11~12퍼센트가 되기를 바랐다. 물론 이것은 나의 경우이다. 누군가는 수익률이 최소 8퍼센트는 되었으면 좋겠다고 바랄 수 있고, 누군가는 14퍼센트를 기대할 수도 있다. 중요한 것은 자신만의 원칙을 세우는 것이다.

마지막으로 자본환원율을 살펴보자. 간단히 말해서 자본환원율은 부동산을 전액 현금으로 샀을 때 투자수익률이 얼마인지를 계산하는 것이다. 이를 통해 자산 자체가 얼마의 수익을 창출하는지 알 수 있다. 공식은 다음과 같다.

자본환원율 = 연간 현금흐름 / 부동산 가격

대부분의 경우 부동산 가격은 매입가로 추정한다. 앞에서 나온 16만 달러 듀플렉스를 가지고 계산해보자.

자본환원율 = 4,800 / 160,000 = 3%

다른 지표와 마찬가지로, 내가 이 수치가 좋은지 나쁜지를 판단할 수 없다. 3퍼센트가 낮게 느껴지지만, 나는 자본환원율을 그다지 기대하지 않으며, 어떤 경우에는 계산조차 해보지 않는다. 나는 주로 현금흐름과 부동산 투자 실질 수익률을 가지고 결정한다. 그렇지만 자본환원율은 지역 내 다른 부동산이 얼마의 수익을 창출하고 당신의 부동산이 괜찮은지 아닌지를 비교할 때 쓰기 좋은 도구다. 그 어느 것보다 방향을 잡는 데 도움이 된다.

또 리스크를 추산하고 그 매물이 투자 가치가 있는지를 판단할 때 도움을 주는 중요한 지표다. 자본환원율이 낮을수록 수익이 낮고, 자본환원율이 높을수록 수익도 높다.

앞서 언급했듯이, 일부 투자자는 현금흐름보다 순영업수익을 더 중요하게 생각한다. 순영업수익은 수익에서 담보대출금 상환을 제외한 모든 지출을 뺀 금액이다. 담보대출을 상환하면서 주택 자본금을 형성해갈 수 있다. 이러한 혜택을 고려한다면, 담보대출 상환은 다른 항목들처럼 진정한 지출로 보기 힘들다. 그러나 우리의 목표는 긍정적인 순영업수익이 아니라 긍정적인 현금흐름이다. 매달 실제적이고 수익성 있는 현금흐름이 만들어지길 원한다. 그것이 바로 수동적 소득이기 때문이다. 수동적 소득은 바로 경제적 독립으로 우리의 목표다.

제안하기

만약 조건에 맞는 매물을 발견했다면 제안을 할 차례다. 두려운 마음이 들 것이다. 이해한다. 그렇지만 이 과정 또한 흥미진진할 수 있다.

제안을 할 때 사전 승인서와 재정증명 서류가 있으면 도움이 된다. 이렇게 하면 매도자의 눈에 당신의 제안이 좀 더 진정성 있게 보인다. 여기서 매입 가격을 바로 제안하는 것이 아니다. 여러 다양한 면을 고려해야 하는데 이때 공인중개사의 도움을 받자.

• 가전제품을 남겨두라고 요청할 것인가?

- 점검을 요청할 것인가? 힌트: 그렇다

- 집주인에게 매매 수수료를 지급하라고 요청할 것인가?

- 특정 부동산회사와 거래를 하고 싶은가?

- 주택 보증이 필요한가?

- 최종 계약까지 얼마의 시간이 필요한가?

- 계약금으로 얼마를 낼 수 있는가?

요구사항이 적을수록 당신의 제안은 더 경쟁력이 있다. 하지만 이런 요구사항들이 거래를 성사시킬 수도, 망칠 수도 있기 때문에 신중하게 고려해야 한다.

일단 제안을 하면, 집주인이 그 제안을 받을 수도, 수정을 요구할 수도, 그리고 거부할 수도 있다. 몇 차례 협상 과정을 거쳐야 할 수도 있다. 일단 계약을 하게 되면, 다음 단계는 주택 점검이다. 그 이후에는 최종적으로 계약을 마무리 짓기 전까지 집주인에게 수리를 마무리해달라고 요청하거나 협상할 기회가 있다. 그다음 대출을 신청하면 대출기관이 당신을 도와 감정을 의뢰할 것이다. 마지막으로 부동산 계약을 완료하면 공식적으로 그 집의 소유주가 된다.

'이제 어떻게 하지?'라는 질문이 들 것이다. 계속해서 좋은 세입자와 부동산 관리인을 구하는 법에 대해 알아보자.

Chapter 22

마법의
현금흐름표

부동산 투자를 하다 보면 악몽과도 같은 일을 으레 겪게 된다. 집주인과 대화를 해보면 세입자를 다루는 일이 부동산을 임대할 때 가장 어려운 점이라는 사실에 다들 동의한다. 이번 장에서는 좋은 세입자를 만나는 방법에 해대 알아봄으로써 여러 문제와 번거로운 일들을 미연에 방지하도록 해보자. 또 세입자와 직접 씨름할 필요가 없도록 부동산 관리인을 고용하는 법에 대해 이야기하겠다.

세입자

드디어 임대료를 받게 되었다. 이 시점에서 당신은 다음 세 가지 상황 중 하나에 놓이게 된다.

- 기존 세입자를 그대로 승계한다.
- 비어 있는 부동산을 샀기 때문이 세입자를 구해야 한다.
- 다세대 주택일 경우 두 가지 상황이 모두 존재한다.

기존 세입자를 그대로 승계했다면 임대차 계약이 만료되기 전까지 할 일이 많지 않다. 부동산 거래가 이뤄질 때 임대차 계약에 변동이 생기지 않는다.

다시 정리해보자. 임대차 계약은 임대계약이다. 집주인이 바뀐다고 해서 계약이 취소되지 않는다. 그런데 세입자가 임대차 계약을 파기한다면, 이것은 또 다른 이야기다. 부동산을 매입했을 때 바로 임대료를 올리거나 계약 기간이 3개월이나 남아 있는 세입자를 내쫓을 수는 없다.

좋은 상황에서 좋은 세입자를 승계했다면 계약이 계속되는 것 말고는 더 바랄 것이 없다. 전화 통화를 하거나 직접 찾아가 자신을 소개하고, 또 임대차 계약 기간이 남아 있는 동안 아무런 변동이 없을 것이라고 세입자를 안심시켜야 한다. 가끔 세입자를 찾아가 집을 살피며 집 관리가 잘되고 있는지 확인해야 한다.

종종 새로운 세입자를 구해야 할 때도 있다. 기존 세입자의 임대차 계약이 만료되기를 기다렸다가 새로운 세입자를 찾아야 할 수 있고, 또 현재 비어 있는 부동산을 매입해서 임대해야 할 수도 있다. 좋은 세입자를 만나는 것은 임대업에서 가장 중요한 부분이다. 세입자가 사업의 성패를 좌우할 것이다.

세입자를 구하는 방법 중 하나는 부동산 사이트에 올리는 것이다. 많은 웹사이트가 여러 사이트에 한 번에 글을 올릴 수 있도록 쉽게 만들어져 있다. 세입자를 구하는 또 다른 좋은 방법은 출입문 앞쪽에 '임대'라고 쓴 푯말이나 종이를 두는 것이다. 내가 처음 부동산 투자를 시작했을 때, 이 이야기를 듣고 믿지 않았다. 아, 그런데 내가 틀렸다. 그 어느 방식보다 푯말이나 종이를 보고 많은 사람이 전화를 걸어왔다.

사전 질문지를 만들어 당신 집에 적합하지 않은 사람을 걸러내는 방법을 생각해보라(하지만 법적으로 집을 보고 싶어 하는 사람은 누구든지 다 보여줘야 한다). 반려동물이 있는가? 흡연자인가, 비흡연자인가? 그렇나고 실내도 차별해서는 안 된다. 만약 차별인지 아닌지 확실하지 않다면 공인중개사나 변호사에게 문의하라.

이제 원하는 사람에게 집을 보여줘야 한다. 집을 보여주기 전에 외관이 어떤지 냄새가 나는지 등 꼼꼼하게 확인하고 가능한 한 최상의 모습을 연출하는 것은 두말 할 필요가 없다.

부동산 관리인

이 시점에서 '이게 도대체 어디가 수동적인 거지?'라는 생각이 계속 들 수 있다. 수동적이지 않다. 처음에는 그렇다. 내가 지금까지 언급한 수동적 소득 흐름은 모두 초기에는 시간이든 자금이든 아니면 둘 다 투자해야 한다. 1단계는 수동적이지 않다. 책을 쓰는 데 시간이 걸리고, 자본소득을 창출하는 데 자금이 필요하며, 빨래방을 개업하는 데 시간과 돈이 필요하고, 블로그를 개설하는 데 시간이 들며, 임대 부동산에 투자하는 데 시간과 돈이 든다.

이 같은 아이디어의 목표는 시간이 흐름에 따라 효율이 높아지고 외주를 주거나 관리자를 고용해서 더 이상 일하지 않아도 되게 만드는 것이다. 따라서 임대 소득은 부동산 관리인이 필요하다. 분명히 말하는데, 처음에 이 일을 시작할 때에는 전적으로 스스로 해보는 것이 큰 도움이 된다. 하지만 궁극적인 목표는 당신을 대신해 이 모든 일을 해줄 부동산 관리인을 고용하는 것이다. 그때가 진정한 수동적 소득이 되는 시점이다.

부동산 관리인이 없다 해도 임대 관리는 정규직으로 일하기보다 쉽다. 듀플렉스를 예로 들어보자. 우리는 연 단위로 임대를 하고 매우 엄격한 조건을 제시했기 때문에 세입자가 아주 깨끗하게 사용하고 있다. 세입자랑 같이 살지 않을 경우, 평균적으로 매달 1시간을 부동산 관리하는 데에 썼고, 현재 800달러의 순현금흐름을 창출한다.

그런데 스무 채, 서른 채 혹은 쉰 채에 도달하면 상황이 달라진다. 이때 부동산 관리인을 고용하는 비용은 부동산 매입 전에 재무분석 비용에 반영해야 한다. 부동산 관리인을 고용할 때에는 부동산 관리회사에 의뢰하거나 개인적으로 고용하는 것 중에 선택할 수 있다. 부동산 관리회사는 일의 요령을 잘 알고 있으며, 임대 수입의 5~15퍼센트를 가져갈 것이다. 임대 수익이 아니라 임대 수입이다. 회사는 허가를 받고 영업 중이며 보험에 가입했기 때문에, 어떤 문제가 생기면 모두 보장해준다.

회사에 의뢰하지 않는다면, 필요한 자격을 갖춘 관리인을 고용해야 한다. 개인을 고용할 경우 비용 지급에서 더 유연하게 선택할 수 있다. 일반적으로 규모가 큰 부동산 관리회사는 요율을 정해놓았기 때문에 협상의 여지가 없다.

솔직히 말하자면, 믿을 만한 부동산 관리인을 고용하는 일은 쉽지 않다. 나는 좋은 부동산 관리인을 찾느라 정말 고생했다. 올 초에 믿었던 두 명이 임대료 6,000달러를 들고 도망갔을 때는 정말 미치는 줄 알았다. 하지만 그 일에서 많은 교훈을 얻었다. 첫째, 크레이그리스트Craigslist*에서 부동산 관리인을 구인해서 고용하지 않는다. 둘째, 당사자가 아니라 신용과 신원 조회를 믿어야 한다. 사람은 거짓말을 할 수 있지만 신원 조회 결과는 거짓말하지 않는다. 셋째, 부동산 중개사나 부동산 관리회사처럼 자격증이 있고 보험에 가입한 전문가와 일하라. 부탁하건대, 내 비싼 실수를 교훈으로 삼기 바란다.

보다시피 나는 이 과정이 쉬워 보이도록 포장할 생각이 전혀 없다. 이미 집주인이 된 여러분 중에서도 몇몇은 그렇지 않다는 것을 알고 있기 때문이다. 적당한 사람이나 회사를 찾을 때까지 몇 번씩 시도해야 할 수도 있다.

그렇지만 안 좋은 기억이 있었다고 해서 부동산 임대업을 포기할 생각은 없다. 나에게 있어 임대 부동산이 주는 수동적 소득과 수익성 높은 현금흐름이라는 이점은 그 무엇보다 중요하기 때문이다.

마법

나는 여러 수동적 소득 중에서 임대 소득을 가장 좋아한다. 왜냐

◆　미국의 지역 생활정보 사이트에서 시작돼 전 세계로 확산된 온라인 벼룩시장이다.

하면 높은 수동적 현금흐름을 창출하고 시간이 가면서 자산과 부를 축적할 수 있기 때문이다.

임대 부동산 투자와 관련해 나의 목표 시나리오를 한번 이야기해보겠다. 10년 동안 15년 만기 주택담보 대출을 받아 매년 단독주택 한 채씩을 산다. 이는 나의 초기 은퇴 계획의 기본 골격이었다. 이 시나리오가 어떻게 전개되고 있는지 보여주겠다.

15년 만기 담보대출로 단독주택 한 채만을 샀고 매달 250달러의 순현금흐름이 창출된다고 가정해보자. 이후 15년 동안 최소한으로 일하면서 매달 250달러의 소득이 생긴다. 담보대출을 다 상환한 15년 후에 진짜 마법이 시작된다. 갑자기 집 한 채를 무료로 얻었다. 심지어 돈 한 푼 내지 않고도 말이다. 당신이 한 것이라고는 20~25퍼센트의 다운 페이먼트를 내고 그다음 세입자가 당신 대신 담보대출을 갚아가는 동안 매달 250달러를 받은 것뿐이다.

15년 후에 집 전체를 빚 없이 소유하게 되었을 뿐만 아니라 담보대출을 다 갚았기 때문에 현금흐름에서 수백 달러가 늘어나게 되었다. 그때부터 같은 부동산을 가지고 매달 500달러, 800달러 혹은 1,200달러를 벌 수 있다.

이번에는 이렇게 이야기해보자. 10년 동안 매년 단독주택 한 채를 샀다고 가정해보자. 첫해에는 매달 250달러를 번다. 두 번째 해에는 500달러다. 세 번째 해에는 750달러다. 이렇게 계속된다. 10년째 되었을 때 열 채의 집을 소유하고 순현금흐름으로 집 한 채에서 매달 250달러가 생기니 총 2,500달러를 벌게 된다.

그런데 진정한 마법은 첫 번째 담보대출 상환이 끝난 16년 차에 일어난다. 담보대출을 상환해 매달 600달러가 추가로 들어온다고 가정해보자. 여기 첫해부터 스무 해까지 현금흐름을 정리한 표가 있다.

	보유 주택 수	월별 현금흐름	연간 현금흐름
1년	1	250	3,000
2년	2	500	6,000
3년	3	750	9,000
4년	4	1,000	12,000
5년	5	1,250	15,000
6년	6	1,500	18,000
7년	7	1,750	21,000
8년	8	2,000	24,000
9년	9	2,250	27,000
10년	10	2,500	30,000
11년	10	2,500	30,000
12년	10	2,500	30,000
13년	10	2,500	30,000
14년	10	2,500	30,000
15년	10	2,500	30,000
16년	**10**	**3,100**	**37,200**
17년	10	3,700	44,400
18년	10	4,300	51,600
19년	10	4,900	58,800
20년	10	5,500	66,000

15년차 수입은 3만 달러이고, 5년 후에는 6만 6,000달러로 2배 이상 증가한다. 그리고 매년 담보대출을 갚을 때마다 현금흐름은 계속 증가한다. 20대에 이 계획을 시작한다는 것은 지금 지출 수준을 유지하면서 30대나 40대에 은퇴할 수 있다는 뜻이다.

이것이 나의 계획이다. 일단 내가 첫 번째 듀플렉스를 산 것을 제외하고 일이 갑자기 가속화되기 시작했다. 듀플렉스에서 매달 들어온 500달러를 그대로 저축했다. 나는 임대사업에 다시 투자하고 싶었다. 앤드류와 나는 9개월 후에 다음 부동산을 샀고, 또 4개월 후에 새 임대 부동산을 샀다. 일단 임대 소득이 생기기 시작하면 저축이 눈덩이처럼 불어난다. 3년 만에 나는 임대 소득만 매달 7,000달러 이상이 생겼다.

이것이 내가 부동산이 부를 축적할 수 있는 최고의 투자 방법이라고 말하는 이유다.

정말이지 황금 같은 정보다. 이번 장에서 우리는 임대 소득에 대한 모든 것을 논의했다. 직간접 임대 소득의 차이를 다루는 것으로 시작해, 에어비앤비, 창고, 그리고 자동차 부착 광고까지 몇몇 일반적이지 않은 아이디어를 살펴보았다.

그다음 임대용 주택 투자와 그에 따른 주요 혜택을 다루었으며, 부동산을 산다면 현금으로 살지, 아니면 레버리지를 할지를 고려했다. 하우스 해킹, BRRRR 방법 등을 비롯해 부동산을 사기 위해 필요한 자금을 마련하는 모든 다양한 방법을 논의했다. 또한 다양한 루트를 통해 매물 찾는 법을 알아보았다. 현금흐름, 부동산 투자 실질 수익률, 자본환원율 등 세 가지 지표를 가지고 부동산 분석하는 법을 배웠다. 어떻게 매매 제안을 하고 세입자를 구하며 또 부동산 관리인을 고용하는지도 알게 되었다. 두 명의 부동산 재벌가 데이비드 오스본과 더그 스킵워스의 이야기도 들을 수 있었다.

이로써 다섯 가지 주요 범주의 수동적 소득에 대한 심층 연구가 모두 끝났다. 이제 당신은 모든 정보, 지식, 노하우를 갖추었다. 이제 무엇을 해야 할까? 여기서 어디로 가야 할까? 모든 것을 종합해서 어떻게 시작해야 할지 알아보자.

Part 7

드디어
경제적 자유가
시작된다

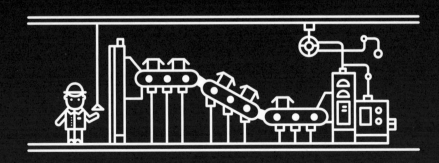

Chapter 23

경제적 자유로 가는 지도

우리는 지난 70년 동안 이 세계가 어떻게 변했는지 살펴봄으로써 이 여행을 함께 시작했다. 비상금 이론을 연구하고 그 이론이 틀렸음을 밝혔으며 가장 가치 있는 자원(시간)을 분석하고 경제적 자유를 성취할 수 있는 해결책인 수동적 소득에 다다랐다.

우리는 수동적 소득이 무엇이고 어떻게 작용하는지 논의했다. 수동적 소득을 창출하려면 초기에 시간이나 돈을 투자해야 한다. 우리는 이것을 1단계라고 부른다. 그다음 수동적 소득을 구축한 후인 2단계에 접어든다. 2단계는 진정한 수동적 단계로 쉴 수 있다. 마침내 일을 거의 하지 않아도 돈을 벌 수 있게 된다.

그다음 수동적 소득의 다섯 가지 주요 범주인 로열티, 자본 소득, 코인 기계, 광고와 전자상거래, 임대 소득을 상세히 살펴보았다. 백 퍼센트 수동적이지는 않지만, 9시 출근 6시 퇴근하는 삶에 비하면 충분히 수동적이다.

이제 우리는 이 책에서 가장 흥미진진한 부분으로 들어간다. 모든 퍼즐 조각을 한데 모아 맞춘 다음, 이것이 당신에게 무엇을 의미하는지, 그리고 어떻게 적용할 수 있는지를 살펴보는 시간이다. 그리고 당신이 어디로 가고 싶은지, 어떻게 그곳에 도달할 수 있는지를 함께 알아봄으로써 이 방정식이 주는 스트레스를 모두 날려버리자.

이번 장에서 우리는 당신의 목표(당신이 가고 싶은 곳)와 현재 상황(현 위치)을 비교해 살펴보겠다. 그다음 그 격차를 줄이기 위한 방법을 찾고 어떻게 그곳에 도달할 수 있을지 알아보자. 다음 장에서는 구체적인 행동지침들이 담겨 있다. 자신을 훈련시키고 각각의 모든 지침을 완수해야 한다.

지금 아주 중요한 주의사항을 전달하도록 하겠다. 내 첫 번째 책인《머니 허니》는 재정 문제를 해결하는 법에 관한 책이다. 여기에서 경제적 자유로 가는 가장 첫 번째 단계를 다루었다. 벽을 높이 쌓기 전에 먼저 기초를 쌓아야 한다. 여기서 말하는 기초에는 지출, 저축, 대출 상환, 투자, 세금 납부, 보험 등을 어떻게 할지를 말하는 돈 관리가 포함되어 있다. 이 부분이 부족하다면 여기서부터 시작해야 한다. 수동적 소득을 구축하기 위해서는 건강한 재무 관리가 필수다. 달리는 법을 배우기 전에 걷는 법부터 배워야 한다. 만약 내가 당신의 경제적 문제를 먼저 다룬 다음 수동적 소득을 바탕으로 조기 은퇴를 위해 차근차근 단계를 밟아가라고 말해주지 않는다면, 마땅히 해야 할 일을 다 하지 않은 것이다.

다음 가정을 전제로 이제 마지막 장까지 몇 가지 전략을 검토해보겠다.

1. 당신은 수동적 소득을 구축하는 것이 어려운 일이라는 점을 안다. 일확천금이란 건 없다. 수동적 소득 흐름을 구축하기 위해 직접 노력하고 전념을 다해야 진정한 경제적 자유를 이룰 수 있다.
2. 당신의 재정은 정상이다. 예산 짜기, 저축, 부채 상환, 투자 등 기초가 탄탄하다. 다음 단계로 자연스럽게 수동적 소득을 추구한다.
3. 시간(혹은 시간을 자유롭게 사용할 용의가 있다)이나 자금을 갖고 있다. 그렇지 않다면 큰 문제가 될 수 있다. 이 부분에 도움이 필요하다면 어떻게 하면 좋을지 자세히 설명하겠다.

현재 지출 상황

현재 당신의 상황을 살펴보면서 시작해보자. 지금 매달 얼마씩 지출하고 있는가? 금액을 알고 있어야 하고 또 지출 명세를 추적해 쉽게 접근할 수 있어야 한다. 월별 지출 총액은 한 달을 사는 데 필요한 금액이다. 총 지출액뿐만 아니라 주택, 교통, 음식 등 항목별로 얼마를 지출하는지 알면 더 좋다.

지금 바로 이 금액을 적어보라. 책을 잠깐 내려놓고 펜과 종이를 가져오거나, 스마트폰 메모장을 켜거나 노트북 워드 파일을 열어라. 또한 부채가 얼마인지, 저축이 얼마인지도 알아야 한다. 이 금액을 같이 적어라. 기다릴 테니, 계속해보라.

당신이 꿈꾸는 삶 계획하기

이제 재미있는 일을 해보자. 목표는 삶 속에서 정말로 원하는 것이 무엇인지 시각화하는 것이다. 생각을 돕기 위해 3장에서 처음 나왔던 다음 질문을 곰곰이 생각해보라.

- 돈이 없다면 무엇을 하며 시간을 보내겠는가?

- 앞으로 살날이 일 년밖에 남지 않았다면 무엇을 하겠는가?

- 2,000만 달러짜리 복권에 당첨되면 가장 먼저 무엇을 하고 그다음에 무엇을 하겠는가?

추가로 다음 질문을 생각해보자.

- 어떤 일에 가장 열정적인가?

- 가족과 친구들에게 무엇에 대해 이야기하고 싶은가? 무엇을 배우고 싶은가?

처음에 이 책을 읽게 된 계기가 무엇인지 생각해보라. 9시 출근 6시 퇴근하는 직장 생활에서 벗어나고 싶은가? 당신의 직업이 마음에 들지 않는가? 좋다. 우리가 거기서 꺼내주겠다. 그런데 그 대신 무엇을 하고 싶은지 생각해봤는가? 일단 자유로워지면 그 시간을 어떻게 쓸 것인가? '지금 내 상황, 일, 삶이 싫으니 여기서 벗어나면 행복해질 거야'라고 생각하기 쉽다. 하지만 대안이 있는가? 그 대신 무엇을 할 것인가? 어쩌면 세계 여행을 떠날 수 있다. 어쩌면 비영리 단체를 설립할 수 있다. 어쩌면 한 달 동안 책

백 권을 읽을 수 있다. 아니면 마침내 마라톤을 뛸 준비를 할 수 있다. 무엇이든 괜찮다. 이 사실만 확실히 알아둬라. 어디로 가는지 잊어버리고 그저 어디선가 벗어날 생각에만 너무 몰두해서는 안 된다.

삶에 필요한 추가 소득을 얻기 위해 이 책을 읽었는가? 좋다. 그럴 수 있다. 만약 하루하루 먹고사는 인생이 지겹거나 재정 문제로 항상 스트레스를 받는다면 수동적 소득이 해결책이다. 최소한의 일을 통해 얻어지는 돈으로 스트레스를 최소화할 수 있고 아이들과 함께 보낼 여유시간을 얻게 되거나 아예 돈 걱정에서 벗어날 수 있다.

당신은 지금의 삶의 방식이나 일을 좋아할 수도 있지만, 돈을 벌기 위한 목적으로만 일하는 것은 원하지 않을 것이다. 당신은 경제적 자유를 원한다. 원하는 것은 무엇이든 할 수 있는 유연함과 자유를 원한다. 일확천금을 얻으려고 이 책을 선택했는가? 그렇다면 잘못된 선택이다. 지금쯤이면 알아야 한다. 수동적 소득 흐름을 만들기 위해서는 해야 할 일이 있다.

수동적 소득을 꿈꾸는 이유가 무엇이든, 그것을 명확히 알고 적어보라. 지금 이 질문들에 답해보라. 문서에 글머리를 붙여 아이디어와 생각을 적어보라. 자신에게 동기를 부여하고 열정을 불어넣길 바란다. 수동적 소득을 구축하기가 너무 힘들어서 이 책과 나를 욕하고 싶을 때 그 힘든 시간을 견디도록 당신을 붙들어줄 것이다. 그럼 일곱 번 넘어져도 다시 일어나 마침내 성공하게 될 것이다. 성공에서 가장 중요한 요소는 시작하게 된 동기다.

여기에서 그곳으로

월별 지출도 알고 미래도 그려봤으며 동기까지 명확해졌다. 이제 다음 단계는 이상적인 삶을 살아가는 데 필요한 수동적 소득이 얼마인지 계산하는 것이다. 아마 지금의 삶 자체가 이상적일 수 있다. 그렇다면 쉽다. 지금 삶의 방식과 소비 수준을 그대로 유지한다면, 필요한 수동적 소득은 지금의 월별 지출과 같기 때문이다.

당신이 꿈꾸는 삶이 지금과 사뭇 다르다면, 그 사실을 고려해 계산해야 한다. 예를 들어 당신의 이상적인 삶은 테네시에서 오리건 해변으로 이사 가는 것일 수 있다. 또 직장을 그만두고 더 많은 시간을 여행하는 데 투자하고 싶을 수 있다.

이러한 가정들에서 여러 사실을 발견할 수 있다. 당신은 물가가 저렴한 지역에서 비싼 지역으로 이사를 한다. 집값이 가장 비싼 지역으로 이사를 한다는 것이다. 직장을 그만둔다는 것은 다른 곳에서 건강보험을 찾아야 한다는 뜻이니 보험료가 비싸질 수 있다. 여행은 비용이 많이 들 수 있다. 이 말인즉, 그러한 삶의 방식을 유지하기 위해서 지출을 크게 늘려야 한다는 뜻이다.

주거비, 건강보험, 양육비 등은 3대 지출영역으로 반드시 고려해야 한다. 꼼꼼하게 살펴서 얼마의 비용이 드는지 미리 알아보고 만일을 대비해 20~30퍼센트는 올려 산정한다. 보수적으로 추산해서 지출이 예상을 초과하지 않도록 하는 것이 좋다.

모든 지출 항목을 꼼꼼히 살펴보라. 이상적인 삶을 살 때 식비 지출이 늘어날까? 공과금 지출이 늘어날까, 줄어들까? 여가활동비는 어떨까? 양육비나 반려동물 관련 지출은? 지출 내역을 살펴보는 가장 쉬운 방법은 현재 지출 내역을 기초로 항목별로 전체 예산을 짜본 다음, 별도의 칸을 만들어 예상 지출액을 적는 것이다.

남편과 나는 수동적 소득을 구축하기 전에 이 작업을 정확하게 했다. 앤드류와 나는 은퇴를 위해 편안한 삶을 포기하고 싶지 않았다. 따라서 예상 지출액이 증가한 항목은 여행, 건강보험, 주거비였다.

이와 반대인 사람도 있을 수 있다. 파이어 커뮤니티를 보면 많은 사람이 더 빨리 은퇴할 수 있도록 검소하게 사는 법을 찾는다. 이것도 좋다. 그들이 소비 수준을 낮추고 싶지 않은 나 같은 사람보다 목표를 더 일찍 달성할 수 있을 것이다. 하지만 분명히 말하고 싶은 것은, 수동적 소득의 좋은 점은 삶의 질을 떨어뜨릴 필요가 없다는 것이다.

또한 계속 저축을 하고 싶은지 고민해보라. 어떤 사람은 돈을 마음껏 쓰는 대신에 더 많은 수동적 소득을 원할 수 있다. 그래야 계속 저축을 해서 결혼, 다운 페이먼트, 자녀 대학 교육비 등의 큰 지출을 감당할 수 있다. 이 말도 일리가 있다. 이 선택은 당신의 몫이다. 매달 얼마씩 저축하고 싶은지 생각해보고 전체 예상 지출에 이 금액을 합산하라. 이상적 삶을 사는 데 매달 6,500달러가 들고 1,500달러를 저축하고 싶다면, 수동적 소득으로 매달 8,000달러가 필요하다.

이제 당신은 무엇을 위해 일하고 있는지 정확히 알고 있다. 은퇴가 당신에게 어떠한 의미인지, 그리고 당신이 꿈꾸는 이상적 삶이 어떤 것인지 알고 있다. 또한 꿈을 현실로 만들기 위해 매달 얼마의 수동적 소득이 필요한지도 알고 있다.

이제 지도가 완성되었다. 다음 단계는 경로를 선택하는 것이다. A지점에서 B지점으로 어떻게 갈지 탐색해보자. 24장에서는 당신에게 가장 적합한 최상의 수동적 소득을 선택하는 법에 대해 다루겠다.

Chapter 24

머니 파이프라인 고르기

누차 얘기했듯이 수동적 소득 흐름을 구축하기 위해서는 일을 해야 한다. 이 책에는 당장 큰돈을 벌고 다음 달에 은퇴하는 법을 알려주는 사기성 내용이 담겨 있지 않다. 수동적 소득을 창출하려면 시간이나 돈, 이 두 가지 중 하나가 필요하다. 따라서 가장 먼저 고려해야 할 점은 당신이 시간이나 돈 중에서 어느 쪽이 더 자유로운지를 판단하는 것이다.

'나는 아무것도 없는데'라는 생각이 바로 들 수 있다. 그렇지만 걱정하지 마라. 나도 처음에 시작할 때 같은 생각을 했다. 나는 늘 일에 치여 허덕이며 살았다. 그런 내가 어떻게 시간을 낼 수 있었을까?

이 책은 시간 관리에 관한 책이 아니지만, 나누고 싶은 중요한 교훈이 있다. 스케줄을 꼼꼼하게 잘 살펴보다 보니, 내가 시간을 낭비하며 살고 있다는 사실을 발견했다. 실제로 이틀 동안 15분 간격으로 일정을 체크하고,

시간을 어떻게 사용했는지 항목을 나누어 정리했다. 그러자 당혹스럽게도 소셜미디어를 하고 TV를 보는 데 하루에 3시간가량을 쓰고 있다는 사실이 드러났다. 재미있는 사실은 나는 항상 시간이 없다고 이야기했고, 이 때문에 얼마나 스트레스를 받는지 불평했으며, 일정이 바쁘다며 모임 참여를 거절했다. 하지만 실제로 자리에 앉아 시간을 어디에 쓰는지 추적해보고 나서야 시간을 낭비하고 있다는 사실을 깨닫게 되었다.

시간을 어떻게 쓰는지 알아보는 것은 재정 지출 계획을 세우는 것과 정확히게 일치한다. 샅샅이 시간을 추적해보기 전까지 그 사실을 명확하게 깨닫지 못한다. 따라서 우리가 시간을 어떻게 쓰는지 아는 척하거나 추측하지 말라.

모두가 나처럼 소셜미디어 중독자가 아니라는 사실을 안다. 또한 나처럼 하루에 3시간씩 빼기가 어렵다는 사실도 안다. 이 훈련이 그렇게 쉽지만은 않을 것이다. 그럼에도 계속 훈련하면서 시간을 제대로 쓰고 있는지 확인하고 관리해라.

매일 아이들을 등하교 차에 태우기 위해 15분씩 기다려야 하는가? 좋다. 노트를 챙겨가 수동적 소득 아이디어를 생각해보라. 진료 예약을 하고 대기실에 앉아 35분을 기다린 적이 있는가? 이 또한 생산적인 시간이 될 기회다. 집 밖에 나갈 때는 반드시 책, 노트나 노트북을 챙겨가라.

나는 시간을 내기 위해 많은 것을 희생했다(소셜미디어와 TV를 포기한 것은 희생이라고 할 수 없다). 나는 얼마 동안 친구들이나 가족을 전처럼 자주 만나지 않았고 대신에 수동적 소득 흐름을 구축하기 위해 더 많이 일하기로 했다. 내가 여기에서 당신한테 이것은 하고 저것은 하지 말라고 이야기하는 것이 아니다. 수동적 소득을 구축하는 데에는 어느 정도의 희생이 뒤따른다는 이야기를 하는 것이다. 어떻게 해서든 더 많은 시간을 내기 위해 방법을 찾아야 한다.

돈을 더 많이 저축하는 두 가지 방법을 다시 떠올려보자.

1. 돈을 더 적게 쓴다.

2. 돈을 더 많이 번다.

그렇다. 지출을 줄이거나 소득을 늘리는 것 외에 다른 방법이 없다. 다시 말해, 예산에서 지출을 줄일 수 있는 여지가 있다면 그렇게 하라. 여기에는 어느 정도 희생이 뒤따른다. 넷플릭스를 포기할 수 있는가? 두 달 동안 외식을 완전히 끊을 수 있는가? 마트에서 세일하는 품목만 살 수 있겠는가? 집에 없을 때 불을 끄고 플러그를 뽑는 등의 간단한 일을 실천할 수 있겠는가? 더 많은 돈을 저축하기 위해 일시적으로 포기할 수 있는 것들은 무엇일까?

또한 소득을 늘리는 방법도 있다. 이때 우리가 피하고 싶은 딜레마에 빠질 수 있으니 조심해야 한다. 일하는 데 더 많은 시간을 쓰라고 충고하는 것이 아니다. 하지만 임금 인상을 요구하거나 직장에서 승진을 요구할 수 있다. 연봉이 더 높은 일을 찾아보는 것도 생각해보라. 일하는 시간을 늘리지 않고 소득을 늘릴 수 있는 다른 방법이 있을까?

자신에게 물어보라. 시간이 더 많은가 아니면 돈이 더 많은가? 둘 다 지금 당장 없어도 괜찮다. 당신에게 어느 쪽이 더 쉬울까?

선택지 줄여가기

시간이나 자금에 여유가 있을 때 어떤 수동적인 소득을 가장 먼저 추진할지 결정할 수 있다. 지금까지 우리가 논의한 여러 수동적 소득 흐름을 살펴보자. 참고하도록 간단하게 정리를 해놓았다.

로열티 시간이 많이 들고 돈은 조금 혹은 거의 들지 않는다.

- 종이책, 전자책, 오디오북
- 음악
- 사진
- 다운로드 가능한 콘텐츠
- 주문형 인쇄
- 온라인 강좌
- 소프트웨어나 앱 개발
- 프랜차이징
- 광물권

자본 소득 돈이 많이 필요하지 시간은 들지 않는다.

- 배당금 소득
- 채권 소득
- 이자 소득

- P2P 대출

- 마스터합자회사

- 리츠

- 부동산 크라우드펀딩

코인 기계 약간의 시간과 돈이 필요하다.

- 자동판매기

- ATM기

- 아케이드 게임

- 자동세차장

- 코인 빨래방

광고와 전자상거래 돈은 거의 들지 않고 시간을 많이 들여야 한다.

- 제휴 마케팅

- 광고

- 위탁판매

임대 소득 약간의 시간과 돈이 필요하다.

- 에어비앤비 또는 VRBO

- 공간 임대

- 주거용 부동산

모두 27개 아이디어다. 이 중 몇 개는 당신 마음에 들었을 것이고 나머지는 이미 지웠을 것이다. 하고 싶지 않거나 시간이나 돈 때문에 할 수 없는 일들을 책에 편하게 표시하고 또 지워라. 예를 들어 초기 자본 투자금이 없거나 벌 수단이 없다면, 자본 소득 부분을 지우면 된다. 나도 똑같이 그렇게 했다. 플랫폼이나 팔로우에 관심이 없거나 투자할 시간이 없다면 제휴 마케팅이나 광고를 지우면 된다. 항목이 많으니 많은 아이디어가 지워지는 것을 두려워하지 마라. 어쨌든 선택지를 좁히려고 노력하는 중이기 때문이다. 더불어 당신을 흥분시키거나 이미 능력을 갖추고 있는 항목에는 별 표시를 해라.

지금 우리의 목표는 제한된 조건 내에서 할 수 있는 선택지를 서너 개로 좁히는 것이다. 경험, 기술이나 열정이 없어도 괜찮다. 수동적 소득은 당신이 좋아하는 일에 관한 것이 아니다. 소득 흐름을 구축한 후에 당신이 좋아하는 일을 하도록 만드는 것이다. 현실적으로 가능한 선택지 서너 개를 골라보자.

변수 활용

여기부터는 최종 단계로, 다섯 가지 변수를 점검해 선택지 서너 개 중에서 최상의 수동적 소득 흐름을 선택하는 것이다.

확장성 대량 생산이 가능한가?

통제와 규제 얼마나 많은 통제력을 가지고 있는가?

투자 1단계에서 얼마나 많은 시간이나 자본을 투자해야 하는가?

시장성 수요가 있는가?

수동성 2단계에서 소득 흐름을 유지하기 위해 얼마나 많이 일해야 하는가?

어떤 변수가 당신에게 가장 중요한지 결정하라. 어떤 독자는 100퍼센트 수동적이거나 완전히 수동적인 것에 최대한 가까워지길 원한다. 누군가는 수동적 소득 흐름을 쉽게 확장하기를 원하고, 다른 누군가는 수동적 소득을 완벽히 통제하고 규제를 최소화하기를 원한다.

당신의 우선순위에 맞춰 다섯 가지 변수의 순위를 1위에서 5위로 뽑아보라. 마지막으로 우선순위와 당신이 꼽은 수동적 소득 선택지 서너 개를 놓고 가장 먼저 추진하기에 적합한 최고의 수동적 소득이 무엇인지 결정하라. 굳이 하나만 선택할 필요 없다. 첫 번째를 선택해보라. 그런 다음 다시 선택지로 돌아가 두 번째를 선택한다.

수동적 소득에 다섯 가지 변수를 적용하면 결정장애가 발생할 수 있다. 이런 기분이 든다면, 가중평균 의사결정 매트릭스WADM를 활용할 것을 강력히 추천한다. 이 기발한 결정 매트릭스는 방정식에서 모든 추측을 배제한다.

Chapter 25

삶을 바꾸는
생각들

이 책에 나온 모든 것이 다 좋긴 하지만 행동에 옮기지 않는다면 아무런 의미가 없다. 또한 그것이 가장 어려운 부분이다. 무엇보다 사람은 본능적으로 변화에 저항하고 일상적인 것에 안주하려는 경향이 있기 때문이다. 새롭게 다이어트나 운동을 시작하려면 노력을 해야 하므로 그만큼 힘든 법이다. 새로운 일을 시작한다는 건 두려운 일이다. 실패할 수도 있다. 이 책에서 나온 기술은 실패를 방지하기 위한 장치가 아니다. 누구든 시도해볼 수 있지만, 그렇다고 모두가 성공하지는 않을 것이다. 생각만 해도 무섭다. 어떤 일에 돈을 투자했는데 제대로 운영되지 못하면 어떡하지? 어떤 일에 시간을 투자했는데 돈을 못 벌면 어떡하지? 우리는 모두 제한적 믿음을 가지고 있다.

나의 삼촌은 내가 그랜드 캐니언 림투림 하이킹을 완주하지 못한다는 것에 200달러를 걸었던 적이 있다. 나를 자극하기 위한 삼촌의 방법이었다. 문제는 내가 지속적으로 운동을 하지 않는 스스로에게 낙담해 있었다는 사실이다. 삼촌이 나에게 내기를 제안했지만 나는 완주하지 못한다는 삼촌의 말에 동의했다. 나는 부정적인 피드백 루프negative feedback loop에서 벗어날 수 없었다.

나의 제한적 믿음은 무엇이었을까? 바로 나는 운동을 못한다는 사실이다. 하이킹을 한 번이 아니라 두 번이나 완주할 때까지 4년 동안 그 사실을 굳게 믿어왔다. 또 다른 제한적 믿음으로는 이런 것들이 있다.

나는 부족한 사람이다.

나는 의지박약이다.

나는 승진할 자격이 없다.

바꾸기에는 너무 늦었다.

○○○를 하기에는 나이가 너무 많다.

자기충족적 예언의 문제점

이러한 믿음은 우리의 발목을 잡고, 또 우리는 이를 믿음으로써 우리 자신을 제한한다. 이는 자기충족적 예언이다.

앞에서 설명한 수동적 소득 흐름 중 하나를 추구하는 데 (매우 정상적인) 공포를 느낀다면, 자신의 제한적 믿음이 무엇인지 스스로에게 물어보라. 두려움은 거기서 기인한다. 당신이 못할 것 같은가? 가족이 우선이라 투자할 시간이 없는가? '만약'이라는 단어가 계속 떠나지 않는가? 만약 내가 실패하면? 만약 내가 돈을 잃으면? 만약 중요한 다른 사람의 돈을 잃게 된다면? 어떤 사업이든 모두 리스크를 수반한다. 다행히 상당수의 수동적 소득 흐름은 돈보다는 시간 투자가 필수다. 그런데 아직도 이런 생각이 드는가? 만약 시간을 허비하거나 낭비한다면? 만약 이 모든 게 헛수고라면?

수동적 소득과 관련해 가장 일반적인 제한적 믿음은 이것이다. 나는 시간이 없다. 혹은 나는 돈이 없다. 그렇다면 시간과 돈을 절약하는 법에 관한 24깅을 다시 참소아라.

나는 판매나 마케팅을 잘하지 못한다. 나는 《머니 허니》를 출판하기 전까지 마케팅 강좌를 들어본 적이 없다. 나는 챈들러 볼트의 책 《출판》에 나온 로드맵을 그대로 따랐고, 그것이 나에게는 성공적이었다. 솔직히 말해서 나도 주문형 인쇄 디자인 마케팅을 썩 잘하지 못한다. 결국 그 사업은 중도에 무산되었다. 하지만 내가 할 수 있는 것은 그보다 훨씬 많았다. 어떻게 하는지 몰라도 상관없다. 스스로 알아보고 익혀가거나 진행해가면서 배울 수 있다. 지금까지 나는 대부분 그렇게 해왔다. 어떤 마케팅 기법이 통하지 않는다면 다음 방법을 시도해보면 된다. 제대로 할 때까지 계속 수정해가라. 멘토를 찾아라. 전문가와 함께 일해라. 코치를 받고 도움을 받아라.

돈을 날릴까 봐 무서운가? 나 역시 무섭다. 하지만 내가 더 두려워하는 것이 무엇인지 알고 싶은가? 월급 때문에 직장에 절절매는 것이다.

수동적 소득 흐름에 돈을 투자하는 것이 두렵다면, 돈을 잃어도 타격이 심하지 않을 정도의 금액이 정확히 얼마인지 정해보라. 나의 경우, 《머니 허니》에 돈을 많이 투자하고 싶지 않았다. 솔직히 말해서 나는 겁이 났고 나 자신을 믿을 수가 없었다. 그래서 최대치를 600달러로 정했다. 600달러 정도는 날려도 타격이 덜할 것이라고 판단했기 때문이다. 그리고 어떻게 됐는지 아는가?《머니 허니》를 출시한 첫 달에 바로 600달러를 벌었다.

아마도 당신은 어느 정도의 리스크를 감수할 용의가 있을 것이다. 수동적 소득의 상당수가 어쨌든 돈을 투자할 필요가 없다. 돈이 걱정이라면 대신 다른 것들에 집중하라. 나는 돈이 주택 임대에 몰린다는 사실을 알기 때문에 부동산 임대에 꼭 투자하고 싶었다. 거기서 수익이 난다는 것을 알고 있었다. 소득을 창출하는 것은 나의 마케팅 능력에 달린 게 아니었다. 시간만 투자하면 되는 그런 선택지에 집중하면 된다.

나는 아이디어가 없다?

나도 똑같은 기분이 들었다. 나는 나의 사고방식 전체를 변화시켜야 했다. 의도적으로 다른 사업 방식을 관찰하고 질문하기 시작했다. 아이스크림을 사러 간다면 하루 주문량이 얼마인지, 비용은 얼마인지, 그리고 이윤은 얼마인지 궁금해하는 식으로 말이다. 나는 기업가처럼 생각하기 시작했다. 어떤 특정 제품이나 서비스(혹은 부족한 점)에 불편을 느끼는지를 항상 의식하고 살았다. 때때로 이런 생각을 할 수도 있다. '내게 이걸 할 수 있는 뭔가가 있다면 훨씬 쉬울 거야.' 만약 내가 어떤 것을 만든다면? 만약 내가 시장의 수요를 충족시킨다면? 당신 주변 세상을 좀 더 관찰해보라. 동료들이 무엇에 불만을 느끼고 있는가? 가족이나 친구가 어떤 것을 더 알고 싶어 하는가? 거기에 적용 가능한 수동적 소득 아이디어가 있는가? 노트를 들고 다니면서 아이디어를 모으고 메모, 관찰 내용, 아이디어를 적은 다음 2주 후에 어떻게 되었는지 확인해보라.

나는 기술이 부족하다?

앞에서 설명한 마케팅 외에 글쓰기, 사진, 음악 만들기, 디바이스에 오니오나 비디오 녹음하기, 탐사, 전화 영업, 연구, 디자인, 관리, 기타 등의 기술이 필요하다고 생각할 수 있다. 이런 기술이 지금 당장 필요하지 않다. 많은 기술은 일하면서 배울 수 있다. 사진에 대해 전혀 관심이 없거나 잘하지도 못하는데 스톡 사진을 팔아 보라고 권할 수 있을까? 아니다. 잘하는 것을 해야 하지만, 그 일을 하려면 특정 기술이 있어야 한다고 생각할 필요는 없다. 괜찮은 아이디어가 있는데 글재주가 없다면 대필작가를 찾으면 된다. 다운로드 가능한 템플릿을 만들고 싶다면 포토샵 튜토리얼을 찾아보라. 스스로 배울 수 있는지 알아보라. 아니면 전문가와 함께 일하라. 업워크 프리랜서를 고용해 당신의 꿈이 현실이 되도록 하라. 이 일을 꼭 당신 스스로 해야 할 필요는 없다. 배울 수 있으면 배우고 아니면 다른 사람을 고용하면 된다.

내가 매번 새로운 수동적 소득 흐름을 구축해갈 때마다 그랬듯이, 당신 역시 하는 도중에 많은 것을 배우고 또 그 과정에서 실수를 할 수 있다. 일단 시작해야 한다. 기사 하나를 읽고 관련된 사람에게 연락해보며, 아파트 단지 한 곳에 전화해 빨래방이 있는지 문의해보라. 제한적 믿음 때문에 멈

춰서는 안 된다.

모든 것을 다 할 순 없다

모든 사람이 이 모든 수동적 소득 아이디어를 적용해 성공할 수 있는 것은 아니다. 그러나 하나는 성공할 수 있을까? 이 수동적 소득 대부분은 내 능력 밖이다. 사람들은 내가 작곡한 노래를 듣고 싶지 않을 것이다. 아무도 내가 쓴 요리책을 사지 않을 것이며, 심지어 우리 엄마도 사지 않을 것이다. 나는 목록을 살펴본 다음 75퍼센트를 싹 지웠다. 당신과 나는 다른 사람이다. 당신에게 가능한 것이 나에게는 불가능하다. 그래도 괜찮다. 모든 사람에게 맞는 선택지가 있다. 뭐가 가능한지 당신은 안다. 하나만 골라보라. 당신은 할 수 있다.

다른 제한적 믿음이 당신의 발목을 붙잡는다면 일기에 그것을 적어보라. 그런 다음 당신 생각에 내가 어떻게 반응할 것 같은지 적어보라. 아니면 당신이 그 사실을 털어놓았을 때 나올 법한 친구들 반응을 적어보라. 왜 망설이게 되는지, 그리고 어떻게 해야 극복할 수 있는지 생각해보라. 극복할 만한 가치가 있는 일인지 판단하라. 당신의 '왜'가 충분히 강력한가?

두려움 때문에 수동적 소득을 추구하는 것을 망설이지 마라. 리스크를 어느 정도까지 감수할 수 있는지 생각해보라. 일어나지도 않은 일을 너무 걱정하지 말고 하루하루에 충실해라. 먼저 제한적 믿음이 무엇인지 알아야만 극복할 수 있다. 수동적 소득 흐름을 구축하는 것은 어려운 일이지만 당신은 분명 해낼 수 있다. 당신의 '왜'를 떠올리고 그것으로 동기를 삼으라.

만약 성공한다면? 만약 당신이 두려움의 늪에 빠졌다면(나를 믿어라.《머니 허니》를 쓰던 중에 나 역시 바로 그 공포에 휩쓸렸다), 스스로에게 이런 질문들을 해보라. 만약 이 모든 것을 잊어버린다면? 만약 지금 직장에 안주한다면? 만약 경제적 자유를 결코 이룰 수 없다면? 앞으로 10년, 20년, 30년 혹은 40년 동안 주 5일을 매일같이 일하러 터벅터벅 걸어 나갈 생각을 하면 어떤 기분이 드는가? 시간이나 돈이 없어서 만약 세상을 두루 여행하며 경험을 쌓지도, 꿈꾸는 일을 하지도 못한다면?

그렇지만 만약 성공한다면? 만약 돈을 많이 번다면? 만약 투자한 시간의 가치가 증명되었다면? 만약 수동적 소득이 느리지만 확실하게 자리 잡아간다면? 그리고 만약 어느 날, 돈 때문에 직장에 얽매이지 않아도 된다면? 만약 수동적 소득 덕분에 삶의 유연성과 자유를 얻었다면?

마지막 생각할 거리

너무 앞서가지 마라. 수동적 소득을 만들기 시작했다고 해서 삶의 방식을 극단적으로 바꾸려 들지 마라. 걸스 나이트인 Girls Night In 의 설립자인 알리샤 라모스 Alisha Ramos 가 언젠가 이런 말을 했다.

"지금 당장 직장을 그만두고 그 일을 하라는 말은 특권층만이 할 수 있는 나쁜 조언이다."

그녀의 말에 전적으로 동의한다. 대체 소득이 생기기 전까지 직장을 그만둘 여력이 없다. 따라서 인내심을 가져야 한다. 수동적 소득을 통해 기존보다 일찍 은퇴할 수 있지만, 그것을 실현하기 위해서도 여전히 열심히 노력해야 한다.

시작하기 전에 회계사에게 문의하거나 경제적, 법적 혹은 세금과 관련된 문제들을 알아보라. 국세청 기준에 따르면 수동적 소득과 자본 소득은 서로 다른 것으로 세금도 다르게 부과된다. 세금이 어떻게 부과되고 당신에게 어떤 영향이 있을지를 분명히 알아야 한다. 수동적 소득 손실이 자본 소득이나 능동적 소득으로 상쇄될 수 없음을 알아야 한다. 당신이 할 일은 무엇보다 먼저 충분한 정보를 갖는 것이다. 어쨌든 나는 세금 전문가가 아니다.

여기까지 왔으니 이제 몇 페이지 안 남았다. 이 책의 목표는 당신에게 희망을 주는 것이다. 우리 모두 큰 좌절을 맛보았다. 갚아야 할 학자금 대출, 일반 대출, 청구서가 쌓여 있는데, 돈은 넉넉하지 않다. 조기 은퇴는 고사하고 65세에 은퇴할 수 있을까? 그렇다. 일부 고소득자는 자유를 사기 위해 극도로 절약하며 검소하게 살면서 단기간에 많은 돈을 저축할 수 있다. 그렇지만 나머지 우리의 상황은 어떠한가?

답은 수동적 소득을 통해 누구든지 경제적 자유를 이룰 수 있다는 것이다. 일단 당신의 수동적 소득이 월별 생활비 지출보다 많아지면 당신은 은퇴해도 된다. 당신은 경제적으로 자립하였다. 당신은 마침내 원하는 곳은 어디든 갈 수 있고 하고 싶은 일은 무엇이든 할 수 있는 자유를 누리게 되었다. 더 이상 돈에 얽매이지 않아도 된다. 수동적 소득은 마침내 당신에게 완벽한 경제적 자유를 누리는 삶을 살도록 절호의 기회를 선사한다.

이제 출발

당신이 결정을 내리고 사업계획을 철두철미하게 세우며 어떤 결과가 나올지 예측했다면, 그리고 끈기라고 하는 훌륭한 성품을 지녔다면, 당신은 분명히 성공할 것이다. 당신은 반드시 이 일을 해낼 수 있다.

불과 3년 만에 내 남편과 나는 매달 1만 달러 이상의 소득을 올렸고 금액을 더 많이 늘리겠다는 목표를 차근차근 달성해가고 있다. 만약 당신이 3년 전 나에게 이것이 가능할 것으로 생각하느냐고 물었다면, 나는 아마 '당신 미쳤어요'라고 답했을 것이다. 나는 대학을 졸업하고 매년 3만 2,000달러를 벌기 시작했다. 당시 나는 내가 지금 이 자리에 있을 것이라고, 스물일곱 살에 은퇴하리라고 상상도 못 했다. 나는 지금처럼 일이 진행될 것을 계획하지 않았지만, 우리 두 사람은 정말 열심히 일했고 여러 면에서 운이 좋았으며 엄청난 기회를 만났다.

내가 할 수 있다면 당신도 할 수 있다. 나는 이 글을 읽고 있는 그 누구보다 훌륭하지도, 경력이 화려하지도, 능력이 더 뛰어나지도 않다. 나는 그저 열심히 일했다. 일을 성취하기 위해 움직였고 지금 여기에 있다. 나는 불과 3년 전만 해도 당신과 같은 처지였다. 내가 원하는 선택지를 따르기로 결정하기 전까지 말이다.

가까운 미래에 당신은 수동적 소득으로 매달 1,000달러, 2,000달러나 5,000달러를 벌 수 있다. 더 나아가 완전히 은퇴할 수 있다. 23장에서 당신이 써보았던 이상적인 삶의 방식을 현실로 만들 수 있다. 더 이상 일할 필요가 없다면 무엇을 할 생각인가? 궁금해하고 꿈꾸는 대신, 3년 안에 그러한 삶이 어떤 건지 실제로 알고 누릴 수 있다.

단지 이탈리아 정통 리볼리타가 먹고 싶다는 이유만으로 이탈리아 피렌체에 있는 카페에 앉아 있을 수 있다. 다음 주에는 파리로 건너갈 수 있다. 장기간 가족이나 친구를 방문하러 비행기를 타고 집에 갈 수 있다. 항상 하고 싶었지만 미뤄왔던 일들을 마침내 할 수 있다. 의미 있는 방식으로 시간을 투자해 지역사회를 위해 봉사할 수 있다. 경제적으로 자립해 회사로 출근하지 않고 집에 있는 부모가 될 수 있다. 돈 걱정으로 스트레스를 받지 않고 소파에 앉아 아이들을 안아줄 수 있다. 아이들을 키우는 데 시간을 할애할 수 있다. 보육료를 감당할 수 없는 부모들을 위해 비영리 어린이집을 시작할 수 있다. 힘을 합쳐 공동의 행동을 취할 이유를 찾을 수 있다. 정치에 개입해 당신의 신념을 위해 싸울 수 있다. 어느 선택지든 모두 탐색해볼 수 있다. 왜냐하면 그럴 시간과 경제적 자유가 있기 때문이다.

마지막으로 이 말을 남기고 싶다. 이 세상에는 정말 신나는 기회가 많이 있고 우리는 이곳에 잠시 머물다 간다. 어떻게 그 시간을 보내고 싶은가? 유연성, 자유, 경제적 자립으로 당신의 삶을 변화시키는 것은 어떨까?

감사의 말

출간을 앞두고 한 달 내내 책을 마무리하는 일에만 매달릴 수 있도록 도와준 분들에게 감사의 말을 전하고 싶다. 나의 남편 앤드류, 그는 하나님이 주신 선물이다. 그가 장을 보고 식사를 준비하고 사업을 챙겼기에 내가 정신줄을 놓지 않을 수 있었다. 이 책이 출간되기까지 그의 도움이 너무나도 컸다. 나에게 이렇게 큰 행운이 찾아오다니 감격스러울 뿐이다.

책이 나오기까지 수많은 설문조사에 참여해준 나의 팀에게도 정말 감사하다. 또한 일하는 중간중간 쉬라고 내 노트북 위에 자신의 머리를 올리고 눕던 우리 강아지에게도 고맙다는 말을 전하고 싶다.

나의 독자들에게 감사드린다. 늘 응원과 지지를 아끼지 않는 마이 머니 허니즈My Money Honies는 내가 아는 가장 열정적이고 친절한 사람들이다. 배움에 대한 그들의 열정 덕분에 나 역시 불타오를 수 있었다. 또한 나를 알고 있는 많은 분들, 앞으로 만나게 될 독자 분들에게 감사하다. 확률의 신이 언제나 당신의 편이기를.

《머니 허니》가 출간된 이후, 나는 계속 가장 위대한 편집자 케이트 존슨과 함께 일해 왔다. 케이트의 편집 능력 덕분에 나는 내 글에 자신감을 가질 수 있었다. 마법과도 같은 솜씨로 내 작품을 다듬어줘 정말 감사하다.

주

1 Craig S. New York Times corrects the misquote of Thoreau's 'quiet desperation' line. Poynter website. https://www.poynter.org/reporting-editing/2012/new-york-times-corrects-misquote-of-thoreaus-quiet-desperation-line/. April 30, 2012. Accessed October 21, 2019.

2 Kathleen E. 1 in 3 Americans have less than $5,000 saved for retirement—here's why so many people can't save. CNBC website. https://www.cnbc.com/2018/08/27/1-in-3-americans-have-less-than-5000-dollars-saved-for-retirement.html. August 27, 2018. Accessed October 21, 2019.

3 Megan L. Here's how much money Americans have saved at every age. CNBC website. https://www.cnbc.com/2018/08/28/how-much-money-americans-have-saved-at-every-age.html. August 28, 2018. Accessed October 21, 2019.

4 IRS guidelines would classify this as portfolio income, but by the definitions of this book outlined in Chapter 4, I categorize it as passive income.

5 원문에서 SMS는 'Shaking my head'의 줄임말이다.

6 Jason L. The Righteous Small House: Challenging House Size and the Irresponsible American Dream. https://www.yesmagazine.org/planet/the-righteous-small-house-challenging-house-size-and-the-irresponsible-american-dream. January 29, 2010. Accessed October 21, 2019.

7 Robert D. Single-Family Home Size Increases at the Start of 2018. NAHB website. http://eyeonhousing.org/2018/05/single-family-home-size-increases-at-the-start-of-2018/. May 21, 2018. Accessed October 21, 2019.

8 Erin D. Average number of people per household in the United States from 1960 to 2018. Statista website. https://www.statista.com/statistics/183648/average-size-of-households-in-the-us/. Edited April 29, 2019. Accessed October 21, 2019.

9 Eliza B. Life Before Equal Pay Day: Portrait of a Working Mother in the 1950s. Time website. https://time.com/3759822/working-mother/. April 13, 2015. Accessed November 2, 2019.

10 The American Family Today. Pew Research Center website. https://www.pewsocialtrends.org/2015/12/17/1-the-american-family-today/. December 17, 2015. Accessed November 2, 2015.

11 Elizabeth A. United States Life Tables, 2003. National Vital Statistics Reports. https://www.cdc.

gov/nchs/data/nvsr/nvsr54/nvsr54_14.pdf. Revised March 28, 2007. Accessed October 21, 2019.

12 Adele H., Miranda D., Lillian M. New Realities of an Older America. Stanford Center on Longevity. http://longevity3.stanford.edu/wp-content/uploads/2013/01/New-Realities-of-an-Older-America.pdf. 2010. Accessed October 21, 2019.

13 Retirement Changes Dramatically Over the Years. Senior Living website. https://www.seniorliving.org/library/retirement-changes-dramatically-over- years/. Accessed October 21, 2019.

14 Patrica M., David A. Social Security: A Program and Policy History. Social Security Administration Website. https://www.ssa.gov/policy/docs/ssb/v66n1/v66n1p1.html. 2005. Accessed October 21, 2019.

15 Social Security wage base increases to $128,700 for 2018. Thompson Reuters website. https://tax.thomsonreuters.com/news/social-security-wage-base- increases-to-128700-for-2018/. October 16, 2017. Accessed October 21, 2019.

16 Ratio of Covered Workers to Beneficiaries. Social Security Administration website. https://www.ssa.gov/history/ratios.html. Accessed October 21, 2019.

17 위와 동일

18 A Summary of the 2019 Annual Reports. Social Security Administration website. https://www.ssa.gov/oact/trsum/. Accessed October 21, 2019.

19 원문에서 SOL은 '$hit Outta Luck'의 줄임말이다.

20 Camilo M. Price of College Increasing Almost 8 Times Faster Than Wages. Forbes website. https://www.forbes.com/sites/camilomaldonado/2018/07/24/price-of-college- increasing-almost-8-times-faster-than-wages/#72bbae8666c1. July 24, 2018. Accessed October 21, 2019.

21 Trends in College Pricing Highlights. CollegeBoard website. https://research.collegeboard.org/trends/college-pricing/highlights. Accessed October 21, 2019.

22 Erik O. Where Did the 40-Hour Workweek Come From? NBC News Website. https://www.nbcnews.com/news/us-news/where-did-40-hour-workweek-come- n192276. September 1, 2014. Accessed October 21, 2019.

23 Lydia S. The "40-Hour" Workweek Is Actually Longer—by 7 Hours. Gallup Website. https://news.gallup.com/poll/175286/hour-workweek-actually-longer- seven-hours.aspx. August 29, 2014. Accessed October 21, 2019.

24 Theresa A. Is it Time to Kill the 40-Hour Workweek? SHRM website. https://www.shrm.org/hr-today/news/hr-magazine/0217/pages/is-it-time-to- kill-the-40-hour-workweek.aspx. January 23, 2017. Accessed October 21, 2019.

25 The Deloitte Global Millennial Survey 2019. Deloitte website. https://www2.deloitte.com/global/en/pages/about-deloitte/articles/millennialsurvey.html. Accessed October 21, 2019.

26 주 23과 동일

27 Robert P. Millennials' new retirement number? $1.8 million (or more!) USA Today website. https://www.usatoday.com/story/money/columnist/powell/2016/03/29/millenn ials-new-retirement-number-18-million-more/81329246/. March 29, 2016. Accessed October 21, 2019.

28 An Open Letter to Millennials on Retirement. Farm Bureau Financial Services website. https://www.fbfs.com/learning-center/an-open-letter-to-millennials-on- retirement. January 1, 2019. Accessed October 21, 2019.

29 John R. Here's How Much a Millennial Needs to Save Each Month to Retire With $5 Million. Entrepeneur.com. https://www.entrepreneur.com/article/283524. October 11, 2016. Accessed October 21, 2019.

30 Monique M. The State of American Retirement: How 401(k)s have failed most American workers. Economic Policy Institute website. https://www.epi.org/publication/retirement-in-america/#charts. March 3, 2016. Accessed October 21, 2019.

31 Catherine C. Retirement Throughout the Ages: Expectations and Preparations of American workers. Transamerica Center website. https://www.transamericacenter.org/docs/default-source/resources/center- research/16th-annual/tcrs2015_sr_retirement_throughout_the_ages.pdf. May 2015. Accessed October 21, 2019.

32 Amelia J. Average Retirement Savings: Are You Normal? SmartAsset website. https://smartasset.com/retirement/average-retirement-savings-are-you-normal. April 16, 2019. Accessed October 21, 2019.

33 Hal H., Cassie M., Uri B. People Who Choose Time Over Money Are Happier. SAGE journals website. https://journals.sagepub.com/doi/abs/10.1177/1948550616649239. May 25, 2016. Accessed October 21, 2019.

34 Hal H., Cassie H. What Should You Choose: Time or Money? New York Times website. https://www.nytimes.com/2016/09/11/opinion/sunday/what-should- you-choose-time-or-money.html. September 9, 2016. Accessed October 21, 2019.

35 Joe P. Alabama Woman Stuck in NYC Traffic in 1902 Invented the Windshield Wiper. NPR website. https://www.npr.org/2017/07/25/536835744/alabama- woman-stuck-in-nyc-traffic-in-1902-invented-the-windshield-wiper. July 25, 2017. Accessed October 21, 2019.

36 Len M. How much should you charge for your online course? Podia.com. https://www.podia.com/articles/how-much-should-you-charge-for-your-online- course. Accessed October 21, 2019.

37 As of October 19, 2019.

38 위와 동일

39 Georgia M. What Percentage of Small Businesses Fail? (And Other Need-to- Know Stats). Fundera

website. https://www.fundera.com/blog/what-percentage- of-small-businesses-fail. Updated September 10, 2019. Accessed October 21, 2019.

40 Ryan H. Can I make money by placing vending machines? Quora website. https://www.quora.com/Can-I-make-money-by-placing-vending-machines. January 26, 2015. Accessed October 21, 2019.

41 Understanding Dropshipping. Shopify.com https://www.shopify.com/guides/dropshipping/understanding-dropshipping. Accessed October 21, 2019.

42 Dan R. The Inside Track to Drop Shipping and Passive Income. YFS Magazine website. https://yfsmagazine.com/2017/06/16/the-inside-track-to-drop-shipping-and-passive-income/. June 16, 2017. Accessed October 21, 2019.

43 You can learn more about Roofstock at https://www.roofstock.com/one/learn/how-it-works

44 The "investor loan program" that Doug references is explained in more detail in this article: https://themortgagereports.com/40119/rentals-financing-and- managing-more-than-4-properties

옮긴이 최지희

고려대학교 중어중문학과와 이화여자대학교 통번역대학원 한중 통역학과를 졸업했다. NH증권, 21세기 한중교류협회, 금융연수원, KDI 정책대학원 등에서 강의했으며 다양한 기업체와 정부기관에서 동시통역 및 번역을 진행했다. 최근에는 영어와 중국어전문번역가로 활동하며 외서를 번역하고 있다.

옮긴 책으로는《하버드 경제학》《문제아 페이얼》《경제 디테일하게 사유하기》《중국, 세계경제를 인터뷰하다》《화폐의 몰락》《금의 귀환》《마윈, 내가 본 미래》《중국의 미래》《당신의 지적 초조함을 이해합니다》등이 있다.

나는 쉽게 일하고 길게 번다

1판 1쇄 발행 2022년 01월 17일
1판 3쇄 발행 2022년 01월 31일

지은이 레이철 리처즈
옮긴이 최지희
발행인 오영진 김진갑
발행처 토네이도미디어그룹(주)

책임편집 박민희
기획편집 박수진 진송이 박은화
디자인팀 안윤민 김현주
마케팅 박시현 박준서 김예은 조성은
경영지원 이혜선 임지우

출판등록 2006년 1월 11일 제313-2006-15호
주소 서울시 마포구 월드컵북로5가길 12 서교빌딩 2층
원고 투고 및 독자 문의 midnightbookstore@naver.com
전화 02-332-3310 팩스 02-332-7741
블로그 blog.naver.com/midnightbookstore
페이스북 www.facebook.com/tornadobook

ISBN 979-11-5851-234-7 (03320)